职业教育·城市轨道交通类专业
**新形态一体化**系列教材

# 城市轨道交通车辆构造

主　编　张程光　吴　奇
副主编　张伟华　栾长雨　张　鹏
主　审　张　铁

人民交通出版社股份有限公司
北京

## 内 容 提 要

本书为职业教育·城市轨道交通类专业新形态一体化系列教材之一。全书共分为8个模块,包括城市轨道交通车辆基础知识、车体、车门、转向架、车辆连接装置、制动系统、车顶设备、列车通信系统。

本书可供职业院校城市轨道交通相关专业教学选用,也可作为城市轨道交通行业职业技能的岗位培训和相关工程技术人员的参考用书。

本书配有教学课件,任课教师可通过加入"职教轨道教学研讨群"(教师专用QQ群:129327355),获取。

### 图书在版编目(CIP)数据

城市轨道交通车辆构造 / 张程光,吴奇主编. — 北京:人民交通出版社股份有限公司,2023.8
ISBN 978-7-114-18858-9

Ⅰ.①城… Ⅱ.①张…②吴… Ⅲ.①城市铁路—铁路车辆—车体结构 Ⅳ.①U270.3

中国国家版本馆CIP数据核字(2023)第112369号

职业教育·城市轨道交通类专业新形态一体化系列教材
Chengshi Guidao Jiaotong Cheliang Gouzao

| | |
|---|---|
| 书　　名: | 城市轨道交通车辆构造 |
| 著 作 者: | 张程光　吴　奇 |
| 责任编辑: | 司昌静 |
| 责任校对: | 孙国靖　刘　璇 |
| 责任印制: | 张　凯 |
| 出版发行: | 人民交通出版社股份有限公司 |
| 地　　址: | (100011)北京市朝阳区安定门外外馆斜街3号 |
| 网　　址: | http://www.ccpcl.com.cn |
| 销售电话: | (010)59757973 |
| 总 经 销: | 人民交通出版社股份有限公司发行部 |
| 经　　销: | 各地新华书店 |
| 印　　刷: | 北京市密东印刷有限公司 |
| 开　　本: | 787×1092　1/16 |
| 印　　张: | 15.25 |
| 字　　数: | 371千 |
| 版　　次: | 2023年8月　第1版 |
| 印　　次: | 2023年8月　第1次印刷 |
| 书　　号: | ISBN 978-7-114-18858-9 |
| 定　　价: | 49.00元 |

(有印刷、装订质量问题的图书,由本公司负责调换)

# 前·言

**【编写背景】**

2019年,《国家职业教育改革实施方案》提出"建设一大批校企'双元'合作开发的国家规划教材,倡导使用新型活页式、工作手册式教材并配套开发信息化资源"。2020年,教育部印发《高等学校课程思政建设指导纲要》,指出"把思想政治教育贯穿人才培养体系,全面推进高校课程思政建设,发挥好每门课程的育人作用,提高高校人才培养质量"。

城市轨道交通的高速发展使得相关企业在建设、运营和维护方面的人才缺口不断加大,而新设备、新模式、新工艺、新技术的不断应用以及新时代赋予轨道交通人的崇高使命也让城市轨道交通企业对从业人员的专业技能、职业素养、思想品质有了更高的要求。因此,我们组建教材编写团队,结合国家近几年发布的职业教育教材建设指导性文件和城市轨道交通行业发展新需要,编写了这本新形态一体化教材,以符合国家专业教学标准中要求的"城市轨道交通车辆构造"课程的知识、技能以及素养教学目标。

**【编写理念落实情况】**

教材编写团队由来自高职院校城市轨道车辆应用技术专业一线教师和多年工作在地铁公司、轨道交通车辆装备制造企业一线的专家组成。编写团队在认真学习领会教育部对职业教育最新要求的基础上,对标城市轨道交通专业群各专业教学标准,并参考多所高职院校城市轨道交通专业人才培养方案及"城市轨道交通车辆构造"课程标准后,制定教材编写内容和人员分工。来自沈阳地铁集团有限公司、大连地铁运营有限公司、中车大连机车车辆有限公司、沈阳博得交通设备有限公司、中车长春轨道客车股份有限公司的相关专家为教材编写提供了大量的技术素材和典型案例,其中"订单班"合作企业沈阳地铁集团有限公司全程参与教材的编审,并在配套教学资源的建设过程中提供脚本素材和场地设备的技术支持,在此向相关单位及个人表示衷心感谢。

本书将城市轨道交通车辆分为车体、车门、转向架、车辆连接装置、制动系统、车顶设备、列车通信系统几大模块,每个模块根据前后课程的学习需要选择适合的知识点。每个知识点下根据教学需要设有"自主学习""引领学习""团队学习""课堂探究""开阔视野"等环节,突出以学生为中心,采用自主完成知识探索和教师引领学习相结合的教学模式。

**【编写特点】**

1. 本书是一部"互联网+"创新型教材,教学资源配套丰富,除包含传统的课件等资源外,还配有丰富的高质量原创教学视频、动画、微课等,设置在"课堂探究"环节中。全面覆盖课程的核心内容及重要知识点与技能点。教师可用其进行教学辅助演示;学生可在问题引导下完成知识的学习与巩固。

每个模块知识点的讲解过程均直接在书中配大量新颖的图片资源,这些图片大多来自企业现场实拍和设备技术文件资料,便于学生更直观地理解,同时也更加贴近企业生产实际。

2. 本书在编写大纲设计方面充分考虑了地铁运营企业车辆运用与检修部门工作实际与高职院校城市轨道交通专业教学标准和课程标准要求,内容上注重城市轨道交通车辆整车及各系统零部件的位置分布、结构组成、工作原理和操作运用;形式上强调以学生为中心,每个知识点之前均设有"自主学习"环节,引导学生通过实践活动、查阅资料等途径获得知识资源,强化职业学习自主性。每个模块结束后,学生通过"基础巩固"环节的习题进行自我考核,从而及时检查学习效果。

3. 本书在教学活动以及各教学模块中设置的"开阔视野"环节,将工匠精神、创新意识、爱国情怀等要求与专业知识、技能和职业岗位有机结合,润物细无声地促进职业素养和思想品质提高。

**【编写组织】**

本书的教师编写团队成员有辽宁省交通高等专科学校张程光,辽宁铁道职业技术学院吴奇、栾长雨,成都工贸职业技术学院张伟华,大连科技学院张鹏。本书由辽宁省交通高等专科学校张程光担任主编并统稿,由沈阳地铁集团有限公司运营分公司张铁主审。所有配套教学资源由张程光在"订单班"合作地铁企业的帮助下完成脚本设计,并依托学校"双高"建设项目资金完成资源建设。

我国城市轨道交通行业发展迅速,车辆技术设备也在不断改进更新,书中资料难免与现场车辆设备存在差异,加之编者水平所限,书中难免存在错误和疏漏之处,敬请读者批评指正。

作 者

2023 年 3 月

# 课 程 寄 语

亲爱的同学们,我们即将开启一学期的城市轨道交通车辆构造课程学习。该课程是城市轨道车辆应用技术专业最核心的课程之一,为后续列车驾驶和车辆检修相关专业课程的学习打基础。所谓万丈高楼平地起,良好的开始是成功的一半。

工欲善其事,必先利其器。作为城市轨道交通车辆专业技术人员,只有熟练掌握车辆构造及原理知识,以及在将来工作中所涉及的各种设备(工具)的使用,才能最大程度地提高工作效率和服务质量,让广大乘客更好地体验乘坐地铁出行的高效与便捷。

我国城市轨道交通行业处于高速发展的时期,作为将来行业从业者的我们,应以扎实的专业知识和娴熟的操作技能为基础,明确自身的职业使命。

# 数字资源索引

| 序号 | 资源名称 | 所在页码 | 序号 | 资源名称 | 所在页码 |
| --- | --- | --- | --- | --- | --- |
| 1 | 整车设备的布置(车顶和车内设备) | 7 | 30 | 车辆高度调整阀工作原理 | 106 |
| 2 | 整车设备的布置(车底设备) | 7 | 31 | 车辆抗侧扭滚杆与安全钢索的结构及原理 | 108 |
| 3 | 列车轴列式的表达方法 | 9 | 32 | 液压减振器工作原理 | 110 |
| 4 | 车辆的主要尺寸参数 | 11 | 33 | 转向架牵引装置 | 114 |
| 5 | 车辆车端和车侧的标识 | 18 | 34 | 车辆牵引力的传递过程 | 117 |
| 6 | 我国时速600km的磁浮列车 | 24 | 35 | 轮缘润滑装置的布置与工作原理 | 121 |
| 7 | 车体的一般梁结构与车体结构 | 34 | 36 | 国产密接式车钩的钩头结构与作用原理 | 131 |
| 8 | 不锈钢车体龙骨结构 | 39 | 37 | 沙库密接式车钩总体结构与连挂动作原理 | 133 |
| 9 | 不锈钢车体架车与起吊 | 41 | 38 | 车钩的手动解钩操作与原理 | 134 |
| 10 | 驾驶台结构布局 | 50 | 39 | 半永久牵引杆机械连接的连挂和分解作业过程 | 136 |
| 11 | 驾驶室结构与布局 | 52 | 40 | 车钩缓冲装置的结构和原理 | 142 |
| 12 | 内藏式客室车门的驱动机构组成 | 61 | 41 | 自动车钩的应用——列车救援连挂过程 | 149 |
| 13 | 内藏式客室车门的紧急解锁操作与原理 | 65 | 42 | 全国交通运输行业职业技能大赛——职业组司机驾驶对标停车 | 156 |
| 14 | 内藏式客室车门的结构组成和工作原理 | 67 | 43 | 闸瓦制动与盘形制动的概念 | 159 |
| 15 | 沈阳地铁9号线内藏式客室车门 | 67 | 44 | 几种非空气动力来源的制动形式 | 160 |
| 16 | 内藏式客室车门的日常检修作业工艺流程及标准 | 68 | 45 | 电制动工作原理 | 162 |
| 17 | 塞拉式客室车门的结构与原理 | 69 | 46 | VV120型活塞式压缩机的工作原理 | 166 |
| 18 | 塞拉式客室车门的驱动机构组成 | 70 | 47 | 螺杆式空气压缩机的工作原理 | 168 |
| 19 | 塞拉式客室车门的紧急解锁操作与原理 | 70 | 48 | WZK型盘式制动单元与PC7Y型闸瓦制动单元 | 178 |
| 20 | 从客室一侧经过驾驶室隔间门到驾驶室内,找到并打开逃生门、释放逃生梯的过程 | 74 | 49 | 空调机组的结构组成部件 | 193 |
| 21 | 驾驶室隔间门的打开及逃生门的释放 | 80 | 50 | 空调机组的工作原理 | 195 |
| 22 | 转向架结构总体与工作原理 | 87 | 51 | 受电弓的结构与工作过程 | 206 |
| 23 | 转向架的构架 | 90 | 52 | 受电弓的人工升弓操作 | 207 |
| 24 | 转向架构架的检修 | 90 | 53 | 受电弓的检修作业 | 208 |
| 25 | 车轴的结构 | 93 | 54 | 列车通信系统相关设备 | 214 |
| 26 | 车轮的结构 | 94 | 55 | 列车广播通信系统 | 224 |
| 27 | 轴箱结构与车轴的装配 | 98 | 56 | 智能化列车乘客服务系统 | 229 |
| 28 | 轮对与轴箱 | 101 | 57 | 列车监控系统的操作方法 | 233 |
| 29 | 一系悬挂装置结构与受力 | 102 | | | |

# 目·录

| | |
|---|---|
| 课程寄语 | I |
| 数字资源索引 | II |

**模块一 城市轨道交通车辆基础知识** ............................................. 1

    知识点一　城市轨道交通车辆的类型、结构组成及特点 .................... 3

    知识点二　城市轨道交通车辆相关技术参数 .................................. 8

    知识点三　城市轨道交通车辆编组及标识 .................................... 15

    知识点四　城市轨道交通发展新技术 ........................................... 20

**模块二 车体** ............................................................................. 27

    知识点一　车体的分类与结构 ....................................................... 29

    知识点二　不锈钢车体 ................................................................. 36

    知识点三　铝合金车体 ................................................................. 41

    知识点四　客室与驾驶室内部设备 ............................................... 47

**模块三 车门** ............................................................................. 55

    知识点一　车门的类型与特点 ....................................................... 57

    知识点二　客室车门的结构与工作原理 ........................................ 59

    知识点三　车门的电气控制 .......................................................... 71

    知识点四　其他类型的车门 .......................................................... 74

**模块四　转向架** ·············································································· **83**

　　知识点一　转向架概述 ································································· 85
　　知识点二　构架 ········································································· 88
　　知识点三　轮对和轴箱装置 ·························································· 91
　　知识点四　弹簧减振装置 ···························································· 101
　　知识点五　牵引装置与驱动装置 ··················································· 110
　　知识点六　转向架上的其他重要装置 ············································· 117

**模块五　车辆连接装置** ···································································· **125**

　　知识点一　车钩 ······································································· 127
　　知识点二　缓冲装置与附属装置 ··················································· 136
　　知识点三　贯通道 ···································································· 142

**模块六　制动系统** ·········································································· **151**

　　知识点一　制动基础 ································································· 153
　　知识点二　城市轨道交通车辆的制动方式 ······································· 156
　　知识点三　风源装置 ································································· 163
　　知识点四　基础制动装置 ···························································· 170

**模块七　车顶设备** ·········································································· **183**

　　知识点一　空调系统的组成与工作原理 ·········································· 185
　　知识点二　空调系统的控制与操作 ················································ 196
　　知识点三　受电弓 ···································································· 201

**模块八　列车通信系统** ···································································· **211**

　　知识点一　列车通信系统概述 ······················································ 213
　　知识点二　列车广播系统 ···························································· 214
　　知识点三　乘客信息系统 ···························································· 224
　　知识点四　视频监视系统 ···························································· 229

**参考文献** ····················································································· **235**

# 模块一　城市轨道交通车辆基础知识

## 模块概述

城市轨道交通(Urban Rail Transit),其行车密度大、旅行速度快、载客能力大、疏通客流的能力强,与传统的地面公共交通工具相比,具有很大的优越性。现在的城市轨道交通大多采用电动车组。电动车组具有污染少、噪声小的特点。

本模块主要介绍城市轨道交通中地铁、轻轨、独轨、磁浮等车辆的类型、特点以及发展情况,并以地铁为例具体讲解车辆的结构、方位、编组、技术参数以及特点等。

## 知识导图

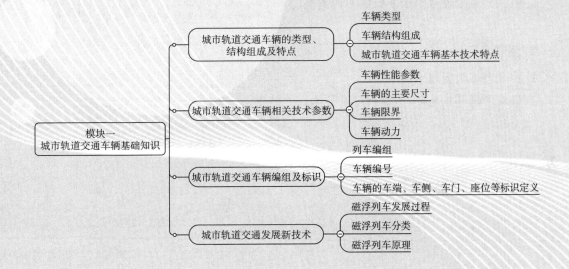

# 学习目标

## ➤ 知识目标
1. 了解城市轨道交通车辆的类型、结构组成及特点。
2. 掌握城市轨道交通车辆编组和方位的定义。
3. 熟悉城市轨道交通车辆限界的基本知识。
4. 了解城市轨道交通车辆基本的技术参数。
5. 理解磁浮列车的工作原理。
6. 了解城市轨道交通车辆的发展史。

## ➤ 能力目标
1. 能识别城市轨道交通车辆的结构组成。
2. 能准确定义城市轨道交通车辆方位及其相关知识的应用。
3. 能识别城市轨道交通车辆的不同类型。

## ➤ 素质目标
1. 具有团队合作的能力。
2. 锻炼逻辑分析能力,养成严谨认真的工作态度。

## 知识点一　城市轨道交通车辆的类型、结构组成及特点

### 自主学习

请使用学校实训室现有地铁车辆设备或选择你所在城市某条地铁线路的列车,通过实训观察、查阅资料、咨询专家等途径了解该列车相关信息,并按照表 1-1 中要求完成表格。

城市轨道交通车辆的结构组成及特点　　　　表 1-1

| 结构 | 特点 | 作用 |
| --- | --- | --- |
| 车体 |  |  |
| 转向架 |  |  |
| 牵引缓冲连接装置 |  |  |
| 制动装置 |  |  |
| 受流装置 |  |  |
| 车辆设备 |  |  |

### 引领学习

城市轨道交通车辆是城市轨道交通系统中运输乘客的工具。城市轨道交通车辆的选型和技术参数不仅是界定城市轨道交通线路技术标准的基础,也是确定城市轨道交通系统运营管理模式和维修方式的基础,还是城市轨道交通系统其他设备选型和确定设备规模的重要依据。当然,由于多种因素的影响,各个城市的城市轨道交通车辆的结构和性能不尽相同,主要原因如下:①车辆提供商的技术背景和设计时考虑问题的角度不同;②当时当地的车辆发展水平不同;③各个城市的车辆运行环境不同。但是,不论怎样,车辆选择都尽可能结合城市的特点,满足城市交通客流量大、安全、快速、舒适、美观、节能和环保的要求,具有先进性、可靠性和实用性。

### 一、车辆类型

城市轨道交通车辆类型主要为地铁和轻轨。一般而言,世界各地轨道交通车辆类型没有

统一的标准,往往取决于各地客流量与建设传统,依据标准定制。

按照国际标准,以车辆宽度的不同,城市轨道车辆可分为:A型车(3m宽)、B型车(2.8m宽)和C型车(2.6m宽)。其中A型车为高运量地铁车辆的基本车型;B型车为大运量地铁车辆;C型车为轻轨车辆的基本车型,C型车又分为低地板车型和高地板车型。A型车轴重较大,载客人数较多,车体尺寸较大。B型车相对A型车各项指标值均较小,C型车更小。

中华人民共和国国家市场监督管理总局和国家标准化管理委员会于2019年发布的国家标准《城市轨道交通市域快线120km/h～160km/h车辆通用技术条件》(GB/T 37532—2019)中明确规定,市域快线车型包括市域A型车、市域B型车及市域D型车。2020年,国家铁路局批准发布《市域(郊)铁路设计规范》(TB 10624—2020),自2021年2月1日起实施。按《市域(郊)铁路设计规范》(TB 10624—2020),市域(郊)铁路车型包括市域A型车、市域B型车、市域C型车和市域D型车,见表1-2。其中,市域C型车为基于CRH动车组平台的市域(郊)铁路车辆。

市域快线车辆主要技术规格　　　　　　表1-2

| 名称 | | 市域A型车 | | 市域B型车 | | 市域C型车 | 市域D型车 |
| --- | --- | --- | --- | --- | --- | --- | --- |
| 供电电压 | | AC25kV | DC1500V | AC25kV | DC1500V | AC25kV | AC25kV |
| 车体基本长度(mm) | 无驾驶室车辆 | 22000 | | 19000 | | 24500 | 22000 |
| | 带驾驶室车辆 | 22000+Δ | | 19000+Δ | | 24500+Δ | 22000+Δ |
| 车钩连接中心点间距(mm) | 无驾驶室车辆 | 22800 | | 19520 | | 25000 | 22800 |
| | 带驾驶室车辆 | 22800+Δ | | 19520+Δ | | 25000+Δ | 22800+Δ |
| 车辆基本高度(mm) | | 3000 | | 2800 | | 3300 | 3300 |
| 车辆落弓高度(mm) | | ≤4450 | 3810～3850 | ≤4450 | 3810～3850 | 4640 | 4640 |
| 车内净高(mm) | | ≥2100 | | | | | |
| 地板面高(mm) | | 1130或1260 | 1130 | 1100或1260 | 1100 | 1260～1280 | 1260～1280 |
| 固定轴距(mm) | | 2500 | | 2200～2300 | | 2500 | 2500 |
| 车辆定距(mm) | | 15700 | | 12600 | | 17500 | 15700 |
| 每侧车门数(对) | | 2～5 | | 2～4 | | 2～3 | 2～4 |
| 车门宽度(mm) | | ≥1300 | | | | ≥1100 | ≥1300 |
| 车轮直径(mm) | | 840 | | 840 | | 860 | 860或840 |
| 轴重(t) | | ≤17 | | ≤15 | | ≤17 | |
| 最高运行速度(km/h) | | 120～160 | 100～140 | 120～160 | 100～140 | 120～160 | 120～160 |

市域A型车用于市域快线(市域快轨、地铁快线)/市域(郊)铁路,存在直流和交流两种供电方式,每节车厢可选用2～5对车门。其中,直流市域A型车(DC1500V)和地铁A型车没有明显的差别。为了满足更高的旅行速度,市域A型车采用更大的牵引功率;为了提高乘客长途乘坐的舒适度,在座位设计上进行了联排调整;设计时定员荷载工况也一般仅按站立4人/m²考虑,低于市内地铁站立6人/m²的标准。成都地铁18号线是采用交流25kV架空悬挂接触网

供电、交流市域 A 型车（AC25kV）的线路，项目建设中遇到诸多挑战。作为主要设计参与单位，中国电建集团华东勘测设计研究院有限公司（简称"华东院"）依托在轨道交通领域的工程经验，参与提出快速轨道交通空气动力学、车辆、供电、运营等系统方案。中车青岛四方机车车辆股份有限公司（简称"中车青岛四方"）研发和制造的时速 140km 市域快线双流制市域 A 型车采用地铁 A 型车的尺寸，为 AC25kV 和 DC1500V 双制式供电，最高运行速度 140km/h。市域快轨作为衔接地铁系统与国家铁路系统的轨道交通方式，在具体的应用上，将来可能需要国家铁路网和地铁线网的共轨运营或换乘，也就是目前日本采用的直通运转。双制式车型将会满足这一未来的使用需求与发展趋势。

市域 B 型车用于市域快线（市域快轨、地铁快线）/市域（郊）铁路，理论上存在直流和交流两种供电方式，每节车厢可选用 2～4 对车门。直流市域 B 型车（DC1500V）和地铁 B 型车没有明显的差别。为了满足更高的旅行速度，市域 B 型车采用更大的牵引功率；为了提高乘客长途乘坐的舒适度，在座位设计上进行了联排调整；设计时定员荷载工况也一般仅按站立 4 人/$m^2$ 考虑，低于市内地铁站立 6 人/$m^2$ 的标准。交流市域 B 型车（AC25kV）的技术尚不成熟，暂时无法投用。

市域 C 型车基于 CRH 动车组平台，用于市域（郊）铁路，交流供电，每节车厢可选用 2～3 对车门。市域（郊）铁路是连接都市圈中心城市城区和周边城镇组团，为通勤客流提供快速度、大运量、公交化运输服务的轨道交通系统。车辆满足市域（郊）铁路运行速度快、启停频繁、以服务于中长距离通勤客流为主、公交化服务的要求。截至 2022 年底，无市域 C 型车用于城市轨道交通。

市域 D 型车用于市域快线（市域快轨、地铁快线）/市域（郊）铁路，交流供电，每节车厢可选用 2～4 对车门。中心城区与郊区新城或机场之间的公共交通具有客流量相对较小、出行距离较长的特征，要由更高速度等级的快线车辆来承担。由于运行时间较长，市域快线车辆一般多采用横排座椅布置方式或横排座椅和竖排座椅混合布置方式以实现较高的乘坐舒适度。定员荷载工况一般仅按站立 4 人/$m^2$ 考虑，低于市内地铁站立 6 人/$m^2$ 的标准，因此车辆总定员相对于市内地铁车辆会有降低。

## 二、车辆结构组成

不同线路的城市轨道交通车辆类型有所不同，不同类型车辆的技术参数也不一样，但其基本结构和原理都类似，图 1-1 所示是西安地铁 2 号线车辆。城市轨道交通车辆一般由车体、转向架、牵引缓冲连接装置、制动装置、受流装置、车辆设备、车辆电气系统等部分组成。

### 1. 车体

车体分为有驾驶室车体和无驾驶室车体两种。车体是容纳乘客和司机驾驶列车的地方，也是安装其他设备和部件的基础。城市轨道交通车辆车体均采用整体承载的钢结构、铝合金或不锈钢等轻金属结构，以达到满足强度、刚度要求的同时最大限度地减轻自重。车体由车顶、底架、端墙、侧墙、车窗、车门等组成。

城市轨道交通车辆的车体与一般铁路客车有相同之处，但由于用途不同，又有其特有的特征。如一般的城市轨道交通车辆有动车与拖车之分,服务于市内公共交通,车内布置的座位少。

**2. 转向架**

转向架是车辆的走行装置,安装于车体与轨道之间,用来牵引(对动力转向架而言)和引导车辆沿轨道行驶,承受并传递车体与轨道之间的各种荷载并缓和其动力作用,它是保证车辆运行质量的关键部件。转向架一般由构架、轮对、轴箱装置、悬挂系统、制动装置等组成。城市轨道交通车辆转向架有动力转向架和非动力(拖车)转向架之分,动力转向架还装有牵引装置及传动装置。动力转向架如图1-2所示。

图1-1 西安地铁2号线车辆

图1-2 动力转向架(动车)

**3. 牵引缓冲连接装置**

车辆编组成列运行必须借助于连接装置。连接装置包括车钩缓冲装置和贯通道(图1-3)。车钩是连接车辆使其编组成列车,并传递纵向力的一套装置。通常在车钩的后部装设缓冲装置,在车钩传递纵向力时缓和车辆之间的纵向冲击。通过车钩还可将车辆之间的电路和空气管路进行连接。贯通道是车辆与车辆之间的客室连接通道。城市轨道交通车辆通常采用密接式车钩和宽体式贯通道。

**4. 制动装置**

制动装置是保证列车运行安全必不可少的装置。不管是动车还是拖车都设有制动装置,它可以保证运行中的列车按需要减速或在规定的距离内停车。城市轨道交通车辆制动装置除常规的空气制动装置外,还有再生制动、电阻制动和磁轨制动等先进的装置。

**5. 受流装置**

从接触导线(接触网)或导电轨(第三轨)将电流引入动车的装置称为受流装置或受流器,如图1-4所示。

**6. 车辆设备**

车辆设备包括服务于乘客的设备和服务于车辆运行的设备。服务于乘客的设备有照明、广播、通风、取暖、空调、座椅、吊环、扶手等。服务于车辆运行的设备一般不占车内空间,吊挂于车底的有蓄电池箱、斩波器、逆变器、继电器箱、主控制箱、接触器箱、空气压缩机组和储风缸等,安装于车顶的有空调单元和受电弓等。

图1-3 贯通道

图1-4 受流装置

**课堂探究**

观看动画学习：城市轨道交通车辆各设备的布置情况。

整车设备的布置（车顶和车内设备）　整车设备的布置（车底设备）

(1) 城市轨道交通车辆车顶设备包括：

(2) 城市轨道交通车辆车内设备包括：

(3) 城市轨道交通车辆车底设备包括：

## 三、城市轨道交通车辆基本技术特点

城市轨道交通车辆的采购一般由各城市根据本地实际情况、设计、投资预算等提出技术要求，向不同的车辆制造商招标制造。城市轨道交通车辆技术发展很快，因此不仅不同城市之间，而且同一城市的不同线路之间的车辆也有很大的差别，比如西安地铁1号线的车辆由大连和长春轨道交通车辆制造商制造。这一特点与国有铁路绝大多数铁道车辆全国通用不同，但是城市轨道交通车辆的总体技术朝着轻量化、节能化、少维修、低噪声、舒适性、高可靠性、高安全性以及低寿命周期成本的方向发展是大趋势。

城市轨道交通车辆的基本技术特点如下：

(1) 城市轨道交通系统属于特种大中运量快速轨道交通系统，对车辆的安全性能、噪声、振动和防火等均有严格要求。

(2) 城市轨道交通系统的线路大多是全封闭的线路，采用双向单线运行，行车密度大（最大行车间隔小于2min），如因列车故障不能正常运行，便会阻塞线路，对整个系统的运转将产生很大的影响。因此，对车辆运行的可靠性提出了很高的要求，一些系统部件必须是冗余设置的,如低压直流控制电源、空气压缩机组、蓄电池、列车控制单元等。

(3)运营中即使发生了列车不能起动的故障,也要有预先制订的临时处理方案,使列车能凭自身动力起动而进入最近的存车线,以疏通线路。如果列车确实无法起动,一般安排就近的另一列车前往救援,两列车连挂将故障列车推至最近的存车线。对地下运行的车辆,必须保证在外来供电无法及时供给的情况下,仍能提供最低限度的照明、广播和通风。在发生突发事故的情况下,列车必须有供乘客快速离车疏散的通道。

(4)车辆朝轻量化方向发展,车体采用大断面铝合金型材或不锈钢焊接的整体承载结构,最大限度地减少车辆自重。

(5)除电气系统的一些人工操作控制开关装在驾驶室和客室的电气设备柜内,其他设备分散安装在全列车的车底,空调机组安装在车顶,不占用客室空间。

(6)车辆之间采用封闭式全贯通通道,便于乘客走动及均匀分布。

(7)车辆采用密接式车钩进行机械、电气、气路的贯通连接。

(8)为了在列车停站时能使大量的上下客流在尽可能短的时间内完成乘降,对车门数量有一定要求。

(9)调频调压交流传动采用电气和空气的混合制动,以降低能耗。

(10)列车控制和主要子系统的运行控制采用计算机网络,信息传播采用多样化、实时化和分层集中化。

(11)车辆系统部件的设计、材料选用都以列车运行安全和乘客安全为首要原则,设备正常功能失效时,其响应以安全为导向目标。

(12)为了适应高密度行车组织的运营需要,实现信号控制和列车控制自动化,在车辆正常运行的情况下,采用列车自动控制(ATC)、列车自动驾驶(ATO)和列车自动防护(ATP),车辆上配备相应的车载设备。个别线路的车辆甚至实现了无人驾驶。

---

**开阔视野**

地铁因其快速、准时的特点而成为人们出行的重要公共交通工具。没有堵车的烦恼,合适的出行成本,不知不觉中,人们都爱上了地铁出行。现代化的列车,立体的地下空间,唯美的灯光和现代化传媒工具,这一切都带来美的乘坐体验。但你能想象世界上第一条地铁是什么样子吗?

---

## 知识点二　城市轨道交通车辆相关技术参数

**自主学习**

选择你所在城市某两条地铁线路的列车,通过实训观察、查阅资料、咨询专家等途径了解该地铁车辆的尺寸技术参数信息,完成表1-3。

地铁车辆尺寸技术参数　　　　　　表1-3

| \_\_\_\_市地铁\_\_\_\_线 | | | \_\_\_\_市地铁\_\_\_\_线 | | |
|---|---|---|---|---|---|
| 序号 | 尺寸参数 | 数值(mm) | 序号 | 尺寸参数 | 数值(mm) |
| 1 | 车辆高度 | | 1 | 车辆高度 | |
| 2 | 车辆宽度 | | 2 | 车辆宽度 | |
| 3 | 车辆定距 | | 3 | 车辆定距 | |
| 4 | 固定轴距 | | 4 | 固定轴距 | |
| 5 | 车辆长度 | | 5 | 车辆长度 | |

## 引领学习

### 一、车辆性能参数

#### 1. 自重、载重及容积

自重是指车辆整备状态下的本身结构及设备组成的全部质量;载重是指正常情况下车辆允许的最大装载质量,以 t 为单位;容积是指车辆内部的有效立体空间,以 $m^3$ 为单位。

#### 2. 构造速度

构造速度是指车辆设计时按照安全及结构强度等条件所决定的车辆最高行驶速度,并要求连续以该速度运行时车辆具有足够良好的运行性能。

#### 3. 轴重

轴重是指按车轴形式及在某个运行速度范围内,车轴允许负担(包括轮对自身的质量)的最大质量。轴重的选择与线路、桥梁及车辆走行部的设计有关。

#### 4. 轴配置或轴列式

轴配置或轴列式是指用数字或字母表示车辆走行部结构特点的方式。例如,4 轴动车,2 台动力转向架,则轴配置记为 B—B;6 轴单铰轻轨车辆的两端为动力转向架,中间为非动力铰接转向架,其轴配置记为 B—2—B。

**课堂探究**

观看动画学习:列车轴列式的表达方法。

二维动画

列车轴列式的表达方法

(1)列车轴列式组成部分包括:
_____
_____
_____

(2)每部分代表的含义:
_____
_____
_____

#### 5. 每延米轨道载重

每延米轨道载重是指车辆设计中与桥梁、线路强度密切相关的一个指标,同时又是能充分利用站线长度、提高运输能力的一个指标,其数值是车辆总质量与车辆全长之比。

#### 6. 通过最小曲线半径

通过最小曲线半径是指配用某种形式转向架的车辆在站场或厂段内调车时所能安全通过的最小曲线半径。当车辆在此曲线区段上行驶时不得出现脱轨、倾覆等危及行车安全的事故,也不允许转向架与车体底架或车下其他悬挂物相碰撞。

#### 7. 制动形式

制动形式是指车辆获得制动力的方式,有摩擦制动、再生制动、电阻制动以及磁轨制动等多种形式。

#### 8. 启动平均加速度

启动平均加速度是指在平直线路上,列车荷载为额定定员,自牵引电机取得电流开始,至启动过程结束(即转入其自然特性时),该速度值被全过程经历的时间所除得的商,单位为 m/s。(注:牵引电机自然特性即通常所指的在额定电压、满磁场时牵引电机的速度特性、牵引力特性等工作特性)。

#### 9. 制动平均减速度

制动平均减速度是指在平直线路上,列车荷载为额定定员,自制动指令发出至列车完全停止的全过程,相应的制动初始速度(一般取最高运行速度)被全过程经历的时间所除得的商。

#### 10. 坐席数及每平方米地板面积站立人数

地铁车辆由于其短途、高流动性的运载特点,坐席数较少,一般为 55~56 座,站立数一般为 250 人,超载时乘客总数按 7~9 人/$m^2$ 计算。

#### 11. 冲击率

冲击率是指由于工况改变引起的列车中各车辆所受到的纵向冲击。在城市轨道交通车辆中,主要用于说明车辆本身电气及制动控制系统所应达到的冲动限制,用加速度变化率来衡量,以 $m/s^3$ 为单位。如地铁车辆正常运行(包括启动加速和电制动,紧急制动情况例外)时,纵向冲击率不得超过 $1m/s^3$。

#### 12. 列车平稳性指标

列车平稳性是评定乘客舒适程度的主要依据,反映了车辆振动对人体感受的影响。因此,评定平稳性的方法主要以人的感觉疲劳程度为依据,通常以平稳性指标表示。我国主要用斯佩林公式来计算平稳性指标,数值越大,说明列车的平稳性越差,并规定地铁、轻轨列车运行的平稳性指标应小于 2.5。

## 二、车辆的主要尺寸

#### 1. 车辆长度

车辆长度是指车辆处于自由状态、车钩呈锁闭状态时,两端车钩连接面之间的距离。车辆长度区别于车体长度的概念。车体长度是指不包含牵引缓冲装置或折棚的车体结构长度。

**2. 车辆最大宽度**

车辆最大宽度是指车体横断面上最宽部分的尺寸。

**3. 车辆最大高度**

车辆最大高度是指车辆顶部最高点与钢轨顶面之间的距离。通常须说明与最高点相关的结构,如有无空调、受电弓的状态等。

**4. 车辆定距**

同一车辆的两转向架回转中心之间的距离称为车辆定距。

**5. 固定轴距**

同一转向架的两车轴中心线之间的距离称为固定轴距。

**6. 车钩中心线距离钢轨面高度**

车钩中心线距离钢轨面高度,简称车钩高,是指车钩连接面中点(铁路车钩是指钩舌外侧面的中心线)至轨面的高度。一般取新造或修竣后空车的数值。列车中各车辆的车钩高基本一致,是保证车辆正确连挂、列车运行中正常传递牵引力及不发生脱钩事故所必需的。广州地铁车辆、上海地铁车辆的该高度为720mm,天津滨海轻轨车辆、北京地铁车辆以及西安地铁车辆为660mm。

**7. 地板面高度**

车辆地板面与钢轨顶面之间的距离称为地板面高度。地板面高度与车钩高一样,指新造或修竣后空车的数值。它受两方面因素的制约:一是车辆本身某些结构高度的限制,如车钩高及转向架下心盘面的高度;二是与站台高度的标准有关,规定车辆地板面应与站台高度相协调。例如,上海地铁车辆地板面高度为1.13m,北京地铁车辆地板面高度为1.053m,西安地铁车辆地板面高度为1.1m。

**课堂探究**

观看动画学习:车辆的主要尺寸参数。

二维动画

车辆的主要尺寸参数

(1)车辆主要尺寸参数包括:

(2)各参数的含义:

## 三、车辆限界

车辆轮廓线依据车辆横剖面包络而成,是设计地铁限界的基础资料。车辆在平直线上正

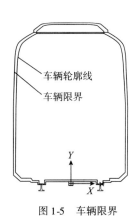

图1-5 车辆限界

常运行状态下所形成的最大动态包络线,用以控制车辆制造,以及制定站台和站台门的定位尺寸叫作车辆限界,如图1-5所示。

车辆限界与车辆轮廓线之间,必须留出一定的、为确保行车安全所需的空间。这个空间考虑了以下因素:

(1)车辆制造公差引起的上下、左右方向的偏移或倾斜;

(2)车辆在名义荷载作用下弹簧受压引起的下沉,以及弹簧由于性能上的误差可能引起的超量偏移或倾斜;

(3)由于各部分磨耗或永久变形而引起的车辆下沉,特别是左右侧不均匀磨耗或变形而引起的车辆倾斜与偏转;

(4)由于轮轨之间以及车辆自身各部分存在的横向间隙而造成车辆与线路间可能形成的偏移。

## 四、车辆动力

在列车运行中,城市轨道交通车辆受各种外力的作用而影响列车运行(通常把所有作用在车辆上的外力的合力用 $G$ 表示)。作用在车辆上的外力按照其性质可以分为车辆牵引力、车辆运行阻力、车辆制动力三类。

### 1. 车辆牵引力

车辆牵引力是指牵引车辆前进的力,属于可控制的外力。

车辆牵引力是由动力传动装置引起的,由司机调节且与列车运行方向相同的外力,其沿轨道牵引运行的外力来自钢轨和轮周(踏面)。由于它作用于动轮轮周,所以通常称为轮周牵引力。这个力的产生必须具备两个条件:一是车辆动轮上有动力传动装置传递的旋转力矩,它和牵引电机的输出特性有关;二是动轮轮周与钢轨接触并存在摩擦作用,它主要是轮轨之间的黏着系数以及动轮的荷载。

列车牵引力的形成如图1-6所示。牵引电机的转矩通过转轴和传动装置(联轴节、齿轮箱),最后使车辆动轮获得转矩 $M$。车轮产生作用于钢轨的力 $F$,钢轨反作用于车轮的力 $F_k$ 使列车发生平移运动。这种由钢轨沿列车运行方向施加于动轮轮周上的切向外力 $\sum F_k$ 就是列车的轮周牵引力,简称列车牵引力。其作用过程如下:

牵引电机→联轴节→齿轮箱→车轮对钢轨的力 $F$→钢轨对车轮的力 $F_k$→列车速度 $v$。

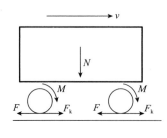 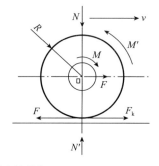

图1-6 列车牵引力的形成

## 2. 车辆运行阻力

车辆运行阻力是指在列车运行过程中产生的与列车运行方向相反的力,是自始至终都存在的力。

根据引起阻力的原因可把阻力分为基本阻力和附加阻力。

（1）基本阻力

基本阻力是列车在运行中始终存在的阻力。列车在平直轨道上运行时一般只有基本阻力。产生基本阻力的主要因素如下：

①车辆车轮与钢轨间的摩擦阻力,包含列车滚动摩擦阻力和滑动摩擦阻力。

②车辆本体内部运动副之间产生的摩擦阻力,如轴箱的滚动轴承的摩擦阻力。

③车辆在隧道中所受的空气阻力。

城市轨道交通车辆主要在隧道中运行,由于车辆与隧道的横截面之比很小,在车辆与隧道的间隙中存在着强烈气流摩擦和车辆前后的空气压力差,使空气阻力成为车辆在高速运行时的主要阻力。空气阻力与列车运行速度的平方成比例,即车辆速度越高,空气阻力越大。

④车辆由于冲击和振动而引起的阻力,如钢轨接缝、轨道不平直、轮轨擦伤等原因引起的轮轨间的冲击;车辆的振动,车辆之间存在的横向、纵向的冲击和振动。

基本阻力对车辆运行阻力的影响程度与运行速度有关。低速时,车辆的运行阻力主要为车轮与钢轨、滚动轴承等的摩擦阻力,而空气阻力影响较小;高速时,空气阻力占主导地位。

（2）附加阻力

附加阻力是指列车运行在特定情况下（上坡、曲线、起动）出现的阻力。附加阻力包括坡道阻力、曲线阻力。

①坡道阻力 $W_i$ 是指列车上坡时由列车重力 $Q$ 产生的沿坡道斜面的分力,如图 1-7 所示。

②曲线阻力是指列车通过曲线时增加的阻力。引起曲线阻力的原因有：轮对与钢轨的横向及纵向滑动；轮缘与外轨头内侧的摩擦；滚柱轴承的轴端摩擦；中心销及中心销座因转向架的回转而发生的摩擦。曲线阻力与许多因素有关,如曲线半径、运行速度、外轨超高、车重、轴距、踏面的磨耗程度等。

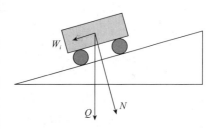

图 1-7　坡道阻力示意图

## 3. 车辆制动力

车辆制动力是指与列车运行方向相反并使列车减速或停止的力,属于可控制的外力。它比车辆运行阻力大得多,通常作用在列车制动减速过程中。由于城市轨道交通车辆运行速度不高,基础制动常采用空气制动,即摩擦制动。在一定的闸瓦压力下,制动力的大小通常取决于闸瓦与车轮间的摩擦系数,而该摩擦系数通常与闸瓦材质、列车速度、闸瓦压力、闸瓦温度和状态有关。

通常增大制动力可缩短制动距离,提高行车的安全性,但制动力也和牵引力一样,必须遵守黏着定律,不能无限制地增大制动力。当制动力大于轮轨间的黏着力时,会导致车轮因被闸瓦抱死而在钢轨上滑行,从而出现制动力下降,并容易发生轮对踏面及轨面擦伤。因此,为保证列车正常的制动性能,制动力必须小于黏着力。

为防止发生列车车轮抱死滑行,列车空气制动系统设有防滑保护。当某轴轮轨间发生滑动时,电子控制单元控制防滑阀关闭压缩空气通路,开启制动缸通向大气的通路,进行排风缓解,待滑行消失后再重新恢复正常制动。这样可使车辆在黏着不利的情况下,尽快恢复制动作用,使停车距离减少到最小值,防止轮对踏面和钢轨擦伤。

## 团队学习

课下请同学们自由组成学习小组,完成广州地铁 1 号线车辆的主要技术参数的整理工作(表 1-4 ~ 表 1-7)。

表 1-4 为广州地铁 1 号线车辆基本设计参数。

**广州地铁 1 号线车辆基本设计参数** 表 1-4

| 序号 | 设计参数 | 数值 |
|---|---|---|
| 1 | 车辆的总体设计寿命 | |
| 2 | 每辆车的平均轴重 | |
| 3 | 牵引电机额定功率 | |
| 4 | 列车平稳性指标 | |
| 5 | 最高运行速度 | |
| 6 | 设计/结构速度 | |

表 1-5 为广州地铁 1 号线车辆的载客容量。

**广州地铁 1 号线车辆载客容量** 表 1-5

| 缩写 | 定义 | 每车乘客数 | 列车乘客数 |
|---|---|---|---|
| $AW_0$ | 无乘客(空载) | | |
| $AW_1$ | 座客荷载 | | |
| $AW_2$ | 定员荷载(6 人/m²) | | |
| $AW_3$ | 超员荷载(9 人/m²) | | |

表 1-6 为广州地铁 1 号线车辆在不同荷载下的质量。

**广州地铁 1 号线车辆在不同荷载下的质量** 表 1-6

| 定义 | 乘客荷载(t) | | | 车辆质量(t) | | | 列车质量(t) |
|---|---|---|---|---|---|---|---|
| | A | B | C | A | B | C | |
| 空载 | 0 | 0 | 0 | 33 | 36 | 36 | 220 |
| 座客荷载 | 3.36 | 3.36 | 3.36 | 37.36 | 41.36 | 41.36 | 240.16 |
| 定员荷载 | 18.60 | 18.60 | 18.60 | 52.60 | 56.60 | 56.60 | 331.60 |
| 超员荷载 | 25.92 | 25.92 | 25.92 | 59.92 | 63.92 | 63.92 | 375.52 |

注:每位乘客质量按 60kg 计算。

表1-7为广州地铁1号线车辆主要尺寸参数。

广州地铁1号线车辆主要尺寸参数　　　　　　　表1-7

| 序号 | 尺寸参数 | 数值 |
|---|---|---|
| 1 | 车辆长度 | |
| 2 | 列车长度 | |
| 3 | 车辆宽度 | |
| 4 | 车辆高度 | |
| 5 | 车辆最高点(含排气口) | |
| 6 | 受电弓工作范围 | |
| 7 | 受电弓最大升起高度 | |
| 8 | 转向架中心距 | |
| 9 | 转向架固定轴距 | |
| 10 | 车门全开宽度 | |
| 11 | 贯通道宽度 | |
| 12 | 窗宽度 | |
| 13 | 车钩中心线距轨面距离 | |
| 14 | 车轮直径 | |
| 15 | 轮缘厚度 | |

## 知识点三　城市轨道交通车辆编组及标识

### 自主学习

选择你所在城市某条地铁线路的列车,通过实训观察、查阅资料、咨询专家等途径了解该列车有关车辆编组及标识的信息,完成表1-8,并将遇到的问题做好记录。

城市轨道交通车辆编组及标识　　　　　　　表1-8

城市:_____　　线路:_____　　车辆生产商:_____

| 问题 | 回答 |
|---|---|
| 1.车辆上有哪些标识? | |
| 2.车辆标识在什么位置? | |
| 3.车辆标识代表什么含义? | |
| 4.车辆是如何编组的? | |

# 引领学习

对于城市轨道交通车辆来说,标识是指对车辆及其设备进行标记或编号。为了便于在车辆运用和检修等情况下对车辆进行管理和识别,必须对车辆进行标识。目前我国没有统一的车辆标识规定,但是车辆的标识方法都比较类似。

## 一、列车编组

城市轨道交通车辆中,动车(M)和拖车(T)通过车钩连接而成的一个相对固定的编组称为一个(动力)单元,一列车可以由一个或几个(动力)单元编组而成。目前,我国城市轨道交通列车编组比较普遍的是6辆或4辆一编组,还有一些城市的大运量地铁车辆采用8辆一编组。6辆编组主要有"三动三拖"和"四动二拖",4辆编组主要有"二动二拖"。下面以沈阳地铁列车编组为例说明列车的编组情况。

沈阳地铁列车采用三动三拖的6辆编组。由一个动车和一个拖车组成一个单元,分为三个单元,即:+Tc-Mp-M-T-Mp-Tc+。

　+:表示半自动车钩。
　-:表示半永久牵引杆。
　Tc:表示有驾驶室的拖车。
　M:表示无受电弓的动车。
　Mp:表示无驾驶室带受电弓的动车。
　T:表示无驾驶室的拖车。

对应上述编组的车辆编号顺序为:1、2、3、4、5、6。

对应上述编组的车辆1(Ⅰ)和2(Ⅱ)位端顺序为:+Tc(Ⅰ-Ⅱ)-Mp(Ⅰ-Ⅱ)-M(Ⅰ-Ⅱ)-T(Ⅱ-Ⅰ)-Mp(Ⅱ-Ⅰ)-Tc(Ⅱ-Ⅰ)+,如图1-8所示。

图1-8 列车编组图

## 二、车辆编号

一般每节城市轨道交通车辆都有属于自己的固定编号,但各城市轨道交通车辆制造商或运营商的编号方式不一样。下面举例说明几个典型城市的车辆编号方式与意义。

**1. 上海地铁**

上海地铁1号线、2号线的车辆编号由5位数组成,采用YYCCT形式,其中YY为车辆出厂的年份,CC 为该车型该年的车厢到位总编数,T 为最后一位(只有 1/2/3),1 表示它是带驾驶室的拖车(Tc),2 表示它是带受电弓的动车(Mp),3 表示它是不带受电弓的动车(M)。例如 00342,表示这节车厢为 2000 年到位的第 34 节车厢,它是带受电弓的动车。

2. 广州地铁

广州地铁 1 号线、2 号线、3 号线车辆编号包含的信息有:车辆的所属线路(数字的位置)、车辆的类型编号(A 型、B 型或 C 型车)、生产顺序号[同类型车辆的连续编号(2 位数字),不同的车辆类型以新的顺序开始编号],如图 1-9 所示。

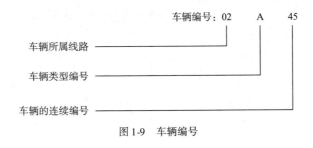

图 1-9　车辆编号

## 三、车辆的车端、车侧、车门、座位等标识定义

下面以广州地铁 2 号线车辆标识方法为例进行讲述。

1. 车辆的车端

如图 1-10 所示,每辆车的 1 位端定义如下:A 车 1 位端是带有全自动车钩的一端;B 车 1 位端是与 A 车连接的一端;C 车 1 位端是连接半永久牵引杆的一端。另一端就是 2 位端。

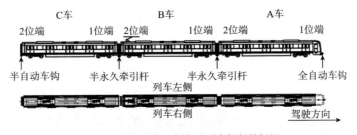

图 1-10　车辆端部和侧部及列车侧部的标识

2. 车辆的车侧

当车辆检修人员位于车辆的 2 位端,面向 1 位端,则其右侧就称为该车辆的右侧,左侧称为该车辆的左侧。

3. 列车的车侧

如图 1-10 所示,列车的车侧定义与车辆的车侧定义是不同的。列车的车侧是以司机为主体,司机坐于列车驾驶端座位上,司机的右侧即为列车的右侧,反之,为列车的左侧。换句话说,是按列车的行驶方向来定义列车的车侧的,这与公路上汽车按行驶方向定义左右侧是相同的。

**课堂探究**

观看动画学习:城市轨道交通车辆车端和车侧的标识。

二维动画

车辆车端和车侧的标识

(1)车端的标识方法:
_____
_____
_____
_____

(2)车侧的标识方法:
_____
_____
_____
_____

**4. 转向架和轴的编号**

如图1-11所示,每辆车的转向架都分为转向架1和转向架2。转向架1在车辆的1位端,转向架2在车辆的2位端。每辆车的4根轴从1位端开始至2位端,依次连续编号轴1至轴4。

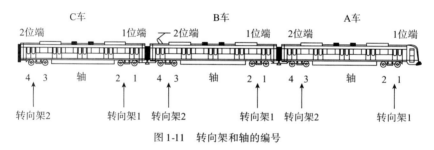

图1-11 转向架和轴的编号

**5. 门页和车门的编号**

如图1-12所示,门页的编号:自1位端到2位端,沿着每辆车的左侧为由小到大的连续奇数,即1,3,5,7,9,11,…,17,19;右侧为由小到大的连续偶数,即2,4,6,8,10,12,…,18,20。

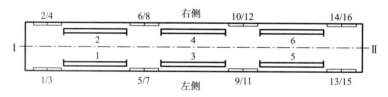

图1-12 车门、门页及座椅的编号

如图1-12所示,车门的编号则由该车门两个门页的号码合并而成:自1位端到2位端,左侧车门的编号为1/3,5/7,9/11,……,17/19,而右侧车门的编号为2/4,6/8,10/12,……,18/20。

### 6. 座椅编号

如图 1-12 所示,每辆车有 8 个座椅纵向排列在车辆内部的两侧。自 1 位端到 2 位端,这些座椅的编号是从 1 到 8,左侧是奇数,右侧是偶数。

### 7. 空调单元编号

每辆车的车顶安装有两个空调单元。位于 1 位端的空调单元称为空调单元Ⅰ,位于 2 位端的空调单元称为空调单元Ⅱ。

### 8. 其他编号与标记

车窗、扶手、立柱、吊环、照明灯、指示灯、扬声器等设备也采用上述同样的编号方法。而车辆的质量、顶车位置、应急设备位置等必须用相关符号或文字在规定位置作出明确的标记,这里不逐一列举说明。

## 团队学习

以西安地铁为例对列车编组、车辆编号、车辆零部件编号等进行拓展学习,并以小组为单位进行整理汇报。任课教师亦可给出其他城市地铁资料供学习使用。

### 1. 西安地铁的列车编组

西安地铁 1 号线、2 号线列车车辆均采用 6 辆编组形式,即" =Tc * Mp * M * T * Mp * Tc = "。

### 2. 西安地铁的车辆编号

西安地铁的车辆编号为 5 位数,第一和第二位表示线号(如 1 号线 01,2 号线 02,以此类推);第三和第四位表示车列号(如 01 表示第一列车,02 表示第二列车,以此类推);第五位表示车辆号,用数字 1,2,3,4,5,6 分别表示车辆 1～6 位的编组,分别表示 Tc、Mp、M、T、Mp、Tc 车。

### 3. 西安地铁 2 号线的车辆方位

西安地铁 2 号线车辆以两头 Tc 车为基准,以前三节车为一组,后三节车为一组,在每一组中,靠近驾驶室的为 1 位端,远离驾驶室的为 2 位端。

### 4. 客室内侧位

以前三节为一组,后三节为一组。在每一组中,站在列车外,面向驾驶室正面,左手侧记为一位侧,右手侧记为二位侧。

### 5. 车门编号

沿每节车辆的一位侧车门用奇数编号,即每节车一位侧车门分别为 1,3,5,7 号门;沿每节车辆的二位侧车门用偶数编号,即每节车二位侧车门分别为 2,4,6,8 号门。每个车门的左、右门扇的定义为:人面对门板内侧,左手为 A 门扇,右手为 B 门扇。

### 6. 贯通件与非贯通件的编号

对横向贯通件,从 1 位端到 2 位端依次用阿拉伯数字命名;对非贯通件,从 1 位端一位侧起到 2 位端二位侧止依次用阿拉伯数字命名,一位侧为奇数,二位侧为偶数。

## 知识点四　城市轨道交通发展新技术

### 自主学习

磁浮技术是未来轨道交通发展的一个方向。由于磁浮列车漂浮在轨道上方,它也被称为地面上的飞行器。那么你知道磁浮列车是如何工作的吗?

2021年6月,由中国中车承担研制的我国首列中国标准地铁列车在郑州下线,标志着我国在地铁车辆技术领域取得重大创新突破。你知道什么是中国标准地铁列车吗?中国标准地铁列车的研制有哪些现实意义?

### 引领学习

#### 一、磁浮列车发展过程

世界上研究磁浮列车的国家主要有德国、日本、英国、加拿大、美国、中国。英国从1973年开始研究磁浮列车,是最早将磁浮列车投入商业运营的国家之一。1984年4月,从伯明翰机场到火车站之间600m长的磁浮运输系统正式运营,乘客乘坐磁浮列车从机场到火车站仅需90s。1995年,该线在运行了11年之后停止运营。目前磁浮列车研究比较成熟的国家是德国和日本。

德国从1968年开始研究磁浮列车,刚开始以常导型和超导型并重,于1977年分别研制出常导型和超导型试验列车。后来经过分析比较,决定集中力量发展常导型磁浮列车。目前德国的常导型磁浮列车技术已经成熟。

日本从1962年开始研究常导型磁浮列车,后来由于超导技术的发展,从20世纪70年代开始转向研究超导型磁浮列车。1972年12月,在宫崎磁浮铁路试验线上,时速达到了204km。1979年12月,又进一步提高到517km。1982年11月,磁浮列车的载人试验获得成功。1995年载人磁浮列车试验时速高达411km。1997年12月,在山梨县的试验线上创造出时速550km的世界纪录。

我国自20世纪80年代初开始研究低速常导型磁浮列车。1994年10月,西南交通大学建成了首条磁浮铁路试验线,并同时开展了磁浮列车载人试验,成功地进行了4个座位、自重4t、悬浮高度8mm、时速30km的磁浮列车试验,于1996年1月通过原铁道部组织的专家鉴定。随后,在中国铁道科学研究院环形试验线轨距2m、长36m、设计时速100km的室内磁浮试验线路上成功地对长6.5m、宽为3m、自重4t、内设15个座位、设计时速为100km的低速常导6t单转向架磁浮试验车进行了试验,于1998年11月通过了原铁道部科技成果鉴定,填补了中国在磁浮列车技术领域的空白。

2016年,由中车株洲电力机车有限公司牵头研制的时速100km长沙磁浮快线列车上线运营,被业界称为中国商用磁浮1.0版列车。商用磁浮1.0版列车较适用于城区。

2018年6月,中国首列商用磁浮2.0版列车在中车株洲电力机车有限公司下线。2.0版列车设计时速提升到了160km,并采用三节编组,最大载客500人。此外,车辆牵引功率提升30%,悬浮能力提升6t。商用磁浮2.0版列车适用于中心城市到卫星城之间的交通。

2019年5月23日10时50分,中国时速600km高速磁浮试验样车在青岛下线。这标志着中国在高速磁浮技术领域取得重大突破。

在2022德国柏林国际轨道交通技术展览会上,中国中车股份有限公司(简称"中国中车")面向全球发布了当前世界上可实现的速度最快陆地公共交通工具——时速600km高速磁浮交通系统。

## 二、磁浮列车分类

### 1. 按电磁铁的种类分

按电磁铁的种类不同,磁浮列车可分为常导吸引型和超导排斥型两大类。

常导体磁浮列车:为EMS(电磁力悬浮或常导型悬浮)技术,借由磁铁吸引力使车辆浮起来,使用"T"形导轨,外表类似单轨铁路。车辆的两侧下部向导轨的两边环抱,内翻部分装有磁力强大的电磁铁,导轨底部设有钢板。钢板在上,电磁铁在下。所谓电磁铁,就是一个金属线圈,当电流流经线圈时,能产生磁力吸引钢板,因而车辆被向上抬举。当吸引力与车辆重力平衡,车辆就可悬浮在导轨上方的一定高度上。改变电流,也就改变磁感应强度,使悬浮的高度得到调整。

超导体磁浮列车:为EDS(电动力悬浮或超导型悬浮)技术,借由磁铁排斥力使车辆浮起来,使用"U"形导轨,外表类似一般高速铁路。当列车向前行进时,车辆下面的电磁铁就使埋在轨道内的线圈中感应出电流,使轨道内线圈也变成了电磁铁,而且它与车辆下的磁铁产生相斥的磁力,把车辆向上推离轨道。列车一旦起动很快就可以加速到时速50km,行驶50~60km的距离后就会在轨道上浮起来。沿着地面越"跑"越快,目前最高时速可达603km(理论上还可以继续增加)。

### 2. 按悬浮方式分

按悬浮方式不同,磁浮列车可分为电磁吸引式悬浮(Electromagnetic Suspension,EMS)、永磁力悬浮(Permanent Repulsive Suspension,PRS)和感应斥力悬浮(Electro Dynamic Suspension,EDS)。

(1) EMS。该方式利用导磁材料与电磁铁之间的吸引力,大部分磁浮列车采用此方式。

(2) PRS。这是一种最简单的方案,利用永久磁铁同极间的斥力,一般产生斥力为0.1MPa。

(3) EDS。依靠励磁线圈和短路线圈的相对运动得到斥力,所以列车要有足够的速度(约100km/h)才能悬浮起来,该类列车不适用于低速。

## 三、磁浮列车原理

### 1. 悬浮原理

磁浮有三个基本原理。第一个原理是当靠近金属的磁场改变,金属上的电子会移动,并且产生电流。第二个原理是电流的磁效应。当电流在电线或一块金属中流动时,会产生磁场。通电的线圈就成了一块磁铁。磁浮的第三个原理是磁铁间会彼此作用,同极性相斥,异极性相吸。磁浮是如何作用的?磁铁从一块金属的上方经过,金属上的电子因磁场改变而开始移动(原理一)。电子形成回路,所以接着也产生了本身的磁场(原理二)。以最简单的方式来表达这个过程,移动中的磁铁使金属中出现一块假想的磁铁。这块假想磁铁具有方向性,因是同极性相对,因此会对原有的磁铁产生斥力。也就是说,如果原有的磁铁是北极在下方,假想磁铁则是北极在上;反之亦然。因为磁铁的同极相斥(原理三),让磁铁在一块金属上方移动,结果会对移动中的磁铁产生一股往上推动的力量。如果磁铁移动得足够快,这个力量会大得足以克服向下的重力,举起移动中的磁铁。所以当磁铁移动时,会使得自己浮在金属上方,并靠着本身电子移动产生的力量保持浮力。这个过程就是所谓的磁浮,这个原理可以适用在列车上。下面介绍常导磁吸式(EMS)和超导磁斥式(EDS)列车的具体运行原理。

常导磁吸式(EMS),利用装在车辆两侧转向架上的常导电磁铁(悬浮电磁铁)和铺设在线路导轨上的磁铁,在磁场作用下产生的吸引力使车辆浮起。车辆和轨面之间的间隙与吸引力的大小成反比。为了保证这种悬浮的可靠性和列车运行的平稳,使直线电机有较高的功率,必须精确地控制电磁铁中的电流,使磁场保持稳定的强度和悬浮力,使车体与导轨之间保持大约10mm 的间隙。通常采用测量间隙用的气隙传感器来进行系统的反馈控制。这种悬浮方式不需要设置专用的着地支承装置和辅助的着地车轮,对控制系统的要求也可以稍低一些。

超导磁斥式(EDS),是在车辆底部安装超导磁体(放在液态氦储存槽内),在轨道两侧铺设一系列铝环线圈。列车运行时,给车上线圈(超导磁体)通电流,产生强磁场,地上线圈(铝环)与之相切,与车辆上超导磁体的磁场方向相反,两个磁场产生排斥力。当排斥力大于车辆重量时,车辆就浮起来。因此,超导磁斥式就是利用置于车辆上的超导磁体与铺设在轨道上的无源线圈之间的相对运动,来产生悬浮力将车体抬起来。由于超导磁体的电阻为零,在运行中几乎不消耗能量,而且磁场强度很大。在超导体和导轨之间产生的强大排斥力,可使车辆浮起。当车辆向下位移时,超导磁体与悬浮线圈的间距减小电流增大,使悬浮力增加,又使车辆自动恢复到原来的悬浮位置。这个间隙与速度的大小有关,一般到 100km/h 时车体才能悬浮。因此,必须在车辆上装设机械辅助支承装置,如辅助支撑轮及相应的弹簧支撑,以保证列车安全可靠地着地。控制系统应能实现起动和停车的精确控制。

**2. 导向原理**

磁浮列车利用电磁力的作用进行导向,以下按照常导磁吸式和超导磁斥式两种情况进行简要介绍。

(1)常导磁吸式的导向系统。常导磁吸式的导向系统与悬浮系统类似,是在车辆侧面安装一组专门用于导向的电磁铁。车体与导向轨侧面之间保持一定间隙,当车辆左右偏移时,车上的导向电磁铁与导向轨的侧面相互作用,使车辆恢复到正常位置。控制系统通过对导向电磁铁中的电流进行控制来保持这一侧向间隙,从而达到控制列车运行方向的目的。

(2)超导磁斥式的导向系统。超导磁斥式的导向系统可以采用以下 3 种方式构成。第一种是在车辆上安装机械导向装置以实现列车导向。这种装置通常采用车辆上的侧向导向辅助轮,使之与导向轨侧面相互作用以产生复原力,这个力与列车沿曲线运行时产生的侧向力相平衡,从而使列车沿着导向轨中心线运行。第二种是在车辆上安装专用的导向超导磁铁,使之与导向轨侧向的作用力相平衡,使列车保持正确的运行方向。这种导向方式避免了机械摩擦,只需控制侧向地面导向线圈中的电流,就可使列车保持一定的侧向间隙。第三种是利用磁力进行导引的"零磁通量"导向系铺设"8"字形的封闭线圈。当列车上设置的超导磁体位于该线圈的对称中心线上时,线圈内的磁场为零;而当列车产生侧向位移时,"8"字形的线圈内磁场为零,并产生一个反作用力以平衡列车的侧向力,使列车回到线路中心线的位置。

### 3. 推进原理

磁浮列车的驱动运用同步直线电动机的原理。车辆下部支撑电磁铁线圈的作用就像是同步直线电动机的励磁线圈,地面轨道内侧的三相移动磁场驱动绕组起到电枢的作用,它就像同步直线电动机的长定子绕组。从电动机的工作原理可以知道,当作为定子的电枢线圈有电时,由于电磁感应而推动电机的转子转动。同样,当沿线布置的变电所向轨道内侧的驱动绕组提供三相调频调幅电力时,由于电磁感应作用,承载系统连同列车一起就像电动机的"转子"一样被推动做直线运动。从而在悬浮状态下,列车可以完全实现非接触的牵引和制动。

## 四、中国标准地铁列车

为推动城市轨道交通建设持续健康发展,提升我国城市轨道交通装备技术水平和核心竞争力,2019年7月开始,中国中车联合中国城市轨道交通协会、各地铁公司、科研院校及协作单位共同实施了系列化中国标准地铁列车研制及试验项目,目的是突破关键核心技术,打造适应中国需求、技术先进的"标准化"地铁列车平台,提高我国地铁装备标准化、模块化水平,建立城市轨道交通装备中国标准体系。

中国标准地铁列车是以中国标准为主导,采用标准化、模块化、系列化的设计理念,继承既有地铁列车运用经验,并结合国内地铁用户需求自主开发的、具有技术引领性的全新产品平台。中国标准地铁列车拥有完全自主知识产权,"中国标准"覆盖率达到85%以上,与常规地铁相比,其主要有如下特点:

①关键部件自主化。开展核心技术、关键部件全面自主研发,通过技术攻关,中国标准地铁列车所有关键零部件均实现自主研发制造。

②零件通用化。对车辆零件进行统型,完成200种易损易耗件、备品备件的简统化设计,使零配件最大程度通用化。不同线路、不同车型、不同厂家的车辆零件可以互换通用,减少了备品备件数量,降低了运维成本。

③部件模块化。按照"功能、性能统一,电气、机械接口统一"的原则,标准地铁搭建了250多种部件模块,实现模块化设计。模块化使造地铁就像"搭积木"一样,可以大大缩短研制周期,快速满足用户需求,降低地铁车辆设计、制造和维护成本。

④系统集成化。对车辆软件、硬件进行集成融合,通过多网融合、多屏融合、多部件集成等,提高了车辆的一体化、集约化水平,系统更加稳定可靠。

⑤功能配置化。车辆功能实现"菜单式"配置,可"个性化定制"。在基本功能基础上,标准地铁推出了170多项选配功能,涵盖乘客界面、车辆运维、智能化服务等,用户可根据需求个性化定制。

⑥整车标准化。统一车辆基本尺寸参数、速度指标、车体轮廓、接口、电气控制原理、通信

协议、修程修制等,实现了整车标准化。基于标准化,标准地铁形成了完善的全寿命周期技术与管理标准体系,以利于降低地铁建设与运营维护成本,也为实现城市轨道交通"互联互通"跨线运行提供了条件。

⑦产品系列化。在中国标准地铁列车技术平台下,搭建了4种车型的系列化产品平台,即时速80km的A型车和B型车、时速120km的A型车和B型车。同时,每种车型可自由配置驾驶模式、受电方式、车辆编组、车体轮廓等,最大限度满足用户个性化需求。

⑧产业规模化。通过协同创新,标准地铁实现了核心技术、关键部件完全自主化,建立了完整的产业链和供应体系,形成了从零部件、部件到系统集成超过300家供应企业的规模化产业集群,有力保障城市轨道交通产业链安全和可持续发展。

⑨行业规范化。中国标准地铁列车对车辆各部件和系统的技术规范进行统一,形成了城市轨道交通车辆技术标准体系。已编制形成整车技术规格书4套、企业标准205项、团体标准22项、国家标准10项,为指导和规范城市轨道交通建设提供了行之有效的标准支撑。

与常规地铁相比,中国标准地铁列车还采用大量新技术,实现整车安全和性能提升,具有更加安全可靠、智能舒适、绿色环保、经济适用等显著的技术优势。

研究制造中国标准化地铁列车是中国城市轨道交通逐步发展到成熟阶段的必然选择。

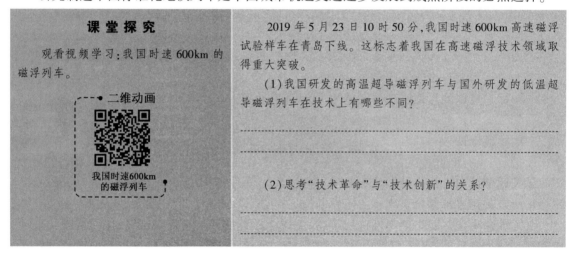

## 基础巩固

### 一、判断题

1. 按悬浮方式不同,磁浮列车可分为常导吸引型和超导排斥型两大类。（   ）
2. 城市轨道交通车辆中由动车(M)和拖车(T)通过车钩连接而成的一个相对固定的编组称为一个(动力)单元,一列车可以由一个或几个(动力)单元编组而成。（   ）
3. 城市轨道交通车辆一般由车体、转向架、牵引缓冲连接装置、制动装置、受流装置、车辆设备、车辆电气系统等部分组成。（   ）

## 二、选择题

1. 转向架是车辆的走行装置,其安装于车体与轨道之间,以下部件不是安装在转向架上的是(　　)。
   A. 构架　　　　　　B. 轮对轴箱装置　　C. 弹簧悬挂装置　　D. 受电弓
2. 城市轨道交通 A 型车车辆宽度为(　　)。
   A. 2.6m　　　　　　B. 2.8m　　　　　　C. 3.0m　　　　　　D. 3.2m
3. 城市轨道交通车辆车轮的标准直径为(　　)。
   A. 830mm　　　　　B. 835mm　　　　　C. 840mm　　　　　D. 915mm
4. 以下四种说法中正确的是(　　)。
   A. 列车运行速度越高,其所受到的空气阻力越小
   B. 坡度越大,列车的坡道阻力越小
   C. 低速时,列车的轴承和轮轨的摩擦阻力影响比较大
   D. 所有作用在列车上的外力大于零时,列车将减速运行

## 三、简答题

1. 城市轨道交通车辆有哪些基本类型?其结构如何?
2. 城市轨道交通车辆是如何编组的?请举例说明任意一种编组方式的优缺点。
3. 为什么要对车辆进行标识?如何对车辆进行标识?
4. 什么是车辆的技术参数?主要有哪些参数?举例说明这些参数有何作用?
5. 什么是车辆限界?

# 模块二 车体

**模块概述**

城市轨道交通车辆车体是容纳运输对象的地方,又是安装与连接其他组成部分的基础。现代的车体以钢结构或轻金属结构为主,尽量使所有的车体构件均承受荷载以减轻自重。

完成本模块的学习之后,可以掌握各式车体的组成、材料、特点等。

**知识导图**

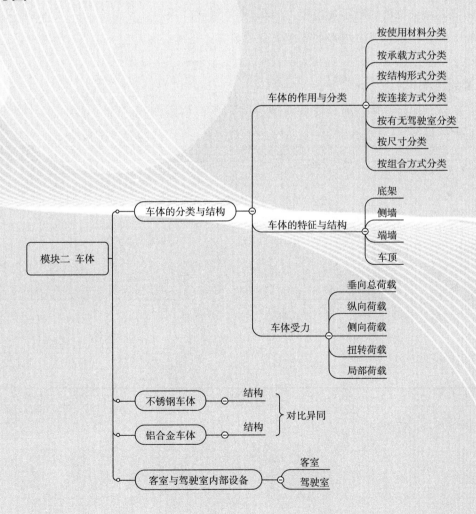

# 学习目标

## ➢ 知识目标
1. 掌握城市轨道交通车辆车体的作用与分类。
2. 熟悉城市轨道交通车辆车体的结构形式。
3. 掌握城市轨道交通车辆不锈钢车体的结构和特点。
4. 掌握城市轨道交通车辆铝合金车体的结构和特点。
5. 熟悉城市轨道交通车辆模块化车体结构的基本知识。
6. 熟悉客室与驾驶室内部相关设备。

## ➢ 能力目标
1. 能根据城市轨道列车车体的相关特征,判断其车体类型。
2. 能识别驾驶室和客室内部的各个设备的名称。

## ➢ 素质目标
1. 提高分析问题和解决问题的能力,具备举一反三的能力,懂得相互尊重,团结协作。
2. 具有严谨细致、精益求精、一丝不苟的工作态度,追求极致的工匠精神。

## 知识点一　车体的分类与结构

### 自主学习

3~5人一组,使用学校现有车体(硬件设备或虚拟仿真软件均可)或到校外地铁企业的车体检修车间参观调研,通过实践观察、查阅资料、咨询专家等途径了解轮对和轴箱的结构参数,按照表2-1中的要求完成相应任务,并按小组进行成果展示。

车体结构调研任务工单　　　　　　　　　　　　　　　表2-1

城市及线路:＿＿＿＿＿　实训设备:＿＿＿＿＿　车体型号:＿＿＿＿＿

| 机构名称 | 任务要求 |
| --- | --- |
| 底架 | 拍照底架,然后通过PPT或画图软件在底架照片上用文字指明各个结构的名称 |
| 侧墙 | 拍照侧墙,然后通过PPT或画图软件在侧墙照片上用文字指明各个结构的名称 |
| 端墙 | 拍照端墙,然后通过PPT或画图软件在端墙照片上用文字指明各个结构的名称 |
| 车顶 | 拍照车顶,然后通过PPT或画图软件在车顶照片上用文字指明各个结构的名称 |

### 引领学习

车体是城市轨道交通车辆的主体结构,其主要功能是运载乘客、承受和传递荷载,并装有传动机构、电气设备和其他一些设施。为使乘客的乘车环境安全舒适,车体还要安装防火、隔声、隔热材料。

### 一、车体的作用与分类

车体是车辆结构的主体,既是用来容纳乘客和司机驾驶(对于有驾驶室的车辆),又是安装和连接其他设备及组件的基础。它是由底架、侧墙、端墙及车顶构成的一个整体六面体,由于长期处于激烈振动、承载量大而又不稳定等较为苛刻条件下,其总体结构形式、性能和技术经济指标取决于车体材料。

车辆车体结构由最初的全木结构,逐渐演变为钢制底架与木制车体的组合结构、铆接全钢结构以及全焊接单壳车体结构。结构材料由普通碳钢材质迅速发展为轻量化耐腐蚀铝合金或轻型不锈钢材质。车体结构也由骨架与外板构成的单壳结构,演变为以不锈钢双薄板结构或铝合金大型中空挤压型材结构为主体的全双壳结构。

**1.按使用的主要材料分**

车体结构按使用的主要材料可分为普通碳素钢车体、高耐候结构钢车体、不锈钢车体、铝合金车体、碳纤维车体。

(1)普通碳素钢车体。20世纪80年代以前的钢制车体材料主要采用普通碳素钢。该车体自重较大,使用过程中易受腐蚀,其强度由于腐蚀而降低,增加了维修工作量和维修成本。

(2) 高耐候结构钢车体。为延长使用寿命,采用了含有铜或镍、铬等金属元素的耐大气腐蚀的低合金钢系列,使车体钢结构的自重减轻了 10%～15%,同时在工艺上也采取了一定的防腐措施,延长了车体的使用寿命,但在减轻车体自重和防腐蚀等方面仍然不尽如人意。

(3) 不锈钢车体。不锈钢车体的耐腐蚀性较好,强度高。在保证强度和刚度的前提下,车体钢板的厚度可以减薄,其结构形式与钢制车体相似。从而实现车体的薄壁化和轻量化,使车体的质量比钢制车体减轻 20%～25%。另外,车顶板、侧墙板和底板一般都采用成型的波纹板制成,克服了薄板平整度难以保证的缺点,同时满足强度的要求。

(4) 铝合金车体。为进一步实现车体轻量化,许多国家充分利用铝合金比重小、耐腐蚀、容易挤压成型的优点,在解决了铝合金焊接难的问题后,尤其是大型空心铝型材研制成功后,使利用铝合金制造车体成为可能。采用铝合金车体,其自重相比钢制车体可减轻 30%～40%。因为铝合金在积水状态下会降低其耐腐蚀性能,所以在车辆检修过程中要注意排水问题,以免积水腐蚀。

(5) 碳纤维车体。相较传统地铁,新一代地铁车辆最大特点是更轻、更节能。新一代地铁车辆的驾驶室、车体、设备舱及转向架构架四大核心部件等均使用碳纤维制造,使车辆实现大幅"瘦身"。以车体为例,碳纤维增强复合材料的使用率达到了 70%。其重量与传统铝制车体相比,足足减轻了 30%。全碳纤维复合材料地铁车体的研制成功推动了碳纤维复合材料在轨道交通承载结构上的大批量工业化生产应用,促进了碳纤维复合材料产业链的完善和发展。

**2. 按承载方式分**

车体结构按承载方式可分为底架承载结构、侧墙和底架共同承载结构和整体承载结构。

(1) 底架承载结构。全部荷载由底架来承担的车体结构称为底架承载结构或自由承载结构。

(2) 侧墙和底架共同承载结构。由侧墙、端墙与底架共同承担荷载的车体结构称为侧墙和底架共同承载结构或侧墙承载结构。其侧墙、端墙与底架等通过固结形成一个整体,具有较高的强度和刚度。

(3) 整体承载结构。在板梁式侧墙、端墙上固结由金属板、梁组焊而成的车顶,使车体的底架、侧墙、端墙、车顶连接成一个整体,成为开口或闭口的箱形结构,如图 2-1 所示。这种结构既能充分发挥所有承载零部件的承载作用,又能有效地减轻车体自重。

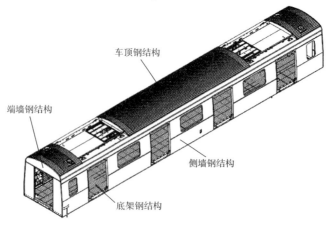

图 2-1　车体的外形结构

**3. 按结构形式分**

车体结构按结构形式可分为板梁组合结构、开口型材与大型中空型材组合结构、大型中空型材结构。这些结构都属于整体承载结构,如图 2-2 所示。

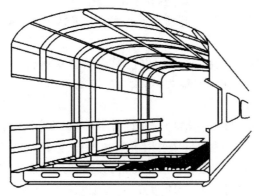

图 2-2　整体承载结构

**4. 按连接方式分**

车体结构按板与梁(柱)、梁(柱)与梁(柱)之间的连接方式可分为焊接结构、铆接结构、螺栓(钉)黏接连接结构和混合连接结构。我国和日本大多采用焊接结构。

**5. 按有无驾驶室分**

车体结构按照车体结构有无驾驶室可分为带驾驶室车体结构和无驾驶室车体结构两种。

**6. 按车体尺寸分**

车体结构按车体尺寸可分为 A 型车车体、B 型车车体和 C 型车车体,如:广州地铁 1 号线、2 号线和深圳地铁车辆采用了 A 型车;广州地铁 3 号线、4 号线和天津滨海轻轨采用了 B 型车。

**7. 按车体组合方式分**

(1)一体化结构。也称整体焊接结构,即将底架、侧墙、车顶和端墙的组装采用焊接工艺焊接而成,是众所周知的一种车体结构。一体化结构车体是先制造车体结构的车顶、侧墙、底架、端墙、驾驶室等部件,然后将部件进行整个车体总成焊接,车体总成后再进行内装、布管布线。

(2)模块化结构。随着技术的发展,近几年出现了一种模块化结构,我国深圳地铁车辆和广州地铁 2 号线车辆即采用了模块化结构。模块化结构车体与一体化结构车体相比,最大区别是将模块化的概念引入到车体设计、制造与生产管理的各个环节之中。模块化车体设计是将整个车体分为若干个模块,每个模块的制造须完成整车所需内装、布管与布线的预组装并解决相互之间的接口问题。各模块完成后即可进行整车组装。模块的结构本身采用焊接,而各模块之间的总装采用机械连接。

模块化结构的优点如下:

(1)容易保证整车质量。由于每个模块的制造过程中均要验证其质量,模块制成后均须进行试验,所以整车总装后试验相对简单,整车品质容易保证。

(2)有利于国产化的实施。由于每个模块制造可以独立进行,并解决了模块之间的接口问题,因此,复杂的技术难度大的模块和部件可以由国外引进,其余模块和部件在车辆制造企业本地生产,且对总装生产线要求不高,有利于国产化。

(3)可以改善劳动条件,降低施工难度;可以减少工装设备,简化施工程序,提高劳动效率,降低生产成本。

(4)维修方便。在车辆检修中,可采用更换模块的方式进行,方便维修。目前,国内地铁车辆生产企业在模块化车体的设计、制造、实验与生产管理过程中已形成了整套的经验,从而保证了批量生产的质量。

从车体结构局部来分析,模块化结构存在如下缺点:模块化结构的个别部件(如驾驶室框架)采用了部分钢材制造,各部件之间又采用了钢制螺栓连接,所以车体自重要比全焊结构稍重;由于车体是容纳乘客的场所,就车辆结构而言,其强度是保证乘客安全的关键特性,因此在设计过程中必须进行详细的强度、刚度计算,在此理论的指导下进行设计;试制完成后,必须进行相应的试验,证实确实满足要求,才能投入批量生产。

### 开 阔 视 野

查阅资料,整理铁道车辆车体与城市轨道交通车辆车体之间的主要区别。

## 二、车体的特征与结构

### 1. 车体特征

(1)城市轨道交通车辆一般为电动车组,有单节、双节、三节式等,有头车(及带有驾驶室的车辆)和中间车,及动车与拖车之分,其车体结构具有多样性。

(2)由于城市轨道交通车辆是服务于城市公共交通,乘客数量多,旅行时间短,上下车频繁,因此车内设置的座位数量少、车门数量多且开度大,服务于乘客的车内设备简单。

(3)对车辆的自重限制较为严格,特别是高架轻轨,要求列车自重轻、轴重小,以降低线路设施的工程投资。

(4)为减轻列车自重,车辆必须轻量化,对于车体承载结构一般采用大型中空截面挤压铝型材、高强度复合材料或不锈钢等,采用整体承载筒形车体结构,车辆的其他辅助设施也尽量采用轻型材料和轻量化结构。

(5)城市轨道交通车辆一般运营于城市人口稠密地区,并用于承载乘客,所以对车辆的防火要求严格,特别是地铁车辆。通常车体的结构需采用防火设计,使用材料须经过阻燃处理。

(6)对车辆的隔音和降噪有严格要求,以最大限度降低噪声对乘客和沿线居民的影响。

(7)用于城市内交通,车辆外观造型和色彩必须考虑城市文化环境美化,与城市景观相协调。

**2. 车体结构**

车体主要由底架、侧墙、端墙、车顶等部分组成。车体梁结构如图 2-3 所示。

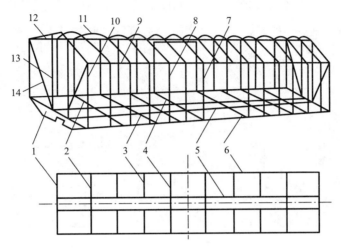

图 2-3 车体梁结构

1-缓冲梁(端梁);2-枕梁;3-小横梁;4-大横梁;5-中梁;6-侧梁;7-门柱;8-侧立柱;9-上侧梁;10-角柱;
11-车顶弯梁;12-顶端弯梁;13-端立柱;14-端斜撑

(1)底架。底架是车体的重要部件。主要作用是承受车体上部荷载并传递给整个车体,承受因各种原因而引起的横向力和走行部传来的各种振动和冲击。通过牵引梁连挂组成列车,并在车辆间传递牵引力和制动力。车底架通常是用大型铝合金蜂窝状挤压型材焊接而成,由侧梁、端梁、牵引梁、枕梁和横梁组成。在驾驶端通常还设有一个撞击能量耗散区,在车辆受撞击时用以吸收传至地板水平方向的能量,可最大限度地保护客室乘客安全。底架上设有各种吊梁、吊卡、线槽、安装座,用来安装车钩缓冲、各种机电设备、制动设备等。

车辆地板也是底架的重要组成部分,地板的性能直接与车辆的隔音隔热防滑等相关,也与车辆的清洁、维护保养相关。一般地,地板主要由金属地板、地板布、支撑梁、隔音隔热材料和阻尼浆等组成。

(2)侧墙。侧墙通常是由多个空腔结构按纵向分布组成,由中空截面的铝合金挤压型材铆接或焊接而成。侧墙主要用以安装客室窗玻璃、客室车门、座椅等部件。侧墙的结构主要由墙板支撑梁、隔音隔热材料和阻尼浆组成。

早期的北京地铁 DK6 车辆侧墙采用两面黏结塑料的胶合板,支撑梁采用木质件,隔音隔热材料采用超细玻璃棉和阻尼浆,该结构的主要缺点是防火性能差。为提高防火性能,对后期生产的地铁车辆进行了技术改造,主要措施是减少木质件的使用量和对其进行防火处理,并用复合铝板代替胶合板,改善防火性能。

上海地铁和广州地铁车辆侧墙采用非饱和聚酯玻璃钢板黏结泡沫状密树脂和铝板的复合

板,支撑梁采用金属梁,隔音隔热材料采用矿渣棉并用铝箔包装,金属铝墙板的内表面涂覆阻尼浆,防火性能良好。

（3）端墙。车辆端部为简单的焊接或铆接结构,过渡设备用框架固定。端墙通常由墙板、支撑梁隔音隔热材料和阻尼浆组成,与侧墙结构基本相似。端墙主要用于贯通通道空调单元、驾驶室的连接。

（4）车顶。车顶由几个空腔部分按照纵向排列组成,包括拱形顶梁。每节车顶通常装有受电弓及其连接装置、车辆无线电天线通风口空调设备及其换气连接、电力供应和排水装置等。

**课堂探究**

观看动画学习:车体的一般梁结构与车体结构。

二维动画

车体的一般梁结构与车体结构

城市轨道交通车辆车体的梁结构包括:
_____
_____
_____
_____
_____
_____
_____

## 三、车体受力

车体钢结构承担了作用在车体上的各种荷载,包括垂向总荷载、纵向荷载、侧向荷载、扭转荷载等。

**1. 垂向总荷载**

垂向总荷载包括车体自重、载重、整备重量以及由于轮轨冲击和簧上振动而产生的垂向动荷载。在大部分情况下,这些荷载是比较均匀地铅垂作用在地板面上,有时也要考虑装运货物而造成的集中荷载。

**2. 纵向荷载**

纵向荷载是指当列车起动、变速、上下坡道,特别是紧急制动和调车作业时,在车辆之间所产生的牵引和压缩冲击力。此纵向力通过车钩缓冲装置作用于底架的前(或后)从板座上。随着列车长度和总重量的增加,纵向力的数值将会很大,对车体来说,也是一种主要荷载。

**3. 侧向荷载**

侧向荷载包括风力和离心力。侧向荷载比起前两种荷载虽然小得多,但对于车体的局部结构有一定影响,例如会使侧柱产生弯曲变形,进而加重侧墙各构件的弯曲变形等。

**4. 扭转荷载与局部荷载**

当车辆在不平坦线路上运行或车体被不均匀地顶起时(如检修时的顶车作业),车体将受扭转荷载。

此外，车体钢结构上还承受着各种局部荷载，例如底架上悬挂的制动装置引起的附加荷载。

## 团队学习

以西安地铁为例对城市轨道交通车体的结构、特点等进行拓展学习，并以小组为单位进行汇报。

### 1. 总体概述

西安地铁2号线车辆为B2型车，车体断面呈鼓形，可适度增加车体内部的有效空间，车体两侧采用内藏式双开电动拉门结构。西安地铁2号线车辆的车体能够承受自重、载重及列车在牵引、制动时产生的纵向荷载和运行检修中产生的斜对称荷载，而且还能够承受一列6辆编组的电动列车以3~5km/h的速度进行车辆联挂时产生的纵向冲击力。车体的纵向静荷载为800kN，以配置安装合理的缓冲吸能结构系统，进而提高车辆的安全性，确保发生事故时对司乘人员具有更高的保护能力。

### 2. 车体钢结构分析

西安地铁2号线车辆的车体钢结构采用薄壁、筒型整体承载结构，车体选用高强度不锈钢SUS301L系列为主要承载结构的材料。车体外表面不涂漆。车体为轻量化不锈钢结构，整车除端底架采用碳钢材料外，其余各部位均采用高强度不锈钢材料。各零部件间采用点焊连接，车体总组成也是采用点焊连接。车顶由波纹顶板、车顶弯梁、车顶边梁、侧顶板、空调机组平台、受电弓平台等几部分组成。

车顶采用波纹顶板无纵向梁结构，与车顶弯梁点焊在一起，机组平台由纵梁、弯梁、顶板点焊组成，再与车顶通过点焊与弧焊组成一体。

侧墙主要由侧立柱，窗上、下横梁，门扣铁，侧墙上、中、下墙板（其中上墙板为冷弯型钢），门上横梁，侧墙下边梁等主要零部件组成。端墙为板梁点焊结构，主要特点是端角柱向车体外端翻边，使之与车顶、侧墙的点焊工艺性更好，提高了点焊效率和质量。

底架采用碳钢端底架与不锈钢底架塞焊连接，主横梁与边梁利用过渡连接板实现点焊连接，底架边梁采用4mm SUS301L-HT材料，以提高底架的整体强度和刚度。地板厚度为0.6mm，材料为SUS301L-MT的波纹板。整体冷弯成型，滚焊搭接，以保证密封性。波纹板与主横梁、枕梁、地板梁间采用电铆焊连接，提高车辆承受纵向荷载的能力。在Tc车前端设计中有一撞击能量吸收区，设计和制造该撞击能量吸收区的目标为：一列$AW_0$列车以25km/h的速度与另一列$AW_0$停止状态的列车相撞时，吸收列车的撞击能量，客室无损坏，并保证司机的安全。

### 3. 西安地铁2号线车辆车体的主要技术参数

西安地铁2号线车辆车体的主要技术参数见表2-2。

西安地铁 2 号线车辆车体的主要技术参数　　　　　表 2-2

| 序号 | 技术参数 | 数值 |
|---|---|---|
| 1 | 车体长度 | 19000mm(Mp,M,T 车)<br>19500mm(Tc 车) |
| 2 | 车辆宽度 | 2.8m |
| 3 | 客室地板面距走行轨顶面高度 | 1.1m |
| 4 | 车辆定距 | 12.6m |
| 5 | 转向架轴距 | 2.2m |
| 6 | 车钩高度 | 660mm |
| 7 | 客室内净高 | 2.12m |
| 8 | 车轮直径 | 840mm |
| 9 | 轮缘厚度 | 32mm |

### 开阔视野

车体是容纳乘客和司机的空间，同时也是安装车辆其他零部件的基础构架。车体不仅要有足够的空间去"包容"乘客，更要有足够的"坚强"来"守护"车内乘客的安全。

作为当代中国青年，请结合自身专业知识以及对职业岗位的理解，从多角度思考，谈一谈你对车体"包容""坚强""守护"品质的理解。

## 知识点二　不锈钢车体

### 自主学习

请以小组为单位，分工协作，通过企业实训调研、查阅资料、咨询专家等途径了解不锈钢车体发展历程，以及你所在地区城市轨道交通运营企业某条线路上的车辆不锈钢车体的日常维修保养内容和方法，并制作总结材料，在课上进行汇报演示。

### 引领学习

#### 一、不锈钢车体结构

不锈钢车体结构由碳钢车体结构发展而来，两者有很多相似性，采用整体式承载结构，如

图2-4所示。由于不锈钢材料与耐候钢相比,强度更好,抗腐蚀能力更为突出,且在设计中能通过降低钢板的厚度来实现轻量化的目的。不锈钢车体的结构件也无须为防腐蚀而进行涂装和维修过程中的挖补处理,这样能减轻车体自重。

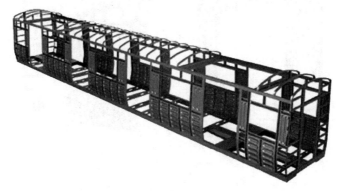

图2-4 车体三维几何模型

**1. 车体底架结构**

不锈钢车体底架结构与耐候钢车体底架结构类似,由边梁、大小横梁、波纹地板等结构件焊接而成,如图2-5所示。其中边梁、大小横梁采用板材厚度为4mm的SU301-HT不锈钢材料,为有效降低自重,大小横梁腹板处均设有减重孔。车体纵向荷载由底架边梁、波纹地板传递。

图2-5 车体底架模型

**2. 侧墙结构**

车辆横截面为鼓形,主要由立柱、横梁以及墙板和门窗等结构件组成,如图2-6所示。鼓形断面能够增加车体横向抗弯刚度,也是合理利用限界条件增大车体内部空间。侧墙板分为内墙板和外墙板。外墙板采用平板结构,侧墙内部设计了冲压成型的内层筋板和盲窗筋板,通过立体搭接焊连接,这样形成双薄板结构能提高车体刚度。侧墙骨架梁柱采用SUS301L-HT不锈钢材料。

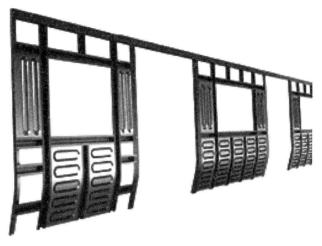

图 2-6 车体侧墙模型

**3. 端墙结构**

端墙可以防止列车相撞时不会出现套车,并与底架、侧墙和车顶共同作用,防止客室受损,保证乘客安全,如图 2-7 所示。端墙由端墙板、门口框架、下边梁、门上立柱补强梁、端角柱、端顶弯梁及其他梁柱组成。连接端端墙除门口框架外均采用电弧焊,其余板梁均采用点焊。

图 2-7 车体端墙模型

端墙分为端顶板、左右下墙板,板材为 SUS301L-DLT,门上立柱和补强梁材料均为强度等级最高的 SUS301L-HT,门角处采用 SUS301L-DLT。

**4. 车顶结构**

车顶结构主要由弧顶、平顶、弧顶与平顶的连接部组成,如图 2-8 所示。弧顶部分的组成结构件主要有弧顶部纵梁、车顶及平台端弯梁、车顶波纹板和连接板等。平顶部分则由空调机组顶板、平顶部横梁、平顶部纵梁等组成。车顶波纹板采用冷滚压成型工艺,采用 SU301L-ST

不锈钢,车顶波纹板采用与波纹地板相同的滚焊焊接,在满足车体密封性要求的基础上还能够增加车顶的刚度。

图 2-8　车体车顶模型

**课堂探究**

观看动画学习:不锈钢车体龙骨结构。

二维动画
不锈钢车体龙骨结构

不锈钢车体的组成结构包括:
_____
_____
_____
_____
_____
_____
_____
_____

## 二、不锈钢材料使用中应注意的问题

不锈钢车体具有耐腐蚀性较好、使用寿命长等优点,因此,在保证强度、刚度的条件下,板厚可以大大减少,从而实现车体的轻量化。但在设计、制造中尚需注意如下问题。

**1. 不锈钢材料的合理选择**

根据城市轨道交通车辆的结构特点、制造工艺以及使用环境,同时考虑到制造成本,要求所使用的不锈钢材料必须具有如下性能:

(1)价格低,要求不锈钢通用性高,容易购买。

(2)耐腐蚀性好。

(3)能满足车体强度和刚度要求。

(4)加工性好,在对其进行剪切、弯曲、拉延、焊接等加工时,不会产生缺陷。

能满足以上条件的不锈钢材料有 30～40 种,其中具有代表性的有 SUS304(S30400)和 SUS301L。

**2. 不锈钢材料的焊接**

碳素钢车体采用弧焊组装钢结构,靠电弧产生的热量熔化填充金属,使2个构件熔敷接合。弧焊所产生的热量很大,对构件的热输入量也很大,这种焊接方法对于焊接不锈钢材料是很不利的。

不锈钢导热系数只是碳素钢的1/3,而热膨胀系数是碳素钢的1.5倍,热量输入后散热慢而变形大,不利于对构件尺寸及形状的控制。由于不锈钢材料的电阻较大,所以对不锈钢材料的焊接一般都采用电阻焊(即点焊)。点焊就是将2个或2个以上相叠加的金属用电极加压,通过大电流利用金属的电阻产生高热,使叠加的金属在加压区产生熔合而连接到一起。点焊的特点是对构件的热输入量小,容易实现自动控制,焊接时不需要技能很高、很熟练的操作者,也可以保证焊接质量。

不锈钢车体采用点焊结构,这就决定了不锈钢车体必须采用很多与以往碳素钢车体不同的特殊结构,以实现点焊连接的目的。不锈钢车体在组合外板、梁、柱时为了减少热量的输入,采用点焊代替弧焊,梁、柱的结合部位采用连接板传递荷载。但由于受到设备、工装、工序等方面的限制,有些部位无法实现点焊,可以采用塞焊来减小热影响区。

轻量化不锈钢车体中几乎所有的零、部件都是通过点焊连接的,所以焊点的质量将直接影响车体钢结构的质量和强度。为保证车体质量,在日常生产中,控制焊点质量是必须的。现在采取的方法是在每次作业前进行点焊拉伸试验和切片试验,检验合格后再按照试验的焊接规范进行作业。

在底架边梁枕内侧设有用于架车、顶车的专用支撑点,并且对此位置进行补强,保证此处具有足够的刚度和强度,在架车、顶车时,保证车体不出现塑性变形现象。支撑点满足车辆拆卸、组装、检修、吊运和救援、复轨等作业要求。每个架车支撑点处设有标记以指导作业,如图2-9所示。

图2-9 不锈钢车体架车标记及焊点特写(均布的小圆点即为点焊焊点)

| 课堂探究 | 不锈钢车体在架车与起吊时的注意事项： |
|---|---|
| 观看动画学习：不锈钢车体架车与起吊。<br><br>二维动画<br>不锈钢车体架车与起吊 | |

## 知识点三　铝合金车体

### 自主学习

请以小组为单位，分工协作，通过企业实训调研、查阅资料、咨询专家等途径了解铝合金车体的日常维修保养内容和方法，并制作总结材料，在课上进行汇报演示。

### 引领学习

铝合金车体是一种轻型整体承载结构，主体材料是铝合金型材，通常采用模块化结构或全焊接组装，是一种新型的车体结构。铝合金材料密度小，比强度大，构造的车体因在满足车体强度和刚度的同时大幅度地减轻了车体的质量而备受青睐。

### 一、铝合金材料特性

铝合金材料的特性主要表现在以下 5 个方面：

(1) 质轻且柔软，更容易实现车体的轻量化。铝的密度为 $2.71g/cm^3$，约为钢密度（$7.87g/cm^3$）的 1/3；杨氏模量也约为钢的 1/3。

(2) 强度好。纯铝的抗拉强度约为 $80MN/m^2$，是低碳钢的 1/5。但经过热处理强化及合金化强化，其强度会大幅增加。如铝合金车体常用的材质 6005A-T6，它的最低抗拉强度为 $360MN/m^2$，能达到低碳钢相应的强度值。

(3) 耐蚀性能好。铝合金的特性之一是接触空气时表面会形成一层致密的氧化膜，这层膜能防止腐蚀，所以耐蚀性能好。若再实施"氧化铝膜处理法"，就可以全面防止腐蚀。

(4) 加工性能好。车辆用型材挤压性能好，二次机加工、弯曲加工也较容易。

(5)易于再生。铝的熔点低(660℃),再生简单。在废弃处理时也无公害,有利于环保,符合可持续发展战略。

根据铝合金车体结构及制造、运用情况,选择材料时应遵循以下原则:从轻量化方面考虑,要求强度、刚度好,而质量轻;从寿命方面考虑,要求耐蚀性、表面处理性、维护保养性好;从制造工艺方面考虑,要求焊接性、挤压加工性、成型加工性高。根据以上原则,铝合金车体主要使用 5000 系列、6000 系列、7000 系列的铝合金。3 个系列的铝合金材料的特性及用途见表 2-3。

车辆常用铝合金材料的特性及用途  表 2-3

| 铝合金系列 | 主要成分 | 特性 | 主要用途 |
| --- | --- | --- | --- |
| 5000 系 | Al<br>Mg(0.2% ~ 5.6%) | 耐蚀性、焊接性、成型性很好,强度也较高,代表合金有:5052、5083、5056、5N01 等 | 建筑、船舶、车辆机械部件、饮料罐等 |
| 6000 系 | Al<br>Mg(0.45% ~ 1.5%)<br>Si(0.2% ~ 1.2%) | 耐蚀性、强度好,有的挤压加工性好,代表合金有:6005A、6061、6063、6N01 等 | 车辆结构材料、结构杆件、建筑用框架、螺栓、铆钉等 |
| 7000 系 | Al<br>Mg(0.1% ~ 2.9%)<br>Zn(0.5% ~ 6.1%)<br>Cu(0.1% ~ 2.0%) | 焊接性、耐蚀性差,强度最高,Al ~ Zn ~ Mg 合金的焊接接头效率高,代表合金有:7005A、7005、7178、7N01、7003 等 | 车辆结构材料、飞机杆件、体育用品 |

## 二、铝合金车体的优点

最早的铝合金车体是 1952 年英国研制的伦敦地铁电动车组。铝合金车体的发展经历了板梁期、开口型材期和大型中空挤压型材期三个发展阶段,现已逐渐走向成熟。铝合金车体具有以下优点:

(1)能大幅度降低车辆自重,在车辆长度相同的条件下,与碳素钢车体相比,铝合金车体的自重仅为其30% ~ 35%,强度质量比约为碳素钢车体的 2 倍。碳素钢车体、不锈钢车体、铝合金车体的质量之比为 10∶8∶6。

(2)具有较小的密度及杨氏模量,因此,铝合金对冲击荷载有较高能量吸收能力,可降低振动,减少噪声。

(3)可运用大型中空挤压型材进行气密性设计,提高车辆密封性能和乘坐舒适性。

(4)采用大型中空挤压型材制造的板块式结构,可减少连接件的数量和质量。

(5)减少维修费用,延长使用寿命。

## 三、铝合金车体形式

### 1. 纯铝合金车体

城市轨道交通车辆纯铝合金车体可分为以下 4 种形式:

(1)车体由铝板和实心型材制成,铝板和型材通过铝制铆钉、连续焊接和金属惰性气体点焊等进行连接。除了车钩部分及车体内的螺钉座使用碳素钢外,其他部位都使用密度仅为碳素钢 1/3 的铝合金,实现了车体的轻量化。这些铝板和型材等多为拉延材料(板材、挤压型材、锻造材料)。最近,很多地方使用大型挤压型材,进行热处理后,其机械性能有很大的提高。大型挤压型材的组合使车辆制造时焊接大量减少,但制造成本增加。

(2)车体结构是板条骨架结构,用气体保护的熔焊作为连接方法。

(3)在车体结构中应用整体结构,板皮和纵向加固件构成高强度大型开口型材。

(4)车体采用空心截面的大型整体型材,结构更加简单。型材平行放置并总是在车体的全部长度上延伸,通过自动连续焊接进行连接。该车体结构以具有多种多样截面的型材为基础,并充分利用铝合金良好的机械性能。

### 2. 混合结构铝合金车体

混合结构铝合金车体侧墙与底架的连接基本采用铆接或螺栓连接的方式。其作用有两点:一是可避免热胀冷缩带来的问题;二是取消了成本很高的车体校正工序。

采用铝合金材料制造车体可最大限度地减轻车体自重,从而带来提高车辆的加速度,降低运能消耗,牵引及制动能耗低,减轻对线路的磨耗及冲击,扩大输送能力等诸多好处。此外铝合金车体还具有以下优点:耐腐蚀性好(但在有湿气的潮湿地方更容易腐蚀,所以应特别注意排水和密封),外墙板可不涂漆,不仅节能,还节省涂装费,而且不需设置油漆场地,缩短制造周期,并可延长检修周期;可采用长大宽幅挤压型材,与一般钢结构相比,人工费节省约 40%,车辆质量减少约 30%。

## 四、铝合金车体结构

如图 2-10 所示是深圳地铁 1 号线一期车辆车体断面图,其形状类似鼓形,采用大型中空铝型材模块结构,紧固件机械连接,整体承载,具有质量轻、承载量大、外形美观等优点。车体分为 A 型车、B 型车、C 型车 3 种车型,其中 A 型车为带有驾驶室的拖车,B 型车为带受电弓的动车,C 型车为不带受电弓的动车。

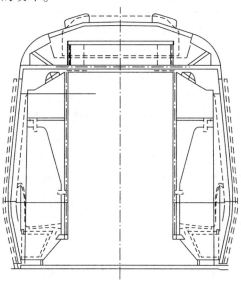

图 2-10 深圳地铁车体断面图

车体由底架、侧墙、车顶、端墙等预先装配好的模块组成,车体总装配时,用螺栓将这些预装配好的模块按顺序连接在一起。

车体模块是用铝型材(占车体质量约90%)焊接而成,大部分的挤压型材是由合ENAW6005A制成,它们是空心的。由于强度要求,底架的牵引梁用铝合金ENAW7020制成。某些低应力区域由合金板ENAW5083制成。每车模块的每侧有5对客室门结构和4个车窗结构,带驾驶室的拖车模块每侧还包括1个驾驶室门框架和一个前端门框架,中间端宽度与贯通道宽度几乎相同。

### 1. 底架

底架是车体的基础结构,底架结构模块包括地板、边梁(左和右)、枕梁(2根)、牵引梁(2根)组件。边梁、枕梁、牵引梁采用连续焊接组合在一起,将地板、隔热隔声材料、底架下管路和电线槽预先与底架组成一体,然后与侧墙和端部模块连接,底架边梁在整个长度上与侧墙模块进行机械连接,在底架的架车位置进行局部加强。

(1)地板。地板包括9块几乎与车辆长度相同的70mm高的挤压型材,挤压型材的顶部与地板安装在一起。

(2)边梁。边梁由两块与车辆长度相同的挤压型材组成,下部挤压型材是安装底架设备的底座,上部挤压件包括地板和侧墙的接口,侧墙接口位于地板以上约150mm处,在门口区域,挤压型材的上部切口有平滑的曲线边缘以减少那一区域的应力。在驾驶室区域,边梁经由特殊的挤压型材延伸用作安装驾驶室模块的底座。

(3)枕梁。枕梁主要由两块与车辆宽度相同的挤压型材组成,包括一些固定电缆和管的各种加强及固定件。B型车中的枕梁较特殊,它为安装高压电缆开有安装槽,其他车的所有枕梁是相同的。为安装中心销、空气弹簧和防侧滚杆,枕梁做了某些特殊加工使安装表面平滑。

(4)牵引梁。牵引梁包括两根纵梁和一根横梁,纵梁沿车体纵向布置,其作用是把车钩力分布到地板和枕梁上,横梁的作用是承载、提升和牵引力。驾驶室下面(A型车的前端)的牵引梁较长且宽,发生列车冲撞,被压溃的车钩向后运动,牵引梁能够向后微量压缩,避免车体受损坏。

### 2. 侧墙

侧墙由上墙板、下墙板、窗间墙板3部分组成,侧墙由普通铝型材和中空铝型材焊接而成,在侧墙内侧预装有隔热隔声材料、车窗和内墙板。侧墙模块与底架和车顶模块间用拉铆紧固连接。除了第一个客室门和驾驶室模块之间的小侧墙模块外,所有侧墙模块由6个焊接挤压型材组成,纵向布置,并加上采光设计。安装槽与车内装饰安装件安装在一起,门和窗户支柱均有加强筋,也由挤压型材制成,为了减少扭曲变形,用铆钉把这些支柱安装在6个焊接的挤压型材上。有8个带窗户的大侧墙模块,安装在车辆相应的位置,有2个(左和右)小模块,安装于所有车辆的端墙模块和末端客室门之间。

### 3. 车顶

车顶结构由车顶侧梁(左和右)、车顶板(3块)和空调机组安装槽(2块)组成,B型车车顶结构还包括受电弓安装槽(2块)。车顶侧梁由下部挤压型材件、中间挤压型材件、上部挤压型材件3部分组成。下部挤压型材件有侧墙模块的接口,并包括门口,其特点与底架上边梁相同。中间挤压型材件呈弯曲形状,以适应侧墙和车顶的形状。上部挤压型材件包括车顶板插槽和内部安装槽的接口。车顶板与车顶侧梁和风道一起形成封闭的车顶,它包括6个纵向布置的小型挤压型材件。安装槽有一些纵向的小挤压型材件(根据车辆长度)和安装空调机组及受电弓的支架,空调机组安装槽也包括与内部(由板制成的)空调机组安装槽连接的接口槽。

**4. 端墙(中间端)**

端墙安装在客室的两端头,其作用是连接客室车体与贯通道(或驾驶室)的联结体,其结构包括地板、贯通道框架、侧墙部件。端墙上有许多结构部件和孔,用于内部和外部设备的安装连接。

## 五、铝合金材料使用中应注意的问题

铝合金车体有许多优点,但在设计、制造中尚需注意许多问题。如铝合金选材、大型铝型材料成型技术、铝合金结构焊接工艺的研究、铝合金材料疲劳特性和寿命试验、结构优化设计、刚度问题、防腐问题等。

**1. 铝合金材料的合理选择**

使用铝合金材料的车体多为焊接结构,且在大气条件下工作,因此,要求铝合金材料不仅应具有适当的强度和刚度,而且需具有良好的焊接性能,特别是焊缝性能要接近母材性能水平。最好在焊后的自然时效状态即能达到固熔处理加人工时效状态的性能水平。此外还要求材料的抗腐能力和抗应力腐蚀能力强、应力集中敏感性低、焊接接头处的抗脆断能力和抗疲劳能力高。

**2. 铝合金车体的组装**

铝合金的密度只相当于钢的1/3,弹性模量也只有钢的1/3。材料的刚度与弹性模量有关,因此,铝合金车体的设计不能采用钢质车体的结构形式,而应充分利用新型铝合金的性能特点,采用大型中空挤压型材。采用长大挤压型材使大多数焊缝接头位于长度方向上,因此,可集中焊接;与板梁结构相比较,变形大量减少,且机械化程度高,大大减少了人工,从而提高了劳动效率。

整体结构的铝合金车体有非常好的耐冲击性能,因为其工作断面面积增大2~3倍,零件的长细比也明显减小。车体基本由地板、车顶、两个侧墙及两个端墙6大部件装配而成。而铝型材的边缘设有通长的成型槽,即可供组合整个车体用。当型材沿边缘连接时,能自动形成适宜的焊接坡。端墙完全采用板材,梁采用焊接结构,四角立柱及端顶弯梁采用弯曲型材,端顶横梁采用矩形铝合金型材,外端板采用厚5mm的铝合金,并考虑大小风挡结构的需要。

底架各梁应设置座椅安装滑槽、侧门滑槽及底架吊挂滑槽,滑槽为T形。底架与转向架的连接件、车钩安装座使用铝合金锻件,锻件与底架型材开坡口焊接。车顶边梁拟采用大型挤压型材,中间部分采用两种开口铝合金挤压型材,车顶上边梁与侧墙共用,并考虑边梁自带雨檐。组焊时,边梁焊在侧墙上,并由矩形横梁将两边梁连接,保证车顶有足够的刚度。车顶开口型材在总装时,组焊即可。

### 开阔视野

不锈钢车体与铝合金车体的对比比较铝合金车体与不锈钢车体,在材料与结构、价格与重量、制造工艺、外观质量、抵御磕碰、防划伤能力、车下设备提供安装空间和布置方式、使用寿命等方面的区别。

### 开阔视野
### 新型碳纤维车体

**一、碳纤维车体概述**

碳纤维是一种新型复合材料,有着较轻的质量,与金属材料相比,相同情况下碳纤维的质量仅有金属的1/5。碳纤维复合材料有耐腐蚀、耐高温、质量轻等特点,可以为列车进行整体减重。碳纤维本身具备优异的性能,还可以很大程度上降低后期的维护费用。碳纤维复合材料的这些特性,已经成为车体轻量化设计的首选材料之一。应用碳纤维复合材料制造的车体具有质量轻、强度高、刚性大,在有效地降低车体质量的同时,也提高了车体运行的平稳性和安全性。此外,碳纤维复合材料在列车制造上的应用还能够有效降低列车运行过程中与运输轨道接触所产生的噪声,显著增强了乘客的体验感和舒适感。

中车青岛四方机车车辆股份有限公司研制的新一代碳纤维地铁车辆"CETROVO",如图2-11所示。车体、转向架构架、驾驶室、设备舱及设备机体等均使用碳纤维复合材料制造,是大规模应用碳纤维复合材料的地铁车辆,实现了碳纤维复合材料在车体、转向架构架、驾驶室等车辆主承载结构上的全面应用。

图2-11 新一代碳纤维地铁车辆"CETROVO"

**二、碳纤维车体的特点**

1. 能耗低,适应性强

碳纤维使车辆实现大幅瘦身。与采用钢、铝合金等传统金属材料相比,新一代碳纤维地铁车辆的车体、驾驶室、设备舱分别减重30%以上,转向架构架减重40%,整车减重13%。虽然制造成本高于传统金属材料,但碳纤维复合材料更加轻量化,节能优势明显,且具有优异的耐疲劳、耐候、耐腐蚀性能,可有效保证列车在 30 年服役期内不发生疲劳、腐蚀等失效,减少了维护量,因此能够降低全寿命周期成本。车身变轻后,也减少了对线路的损害。

与传统地铁车辆相比,新一代地铁车辆拥有更强的适用性,在运营组织上更加灵活,并能适应更复杂的运行环境。

2. 乘坐舒适性好

新一代地铁车辆采用先进的减振降噪技术,乘坐起来更舒适。

列车运行时,由于轨道不平顺会引起车厢振动,要通过转向架上的悬挂系统来减振。传统地铁车辆的悬挂系统不可调节,称为被动悬挂。

新一代地铁车辆首次采用全主动悬挂技术,在行驶途中,当车厢产生振动时,能够立刻探测到,并对悬挂系统的阻尼进行动态调整,使悬挂系统时刻处在最佳的减振状态,从而使地铁车辆"跑得更稳"。

车厢内也更安静。优化了降噪设计,列车运行时,客室噪声仅 68 分贝,比传统地铁车辆降低了 3 分贝以上。

跟高铁列车一样,新一代地铁车辆还进行了气密性设计,首次采用密封车体,乘客在乘坐时,不会因为车内压力波动引起耳膜有压迫感。

3. 智慧运维程度高

应用现代智能化技术,新一代地铁车辆还是高度智能化的"智慧列车"。

新一代地铁车辆的最高运行时速可达 140km,比传统地铁更快。采用无人驾驶技术,列车从发车起动到加减速、停站、开关门、回库等运行的全过程均为全自动驾驶。

运用维护也更智能。车辆可建立强大的智能化感知系统,设有 1100 多个监测点,实时感知列车的"健康"状态。运行途中出现异常时,可自动预警和远程维护。同时,借助智能感知系统,能在车辆处于"亚健康"状态时就及时介入维护,也能探测线路状况,指导线路维护,使列车的运行更加安全可靠。

## 知识点四　客室与驾驶室内部设备

**自主学习**

利用现有实训资源,或者实际乘坐所在城市的地铁列车,通过观察调研的方式完成表 2-4。

客室与驾驶室布置情况　　　　　　　　　表2-4

城市及线路：_____　列车编组：_____

| 问题 | 总结 |
|---|---|
| 有几个驾驶室？<br>设置在列车的什么位置？ | |
| 客室里有哪些内饰设备？<br>驾驶室与客室是否相通？ | |

## 引领学习

### 一、客室

客室内饰主要包含侧墙板、侧顶板、中顶板、地板、客室座椅、客室扶手立柱、残疾人轮椅固定器、电器柜、灭火器、安全锤，以及列车广播通信系统相关硬件设备等，如图2-12所示。

图2-12　客室车厢内饰
1-侧墙板；2-客室座椅；3-客室扶手立柱；4-中顶板；5-侧顶板；6-地板

其中列车广播通信系统相关硬件设备主要有：在车门上方设置乘客信息显示屏（车站动态闪光地图）；在侧墙客室门侧设LCD液晶显示屏，用于向乘客宣传和播放各种视频资源；每辆车客室设置2个安全监控摄像头，对整节车厢进行监控拍摄；在车厢两端墙上方各设置一个贯通道LED显示屏，用来提醒乘客到站的信息；侧墙上方还设置了乘客紧急报警器，用于紧急情况下，与司机进行通话联络。

**1. 侧墙板**

侧墙板分布于客室车厢两侧窗户周边的位置。

侧墙板安装采用不锈钢骨架支撑，墙板上边缘伸入到侧顶板内部，下边缘伸入到下墙板内部，用螺钉和3M胶带固定在侧墙钢结构上，内墙板上、下两边用螺钉固定，窗口四周用3M尼龙搭扣固定在不锈钢骨架梁上,与地板接触地方设有1.5mm厚不锈钢踢脚线表面拉丝成形,用3M胶带和螺钉固定在侧墙板上,便于密封、清洁。

### 2. 侧顶板

侧顶板安装在车顶两侧,断面形状。侧顶板均为可开启式的活门结构,其中折页固定在车顶二次骨结构上,锁挡板固定在侧板上。这种活门结构便于里面的机构和设备的检修。

### 3. 中顶板

中顶板安装在车顶纵向中心,由9块中顶板拼接而成,每两块之间留有10mm自然间隙,美观且便于安装,用螺钉固定在二次骨结构上,安全牢固。

### 4. 地板

在车厢内地板上,一般通过专用地板布胶与地板进行粘贴。

## 二、客室车厢各装饰件的布置

### 1. 客室座椅

客室两侧设有纵向座椅。客室座椅组成包含座椅组成、座椅承载骨架、挡风板组成(左、右)、扶手杆组成等。挡风板组成由两个压铸成型挡风板、扶手杆组成;扶手杆组成由扶手杆、扶手座、三通等组成。

座椅承载骨架安装在侧墙上,每个承载支架通过四个滑入侧墙型材滑槽内的螺栓,用螺母、平垫、弹簧垫圈与侧墙安装牢固。座椅与墙板之间采用自然缝,座椅上部用弹簧卡住,保证与墙板紧密接触。

主挡风板(压铸铝件)的底孔通过螺栓安装在车体立罩板上,并与座椅承载骨架通过连接支架组成。上部扶手座与二次骨架连接,保证安装可靠,美观。

### 2. 客室扶手立柱

(1)中立柱

中立柱位于列车车厢中部。中立柱为不锈钢材质,上部通过螺栓与二次骨架连接,下部通过管座螺栓与地板连接。

(2)车顶扶手杆

车顶设有"U"形扶手,由扶手杆、扶手座等组成,位于客室座椅或残疾人位上方。其横向扶手与立扶手采用三通连接,扶手杆与扶手座均为不锈钢材质。

另外,为了方便乘客使用,在车顶扶手杆上安装了扶手吊环。扶手吊环由扶手带及塑料吊环组成,吊环穿过扶手带后,用压板和螺钉固定。

(3)其他处扶手

除中立柱及车顶扶手外,在客室车门两侧、贯通道侧护板两侧及间壁门两侧均设有不锈钢U形扶手杆,以方便乘客使用。其连接方式均采用螺纹连接至相应部位骨架上,外侧安装不锈钢装饰盖。

### 3. 残疾人轮椅固定器

每节车厢设有1~2个轮椅固定器,用于固定轮椅。轮椅固定器固定在车厢的一位端,使用时,通过拽拉绑带将轮椅固定,如图 2-13 所示。

图 2-13  轮椅固定器

**4. 电器柜**

1、6 车厢两端设有电器柜,2、5 车一位端设有电器柜,其中 2、5 车设有安装升弓泵到受电弓的气路管路以及相关电磁阀等的设备柜。

**5. 灭火器**

1、6 车驾驶室安装有灭火器,客室车厢根据车型不同安装 1~2 个灭火器(在二位端六人座椅下或车厢两端)。

**6. 安全锤**

在车窗附近的侧墙上设置有安全锤,用于紧急情况下砸破车窗玻璃疏散乘客。

## 三、驾驶室

**1. 驾驶台**

驾驶台只装在 Tc 车上,供司机驾驶列车用。

驾驶台台面设有无线电台控制器、监控显示屏、ATO 显示屏、双针压力表、司机控制器、按钮及指示灯等。不同地铁列车的驾驶台台面布置略有不同,图 2-14 为某地铁列车驾驶室驾驶台。

图 2-14  驾驶室驾驶台

驾驶台左侧柜设有车载电台主机、驾驶台用电气连接器、TCMS 监控主机；右侧柜内有刮雨器水箱、IC 读写器。

驾驶台台下箱柜电器设备主要有：车载电台主机、刮雨器水箱、驾驶室电热、TCMS 监控主机、电气连接器等。

**2. 控制屏柜**

控制屏柜设在驾驶室后面的右侧，负责本车交、直流配电、列车牵引制动等逻辑控制、广播系统控制中心及车辆电气节点。在结构上，控制屏柜属于框架式结构，如图 2-15 所示。

图 2-15　驾驶室控制屏柜

**3. 驾驶室座椅**

Tc 车前端设有驾驶室。驾驶室的设备布置科学合理，符合人体工程学，便于使用和维修。驾驶室内所有设备均应满足规定的防火要求。当司机坐在座椅上，可以通过调节座椅高度及角度方便而清楚地观察到前方信号、接触轨、轨道设备、前方轨道和车站。驾驶室布置既保证清楚的外部视野又方便司机工作。当驾驶室遇到火灾事故，司机可以利用急救箱中呼吸面罩进行自救。同时可以利用驾驶室灭火器进行灭火。

驾驶室座椅功能的调节方法：

(1)体重调节

在座椅空载状态下，通过转动座椅的体重调节杆，可将座椅调至适合司机体重的最佳使用状态。指示标签上可显示所调数值。为了防止对司机的健康造成伤害，有必要在车辆启动前根据体重对座椅进行调整。

(2)高度调节

扳动座椅前后的高度-倾角调节手柄，可调节座椅前后倾角。该倾角调节可固定在调节范围内任意位置。为了配合调节前后的座椅倾斜量，可同时调节座椅的高度。

**课堂探究**

观看视频学习:城市轨道交通车辆驾驶室结构与布局的详细情况。

二维动画
驾驶室结构与布局

记录重要信息:
_____
_____
_____
_____
_____
_____
_____

# 基础巩固

### 一、判断题

1. 按照车体所使用材料,车体可分为碳素钢车体、铝合金车体和不锈钢车体三种。（　　）
2. 按照车体尺寸,车体可分为 A 型车车体、B 型车车体和 C 型车车体。（　　）
3. 按照车体结构承受荷载方式的不同,车体可分为底架承载结构、侧墙和底架共同承载结构、整体承载结构。（　　）
4. 按照车体结构,车体可分为驾驶室车体和客室车体两种。（　　）
5. 不锈钢车体具有耐腐蚀性好、不用修补、使用寿命长等优点。（　　）

### 二、选择题

1. 车体结构使用寿命应该能达到(　　)年。
   A. 10　　　　　　B. 15　　　　　　C. 20　　　　　　D. 30
2. A 型城市轨道交通车辆宽度为(　　)。
   A. 2.6m　　　　　B. 2.8m　　　　　C. 3.0m　　　　　D. 3.2m
3. 模块化车体组合方式的优点有(　　)。
   A. 保证整车总装后试验比较简单,整车质量也容易保证
   B. 可以改善劳动条件,降低施工难度,提高劳动效率
   C. 可以减少工装设备,简化施工程序,降低生产成本
   D. 车辆检修中,可采用更换模块的方式进行,方便检修

### 三、填空题

1. 车体主要由_____、_____、_____、_____等部分组成。

2. 车体是城市轨道交通车辆的主体结构,其主要功能是_____、_____和_____,并装有传动机构、电气设备和其他一些设施。

3. 城市轨道交通车辆一般为电动车组,有_____、_____、_____等,有头车(及带有驾驶室的车辆)和中间车,及_____与_____之分,其车体结构也就有其多样性。

## 四、简答题

1. 简述车体的作用与分类。
2. 简述车体基本结构的组成。
3. 按车体承载特点,车体结构形式有哪几类?各有什么特点?
4. 简述车体的基本特征。
5. 试述铝合金车体的结构组成和各组成部分的结构特点。
6. 试述铝合金材料使用中应注意的问题。
7. 试述不锈钢车体的结构组成和各组成部分的结构特点。
8. 试述不锈钢材料使用中应注意的问题。
9. 什么是车体模块化结构?有何优缺点?

# 模块三 车门

## 模块概述

城市轨道交通车门系统是乘客及司机上下车的通道,是车体的重要组成部分。它不仅与车辆的动力性、经济性、综合性能密切相关,而且对协调车辆的整体造型起着重要的作用。车门系统的外形设计、开合方式以及加工制造与控制方式影响车辆外形的美观与动感,而且直接影响车辆的安全运营状况。

本模块将学习车门的结构组成、功能、原理、控制操作等。通过本模块的学习,可以掌握与车门相关的基础知识和基本技能。

## 知识导图

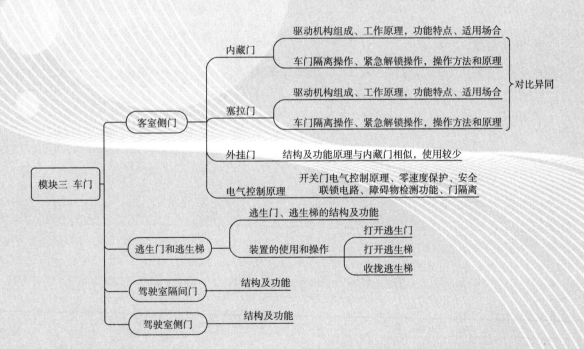

## 学习目标

> **知识目标**

1. 了解车门的类型和特点。
2. 熟悉内藏式客室车门的结构、工作原理与操作。
3. 熟悉塞拉式客室车门的工作原理与操作。
4. 理解客室车门的电气控制原理。
5. 熟悉逃生门与驾驶室隔间门的结构与操作。

> **能力目标**

1. 能从外观上识别车门的类型。
2. 能识别内藏式客室车门与塞拉式客室车门的各部件名称和功能。
3. 掌握客室车门的紧急解锁与隔离操作。
4. 掌握逃生门的使用与逃生梯的回收操作。

> **素质目标**

1. 合理运用学习方法,养成实践探索、自主学习、终身学习的意识和能力。
2. 树立勇于担当、不怕危险、沉着冷静、服务人民的职业精神。
3. 具有科学严谨、精益求精的工匠精神,树立技能宝贵的意识。

## 知识点一　车门的类型与特点

### 自主学习

选择你所在城市的一条地铁线路,通过参观实践、查阅资料、咨询专家等途径了解该线路列车相关信息(客室侧门需说明其具体车门形式),完成表3-1。

地铁车辆各类车门的设置　　　　　　　　　表3-1

地铁线路:＿＿＿＿＿＿　　列车编组:＿＿＿＿＿＿　　车辆生产商:＿＿＿＿＿＿

| 车门类型 | 数量和位置 |
| --- | --- |
| 客室侧门 |  |
| 驾驶室侧门 |  |
| 驾驶室隔间门 |  |
| 逃生门(紧急疏散门) |  |

### 引领学习

#### 一、车门的类型

**1. 按用途的不同分**

对于城市轨道交通车辆的车门类型,如果按照其功能的不同分类,车门可分为客室侧门、驾驶室侧门、驾驶室隔间门和逃生门(也叫紧急疏散门)四类。各类车门的位置如图 3-1 所示。

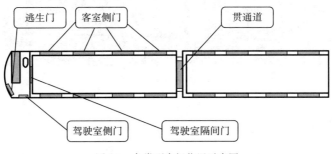

图 3-1　各类型车门位置示意图

## 2. 按车门的开启运动方式及结构形式的不同分

（1）内藏式车门

内藏式车门也叫内藏嵌入式滑动车门，车辆开关门时，门页在车辆侧墙的外墙板与内饰板之间的夹层内移动，如图 3-2 所示。传动机构设于车厢内侧车门的顶部，装有导轮的门页在电机、联轴器以及钢丝绳或皮带等传动机构的综合作用下，沿着车门上下的导轨来回做开关移动。

（2）塞拉式车门

塞拉式车门借助车门上端的传动机构和导轨，启动状态时，门页贴靠在侧墙外侧；关闭状态时，门页外表面与车体外墙成一平面，如图 3-3 所示。这不仅使车辆外观美观，而且有利于在列车高速行驶时减小空气阻力，车门不会因空气旋流产生噪声，也便于自动洗车装置对车体的清洗。

图 3-2　内藏式车门　　　　　　　　图 3-3　塞拉式车门

（3）外挂式车门

外挂式车门也叫外挂式滑动车门，与上述内藏式车门的驱动结构和工作原理基本相同，主要区别在于开关门时，门页和悬挂机构始终位于侧墙的外侧，如图 3-4 所示。

图 3-4　外挂式车门

## 二、车门的特点

根据城市轨道交通运载客流量大，乘客上、下车频繁的特点，为了方便乘客，缩短乘客上、

下车时间,城市轨道交通车辆车门一般需要具备以下特点:
(1)要有足够的有效宽度;
(2)车门要均匀分布,以方便乘客上下车;
(3)要有足够数量的车门,使乘客上下车时间满足运行密度的要求;
(4)车门附近要有足够的空间,方便乘客上下车时周转;
(5)要确保乘客的安全;
(6)要具有较高的可靠性。

目前,奥地利IFE、德国BODE(博得)、日本Nabco(纳博克)、法国Faiveley(法维莱)等公司研制生产的车门代表了国际城市轨道交通车门技术发展的现状,随着我国铁路客运的不断发展,世界各国的车辆门系统也纷纷涌入国门,这些公司有的已经进入国内成立了合资公司,参与国内的市场竞争。国内掌握车辆门系统技术,并能为各大车辆厂提供配套及技术支持的厂家主要有南京康尼。南京康尼通过原始创新、集成创新和引进消化吸收再创新,在中国建立起了国内一流的轨道交通装备研发制造基地。

> **开阔视野**
>
> 了解"国产化"的概念,结合"着力推动高质量发展",想想为什么要实现核心部件的国产化,其意义何在?

## 知识点二 客室车门的结构与工作原理

**自主学习**

建议4~6人一组,利用学校现有内藏式和塞拉式客室车门实训设备,严格遵守设备使用规定,在专业教师指导下,通过理论学习和实践探索掌握相关信息,并完成表3-2与表3-3。

内藏式客室车门关键部件组成、原理及操作　　　　　　　　　　表3-2

| 序号 | 部件名称 | 组成或功能 | 原理或操作方法 | 位置 |
|---|---|---|---|---|
| 1 | 门板 | | | |
| 2 | 齿带传动系统 | | | |
| 3 | 承载运动机构 | | | |
| 4 | 中央锁闭系统 | | | |
| 5 | 密封系统 | | | |

续上表

| 序号 | 部件名称 | 组成或功能 | 原理或操作方法 | 位置 |
|---|---|---|---|---|
| 6 | 内机械紧急解锁装置 | | | |
| 7 | 外机械紧急解锁装置 | | | |
| 8 | 故障隔离锁 | | | |
| 9 | 单门服务按钮 | | | |
| 10 | 蜂鸣器 | | | |
| 11 | 门控器 | | | |

**塞拉式客室车门关键部件组成、原理及操作** 表3-3

| 序号 | 部件名称 | 数量和功能 | 原理或操作方法 | 位置 |
|---|---|---|---|---|
| 1 | 门板 | | | |
| 2 | 携门架 | | | |
| 3 | 丝杆/螺母副 | | | |
| 4 | 上、下导轨 | | | |
| 5 | 平衡轮组件 | | | |
| 6 | 传动架 | | | |
| 7 | 横向长导柱 | | | |
| 8 | 纵向短导柱 | | | |
| 9 | 全程锁闭装置 | | | |
| 10 | 内机械紧急解锁装置 | | | |
| 11 | 外机械紧急解锁装置 | | | |
| 12 | 故障隔离锁 | | | |
| 13 | 门控器 | | | |

## 引领学习

### 一、内藏式客室车门的结构

城市轨道交通车辆客室车门是与乘客直接接触的车辆关键部件,其性能直接关系到乘客的人身安全与运营的顺利进行。又因为客室车门数量较多、开度大、开关门动作频率高等特点,车门也成了故障发生率最高、遭到乘客投诉最多的车辆部件之一。

1. 车门的整体组成

下面以博得公司的地铁 B 型车内藏式客室车门为例进行讲解。B 型车客室侧门采用每辆车每侧 4 套双扇电控电动内藏式拉门,该车门系统采用了已经运营验证的成熟产品。

车门的总体结构自下而上分别是:下导轨、左右门板、上部门机构总成(图 3-5)。其中门机构总成是门的核心机构,主要有:电机、门控器、门到位开关、紧急解锁连接、服务按钮、左右门吊板、蜂鸣器、中央锁闭系统、隔离锁、齿带、齿带张紧轮、定位止挡、偏心销等(图 3-6)。

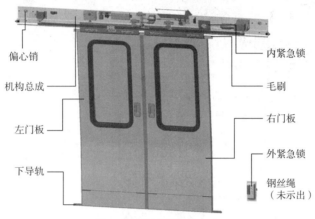

图 3-5　车门总体结构(一)

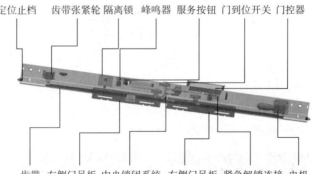

图 3-6　车门的总体结构(二)

**课堂探究**

观看动画学习:内藏式客室车门的驱动机构组成。

二维动画

内藏式客室车门的驱动机构组成

内藏式客室车门的驱动机构组成部件包括:
_____
_____
_____
_____
_____
_____
_____

## 2. 门板的结构

门板采用夹层结构，外表板为不锈钢板，内表板为铝板，中间为蜂窝和铝型材框架。

门板上设有窗玻璃及门扣手。窗玻璃为双层中空安全钢化玻璃，窗玻璃与门板之间用优质结构胶粘接。门板所使用的安全玻璃上印有安全合格标记。

门板两侧设有密封胶条及防夹胶条。橡胶条采用优质橡胶，满足弹性、拉伸强度、耐候性、耐普通清洗剂和耐老化等性能要求及障碍检测功能要求，适应多地域气候条件的要求。门板的结构如图 3-7 所示。

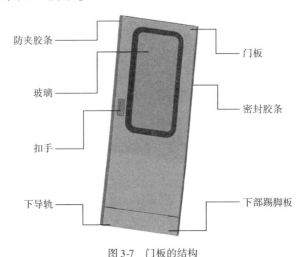

图 3-7　门板的结构

## 3. 齿带传动系统

齿带传动系统（图 3-8）具有以下特点：高强度，齿带内部带有钢丝束；同步齿带，传动效率高；受环境影响小，尤其不怕灰尘；表面附有耐磨层，低噪声运行；柔性连接对车体精度、安装精度要求低；结构简单，维护简便，维护费用低，无须不断调整。

图 3-8　齿带传动系统

## 4. 承载运动机构

车门的两扇门板通过承载运动机构中的滚轮挂在上部门机构梁上，门板下部采用滑轨导向（图 3-9、图 3-10），保证门板能在预定轨道内导向，做平直运动。

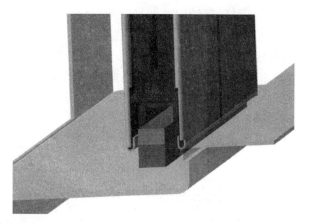

图 3-9　滚轮承载机构　　　　　　　图 3-10　车门下部滑轨

**5. 中央锁闭系统**

内藏门的中央锁闭系统主要由解钩电磁阀、复位气缸、钩锁杆组成（图 3-11）。系统解锁时，解钩电磁阀得电吸合，从而拉动钩锁杆顺时针转动实现解锁，此时门页即可自由进行开关动作。系统锁闭时，是依靠复位气缸来实现的。当复位气缸中充气时，气缸活塞会向左移动，进而推动钩锁杆逆时针转动将门锁紧。

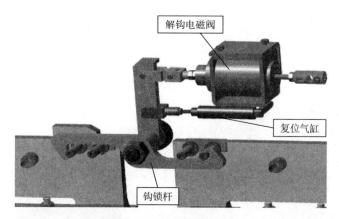

图 3-11　中央锁闭系统

**6. 密封系统**

车门上部主要采用毛刷密封；门板中间采用中央环形密封；门板边缘主要采用单层密封。

车门关闭时，通过车门的密封系统（图 3-12）和合理的门板结构保证车门系统具有良好的隔热、隔音性能，并能有效地消除震动。

**7. 内外机械紧急解锁装置**

在客室内的车门附近侧墙上方以及车体外侧墙上分别设有车门内部和车门外部紧急解锁装置，在遇到紧急情况，而司机又无法正常控制客室车门打开时，可使用紧急解锁的方式将车门打开，疏散乘客。

(1) 内部紧急解锁的操作与原理

第一步：首先找到紧急解锁装置（图 3-13），将解锁手柄按图示解锁方向转动。转动手柄的同时解锁钢丝被拉紧，解锁钢丝通过紧急解锁连接（图 3-14）与解钩电磁阀活塞的右端相连（即相当于正在通过解钩电磁阀来向右拉动钩锁杆），从而向右拉动中央锁闭系统的钩锁杆顺时针转动，将车门解锁。此时蜂鸣器会鸣叫，警告车门已经解锁。

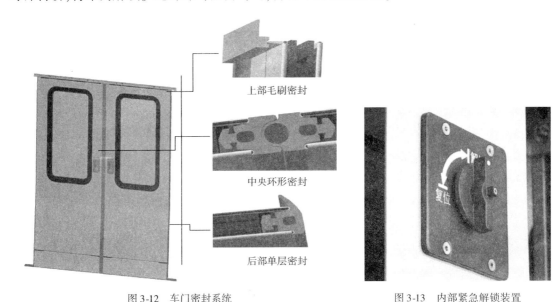

图 3-12　车门密封系统　　　　　　图 3-13　内部紧急解锁装置

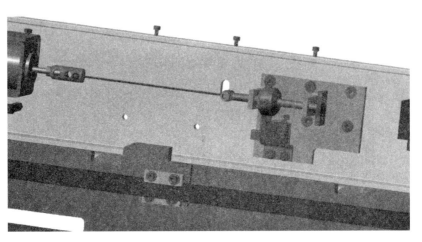

图 3-14　紧急解锁连接

第二步：用手拉住门板扣手，用力将门向两边拉开。

(2) 外部紧急解锁的操作与原理

外部紧急解锁的原理与内部解锁的原理相同，但是在操作上略有区别。外部紧急解锁装置如图 3-15 所示，操作时需要用到专用的四角钥匙（图 3-16），按照图示旋转方向转动，来实现机械解锁。需要说明的是外部解锁一般是由车站的站务人员来完成。

图 3-15 外部紧急解锁装置

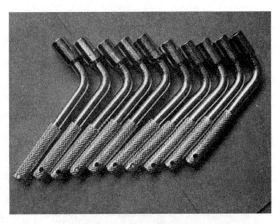

图 3-16 四角钥匙

**课堂探究**

观看动画学习:内藏式客室车门的紧急解锁操作与原理。

二维动画

内藏式客室车门的紧急解锁操作与原理

概括内藏式客室车门的紧急解锁操作步骤:

_____
_____
_____
_____
_____
_____
_____

**8. 故障隔离锁**

当车门在正线运营时发生故障,而乘务人员又无法处理时,为了保障列车的继续运行以及乘客的人身安全,此时需要用专用的四角钥匙操作门机构总成上的隔离锁装置(图 3-17),将车门隔离。此时该车门从列车安全环路中被排出,机械操作和电气控制的方式均无法再开此门。

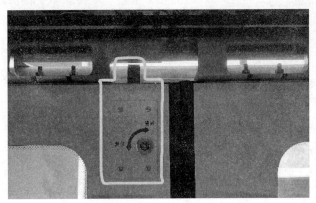

图 3-17 车门故障隔离锁装置

### 9. 直流电动机

车门的电控电动装置采用微处理器控制的直流电动机(图3-18)驱动装置,电机高度集成(带减速器和编码器)并具有自诊断功能和故障记录功能,具有与列车监控系统的接口。

### 10. 单门服务按钮

当车辆检修人员在对车门进行检查和维修时,为了测试被检车门的功能是否完善,一般需要对车门进行几次开关门操作。为了方便检修人员的工作,在车门机构总成上特别设置了一个服务按钮(图3-19),利用此按钮可以实现单门的开关门操作,而无须专人在驾驶室内控制。

图3-18 车门直流电动机

图3-19 单门服务按钮

### 11. 电子门控器

电子门控器(Electronic Door Control Unit,EDCU)是车门的核心控制元件(图3-20),其功能主要有:集中开、关门功能;车门开、关、切除状态内外指示灯及蜂鸣器关门声响提示功能;障碍物自动检测和防夹功能;未关闭好车门的再开闭功能,已关好的车门不再打开;开关车门的二次缓冲功能;单门开、关门功能;列车车门监控旁路功能;驾驶室具有车门控制系统快速重启功能;自诊断功能;故障指示、诊断和记录功能并可通过读出器读出记录数据;车门工作参数可调节功能;总线功能等。

图3-20 电子门控器

## 二、内藏式客室车门的工作原理

车门的工作原理按开门时和关门时两种状态而有所不同。

开门时,门控器得到开门指令,发出信号让中央锁闭系统的解钩电磁阀得电吸合,从而拉动钩锁杆顺时针转动实现解锁;同时也发出信号控制电机动作,通过齿形带传动将两扇门打开。

关门时,门控器控制电机反方向动作,开始关门。待门关好,门到位开关被触发同时发出信号给门控器。门控器进而又发出指令控制中央锁闭系统的复位气缸充气并推动钩锁杆逆时针转动将门锁紧。

车门的基本技术参数见表3-4。

车门基本技术参数 表3-4

| 技术参数 | 数值 |
| --- | --- |
| 车门数量 | 每辆车每侧4对门扇 |
| 净开宽度 | (1300 + 4) mm |
| 净开高度 | (1830 + 10) mm |
| 供电电压 | DC110V,波动范围:77 ~ 137.5 V |
| 开门时间 | (3 ± 0.5) s |
| 关门时间 | (3 ± 0.5) s |
| 开、关门延时时间 | 2.5 ~ 4.0s 可调 |
| 车门关紧力 | ≤150N(每个门扇) |
| 探测最小障碍物 | 25 × 60mm(宽 × 高) |
| 开关门噪声级别 | ≤68dB(A) |

**课堂探究**

观看动画和微课视频,巩固内藏式客室车门的基本结构组成与工作原理。

二维动画 — 内藏式客室车门的结构组成和工作原理

二维动画 — 沈阳地铁9号线内藏式客室车门

(1)内藏式客室车门的基本结构:

(2)内藏式车门的工作原理:

（3）熟悉地铁车辆的结构与原理是进一步学习车辆检修与维护技能的基础，通过微课学习，了解地铁企业对客室车门进行日常运用和检修过程的工艺流程及标准，感受车辆检修作业过程中科学严谨、认真负责、精益求精的工匠精神。

### 三、塞拉式客室车门的结构

对于不同类型的车门，其组成略有不同，但都包括车门悬挂及导向机构、车门驱动装置、左右门页、安全装置、车门密封装置等机械部件，以及电子门控单元、电气连接、负责监测的各类行程开关、指示灯等电气或气动部件。塞拉门的结构与内藏门相比，结构上的主要区别在于传动机构的不同：前者一般利用电机、丝杆、传动架、挂架、携门架组件、纵向、横向导柱、滑道、摆臂组件等来实现车门的塞拉开关动作；后者主要利用电机、齿轮、齿带、滚轮、上下滑道等来实现车门的平直开关动作。

塞拉门的结构一般如图 3-21 所示。

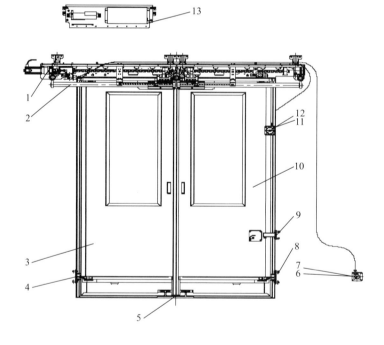

图 3-21　电动塞拉门结构图

1-顶吊架+侧吊架；2-承载驱动机构；3-左门扇；4-摆臂组件；5-嵌块；6-外操作装置；7-外操作钢丝绳组件；
8-摆臂组件（右）；9-隔离开关组件；10-右门扇；11-内操作装置；
12-内操作钢丝绳组件；13-电子门控器（EDCU）

| 课堂探究 | 观看微课,巩固塞拉式客室车门的结构与原理相关知识与技能。 |
| --- | --- |
| 二维动画<br>地铁车辆塞拉式客室车门的结构与原理 | |

## 四、塞拉式客室车门的工作原理

门的运动由电子门控器(EDCU)控制,由电动机驱动,如图3-22所示。电动机通过锁闭装置与丝杠螺母副连接;丝杠上的螺母通过铰链与携门架相连。为了提供门页的摆动和平移运动,门页与携门架相连;同时,携门架在纵向长导柱上滑动。长导柱连接在3个挂架上,每端各一个,中间再放一个,这3个挂架在短导柱上运动,短导柱安装在承载支架上。携门架和挂架内安装有直线轴承,以确保机构运动平稳。门页在摆动和平移过程中的控制,由导向滚轮和上下导轨组成的系统完成,开门时,门页从完全关闭状态开始运动,电动机带动丝杠螺母副,引起携门架、长导柱、挂架、下滚轮导向部件中的转臂动作,并最终使门页在导向系统的引导下向外做摆出运动。在达到完全摆出状态后,导向系统控制门扇的直线平移,使门页平行于车辆侧面运动。在平移过程中,携门架使门页沿着长导柱自由滑动,直到门页达到完全打开状态,这样就实现了车门在纵横方向上的运动,完成塞拉动作。关门动作是开门动作的相反过程。

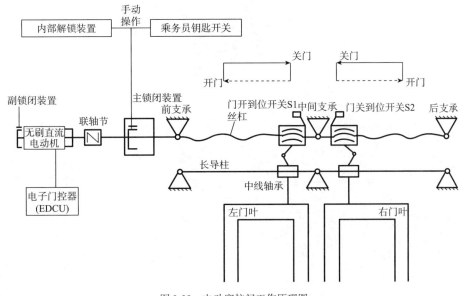

图3-22 电动塞拉门工作原理图

| 课堂探究 | 塞拉式客室车门的驱动机构组成部件包括： |
|---|---|
| 观看动画学习：塞拉式客室车门的驱动机构组成。<br>二维动画<br>塞拉式客室车门的驱动机构组成 | |

## 五、塞拉式客室车门的紧急解锁原理

塞拉门的紧急解锁装置的设置位置与前边讲述的内藏式车门基本一致，也分为内侧和外侧两种紧急解锁装置。同样的，两种形式车门的紧急解锁操作过程也基本一致，这里不再讲述。请读者与内藏式车门的解锁原理进行分析对比。此处仅说明塞拉门的紧急解锁原理。

塞拉门紧急解锁的原理：首先将解锁手柄按顺时针方向转动至开锁位。转动手柄的同时，与解锁手柄相连接的解锁钢丝将被拉紧，从而向右拉动全程锁闭装置（图3-23）上的解锁支架下端，使其逆时针转动压向解锁开关。解锁开关被压，带动主动轴向左移动小段距离将锁打开，允许丝杆自由转动，此时车门门页即可打开。

图3-23 全程锁闭装置

| 课堂探究 | 请概括塞拉式客室车门紧急解锁的操作步骤： |
|---|---|
| 观看动画学习：塞拉式客室车门的紧急解锁操作与原理。<br>二维动画<br>塞拉式客室车门的紧急解锁操作与原理 | |

> **开阔视野**
>
> 塞拉门以其密封性好、空气阻力小等特点而成为高速列车车门的首选。然而对在哈大高铁上行驶的CRH380B型高寒动车组来说，-40℃的极寒温度使得再好的车门也会因低温而失去原有的性能。
>
> 中车长客研发团队攻坚克难，完成世界上首例极寒地区高速列车的研发设计，获得多项技术突破。说一说你从类似中车长客研发团队这样的"一流科技领军人才和创新团队"身上学习到了哪些具体的精神和品质。

## 知识点三　车门的电气控制

### 自主学习

依托学校现有的任意类型客室车门设备，或到地铁企业参观学习。严格遵守各项规章制度，并在专业教师的指导下，按照表3-5中的要求完成与车门电气控制原理相关的操作，通过实践分析和思考得出相应结论，填入表中。

客室车门电气控制原理相关操作　　　　　　　　　　　　　　　表3-5

| 序号 | 项目名称 | 操作要求 | 结论 |
| --- | --- | --- | --- |
| 1 | 开关门电气控制原理 | 通过集控开、关门按钮或单门服务按钮对车门进行多次开关门操作。观察蜂鸣器鸣叫次数及车门指示灯颜色 | 每次按下按钮，车门进行开、关门动作前，蜂鸣器都会鸣叫（　）次；同时车门指示灯（　）且呈现为（　）色 |
| 2 | 零速度保护 | 1.先后对车门施加零速信号/关断零速信号，然后通过集控开门按钮操作开门。<br>2.在车门开启状态时，突然关断零速信号，观察车门运动状态 | 1.有零速信号时，车门（　）（能/否）正常打开；无零速信号时，车门（　）（能/否）正常打开。<br>2.此时开启的车门会（　） |
| 3 | 安全联锁电路 | 车门打开状态下，试着启动列车，观察列车能否被启动？关好锁好车门后再次尝试呢 | 开门状态下列车（　）（能/否）启动；关好锁好后列车（　）（能/否）启动 |
| 4 | 障碍物检测功能 | 用书包等异物放置于车门两门扇之间，操作车门关闭，观察车门运动状态 | 车门夹到书包后会（　），连续（　）次后车门会停止不动 |
| 5 | 门隔离 | 用四角钥匙操作车门隔离锁，观察车门指示灯状态和颜色，并试着启动列车 | 车门指示灯（　），颜色为（　）色，列车（　）（能/否）启动 |

### 引领学习

电子门控器（EDCU）是车辆电气和车门机械操纵机构之间的接口，电子门控器对车门的控制由可编程序控制器实现,车门的电气控制原理如图 3-24 所示。当有零速信号且有开门使能信号时,EDCU 接收到开门指令后将控制车门电动机朝开门方向动作,并将车门的相关状态传送给列车控制及诊断系统。关门是一个相反的过程。同时车门具有零速保护和安全联锁电路,开关门有报警装置、障碍物监测等安全保护措施。

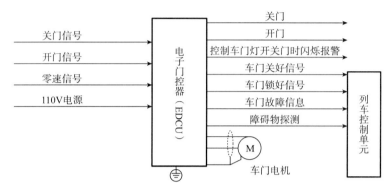

图 3-24 车门电气控制原理图

## 一、开关门电气控制原理

整个车门系统的运动是由电子门控器来控制车门电动机驱动。电动机通过传动系统驱动丝杆/螺母运动(丝杆转动,螺母直线运动),丝杆上的螺母通过铰链与门页相连,驱动门页开、关。

通常开、关门是通过安装在驾驶室内的开关门按钮来实现的。开关门按钮安装在驾驶室内,每侧设一套。当司机用主控钥匙启动驾驶台时,开关得电。当所有车门被关闭和锁闭时,关门按钮灯亮;如果有任何门保持在打开状态,所有按钮关门都不会亮。这样是为司机提供了车门的状态指示。司机以通过每侧的开关门按钮来操纵车门,每侧都有单独的电路。

车门既可以在 ATO 模式下自动打开,也可以由司机进行开、关。门的开启和关闭状态是由门释放列车线(零速列车线)、开门列车线、关门列车线决定的,在门的整个关闭过程中内/外侧车门指示灯闪烁,如表 3-6 所示。

信号与车门状态对应关系　　　　　　　　　　　表 3-6

| 门释放列车线 | 开门列车线 | 关门列车线 | 门的状态 |
|---|---|---|---|
| 0 | 0/1 | 0/1 | 关 |
| 1 | 0 | 0 | 保持 |
| 1 | 0 | 1 | 关 |
| 1 | 1 | 1 | 关 |
| 1 | 1 | 0 | 开 |

## 二、零速度保护

车速为"0"时,车门控制器得到"零速"信号后开门功能才能起作用。当列车速度大于零,车门仍然处于开启状态时,将启动自动关门功能。

### 三、安全联锁电路(安全回路)

锁闭开关检测到车门完全关闭后其常开触点闭合,同一节车同侧所有车门的锁闭开关常开触点串联,形成关门安全联锁电路。一列车的关门安全联锁电路形成环路,所有车门都关好后,驾驶室内"门已锁闭"指示灯亮,列车方可启动。列车左、右侧安全联锁电路完全隔离,无共用元件。由于车门的状态关系到乘客及运营安全,为确保列车运行过程中车门正确锁闭,只要检测到某个车门没有正确锁闭,列车将无法启动;在运行过程中,如果有乘客将紧急解锁手柄拉下,安全回路断开,列车将触发紧急制动并停车。

### 四、障碍物检测功能

在开门过程中有障碍物检测功能,障碍检测可被激活3次。开门时若有障碍物会使开门循环停止1s,在3次开门动作之后门将会停在此位置,并且电子门控器(EDCU)会认为此位置是最大开门位置,此时任何关门指令都可将门关闭。

在关门过程中受到障碍物的阻挡时,EDCU采用预先给EDCU设定的最大控制关门力(150~300N可调)。当门自动打开200mm(打开宽度可调)之前,该关门力持续时间为0.5s,然后再经过1s后,将重新启动关门动作。若连续关闭3次激活关门的障碍检测流程,那么门会自动完全打开。之后,门将根据新的关门命令进入关门流程;障碍检测的次数(1~5次)以及门的开度,障碍检测期间的停顿时间可自行调节。任何关门、开门指令都可使门重新启动。

检测到关门方向上有障碍物后,门自动打开的功能,仅当满足下列条件时方可执行:
没有操作机械隔离装置;且没有操作紧急解锁装置;且"门释放列车线"有效。

### 五、门隔离

司机可用方头钥匙对门进行隔离。使用方头钥匙将会使门处于关闭和锁紧位置。操作方头钥匙将触动隔离开关并将门机械锁紧。隔离开关的NC触点向电子门控器(EDCU)发出一个信号。

隔离开关的NO触点优先于安全互锁回路。被隔离的车门不能再被电气控制和紧急解锁的方式打开,因为门已被机械锁住。

---

**开阔视野**

近年来国内外新闻报道过很多起因为地铁车辆车门夹人夹物而引起的安全事故。事故的发生多数由于乘客不遵守规章制度(尤其在车门即将关闭时的抢上抢下行为),加之司机及站务人员的疏忽大意而导致的。除了地铁车门夹人事故外,在列车运行过程中若遇到火灾、停电、地震等突发灾害时,作为地铁工作人员要怎样做才能有效保障人民生命安全?关爱乘客,为人民服务需要地铁工作人员具备哪些职业素养?

# 知识点四 其他类型的车门

## 自主学习

请使用校内或校外实训基地的逃生门与逃生梯、驾驶室隔间门、驾驶室侧门等相关设备,严格遵守各项规章制度,并在专业教师的指导下,按照表格3-7中要求依次完成相应的实践操作,并完成表格。

其他类型车门的操作训练    表 3-7

| 序号 | 设备名称 | 所处位置及数量 | 操作步骤 |
| --- | --- | --- | --- |
| 1 | 逃生门 |  | 逃生门开启:<br>1. 找到逃生门位于驾驶室内侧的开锁把手;<br>2. 扳动红色的开锁把手至开位;<br>3. 向外轻轻一推,疏散门将在两根空气弹簧支撑的作用下自动打开 |
| 2 | 逃生梯 |  | 逃生梯释放:<br>1. 找到坡道上逃生梯手柄;<br>2. 顺时针旋动解锁旋钮,使锁舌缩回,坡道解锁;<br>3. 在坡道上部的把手处轻推坡道,把坡道推出车外 |
| 3 | 驾驶室隔间门 |  | 1. 从驾驶室一侧进行一次正常开门和锁门;<br>2. 从客室一侧进行一次紧急解锁开门 |
| 4 | 驾驶室侧门 |  | 1. 从车外用钥匙完成一次开门和锁门;<br>2. 从车内徒手完成一次开门和锁门 |

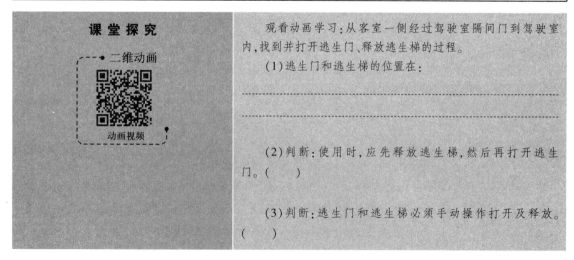

**课堂探究**

二维动画
动画视频

观看动画学习:从客室一侧经过驾驶室隔间门到驾驶室内,找到并打开逃生门、释放逃生梯的过程。

(1)逃生门和逃生梯的位置在:
_____
_____

(2)判断:使用时,应先释放逃生梯,然后再打开逃生门。(　　)

(3)判断:逃生门和逃生梯必须手动操作打开及释放。(　　)

## 引领学习

### 一、逃生门与逃生梯

逃生门也叫紧急疏散门,设置在带驾驶室车体的前端墙上,一般位于前端墙中间或一侧的位置上(图3-25)。当列车在隧道内运行时一旦发生火灾等危险事故,司机可打开逃生门,释放逃生梯(紧急疏散梯),引导乘客通过逃生梯走向路基中央,然后向两端的车站疏散。

a)位于前端墙中间

b)位于前端墙一侧

图3-25 逃生门(紧急疏散门)

**1. 逃生门**

逃生门一般为上翻形式,打开后由两根空气弹簧支撑,在正常状况下,逃生门处于锁闭状态;在紧急情况下,按照紧急操作标签的指示,可手动将逃生门打开,配合紧急疏散梯,用于疏散人群。使用结束后可方便回收。

**2. 逃生梯结构**

逃生梯的底板主要由台阶1、2、3、4构成。左右由对称布置的一对立柱,三对扶手A、B、C,六对带子A、B、C、D、E、F,三对空气弹簧杆及一对链条组成,如图3-26、图3-27所示。

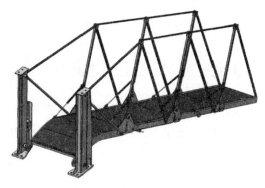
图3-26 逃生梯三维模型

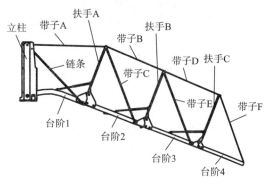
图3-27 逃生梯结构图

### 3. 逃生装置的使用和操作

(1) 打开逃生门

第一步:找到逃生门位于驾驶室内侧的开锁把手[图3-28a)];

第二步:扳动开锁把手至开位[图3-28b)];

第三步:向外推,疏散门将在两根空气弹簧支撑的作用下自动打开[图3-28c)]。

 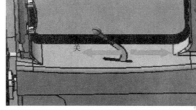 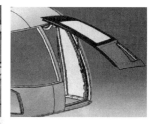

a)找到开锁把手　　　　　　b)扳动至开位　　　　　　c)向外推,自动打开

图3-28　逃生门的开启

(2) 打开逃生梯

如坡道上所贴"操作指示标牌"所示(图3-29),顺时针旋动解锁旋钮,使锁舌缩回,坡道解锁,用手在坡道上部的把手处轻推坡道,把坡道推出车外,坡道即可自动展开为一个由车头至铁轨面的疏散通道。

a)操作指示标牌　　　　　　b)解锁手柄

图3-29　逃生梯

打开逃生梯操作应注意以下几个方面:

①将收拢的坡道推出车外所需的力将不大于20kg,即使一个未经过针对性培训的成年女性也可轻易完成该操作。

②坡道的展开操作仅允许在外侧逃生门已打开的情况下进行,否则将可能损坏逃生门。

③坡道的展开过程将在30s内完成,避免对该区域的人员产生伤害,任何情况下,在展开坡道前必须清场(包括人和物),清场区域为驾驶室前方向外4m,坡道中心向两边各1m。

(3) 收拢逃生梯

收拢操作前应该去除附近可见的大的杂物。用扫帚对坡道表面防滑贴进行清洁。用湿布清洁扶手转动部分。所有会使系统不正确运动的杂物都应被清除。接着从最下部的台阶 4 开始逐节翻转收拢台阶,逃生梯的收拢操作过程具体如下(配合图 3-27 来看):

①抬起台阶 4,把带子 F 两端分别与台阶 4 和扶手 C 上的刺毛条固定,如图 3-30a)、图 3-30b)所示。

②继续翻转台阶 4,把带子 D 两端分别与扶手 C 和带子 E 上的刺毛条固定,如图 3-30c)、图 3-30d)所示。

③把带子 E 连同固定在一起的带子 D 一起扣入扶手 C 的止挡内,如图 3-30e)所示。从台阶 3 下端部用力上翻台阶 3,如图 3-30f)所示。

④把带子 E 连同固定在一起的带子 D 一起固定到扶手 B 上,如图 3-30g)所示。继续翻转台阶 3,使台阶 4 两边的止挡分别固定住两边的扶手 B,如图 3-30h)所示。

⑤把带子 E 的另一端固定到台阶 3 的框架上,如图 3-30i)所示。继续翻转台阶 3,把带子 B 两端分别与扶手 B 和扶手 C 上的刺毛条固定,如图 3-30j)、3-30k)所示。把带子 C 连同固定在一起的带子 B 一起扣入扶手 B 的止挡内,如图 3-30l)。

⑥从台阶 2 下端部用力上翻台阶 2,如图 3-30m)所示;把带子 C 连同固定在一起的带子 B 一起固定到扶手 A 上,如图 3-30n)所示。

⑦继续翻转台阶 2,使台阶 3 两边的止挡分别固定住两边的扶手 A,如图 3-30o)所示;把带子 C 的另一端固定到台阶 2 的框架上,如图 3-30p)所示。

⑧继续翻转台阶 2,把带子 A 收到坡道内侧,如图 3-30q)所示;把链条扣入扶手 A 的止挡内,如图 3-30r)所示。

⑨从台阶 1 下端部用力上翻台阶 1,如图 3-30s)所示;把台阶板都翻到车内后,锁好锁机构,坡道即收拢完毕。

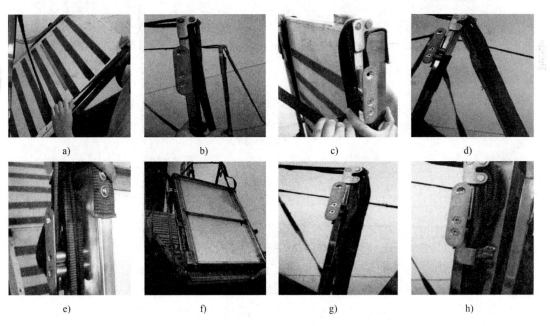

图 3-30

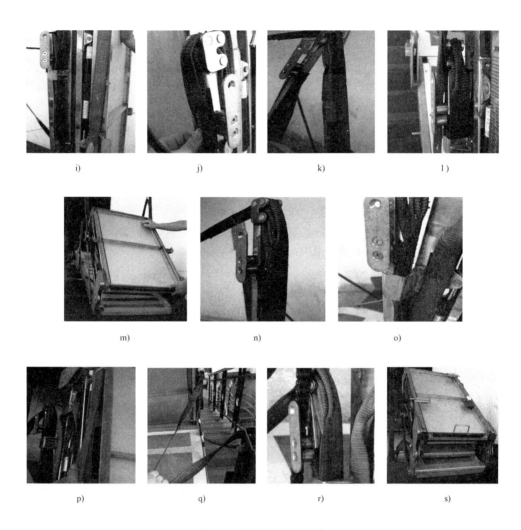

图 3-30 逃生梯的收拢操作

> **开阔视野**
>
> 逃生门是在遇到火灾、地震、洪水等突发事件时才会使用。若你是一名列车司机,在发生突发事件时,应如何坚守岗位?并具体说说怎么做。

## 二、驾驶室隔间门

图 3-31 所示为驾驶室和客室之间的隔间门,车门的形式为折页式,上部的玻璃窗设有窗帘。折页式隔间门设门锁,在壁间门下部设有通风口。

驾驶室隔间门在 Tc 车的客室一侧的端墙上设有紧急解锁装置(图 3-32),在车厢内出现紧急情况后可通过紧急解锁打开隔间门进行逃生。

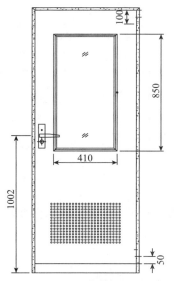

图 3-31　驾驶室隔间门

## 三、驾驶室侧门

驾驶室两侧各有一扇侧门,呈对称布置,供司机进出驾驶室所用。驾驶室侧门一般为单门页的内藏门或塞拉门,且均为手动操作,如图 3-33 所示。

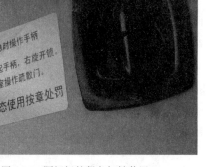

图 3-32　隔间门的紧急解锁装置　　　　　图 3-33　内藏式驾驶室侧门

表 3-8 为某 B 型车内藏式驾驶室侧门的技术参数。

内藏式驾驶室侧门的技术参数　　　　　　　　表 3-8

| 序号 | 技术参数 | 数值 |
| --- | --- | --- |
| 1 | 入口宽度 | (560 +4) mm |
| 2 | 入口高度 | (1830 +4) mm |

续上表

| 序号 | 技术参数 | 数值 |
|---|---|---|
| 3 | 手动关门力 | ≤60N |
| 4 | 重量 | ≤101kg+10%（每套门） |
| 5 | 应用环境温度 | -35 ~ +42℃ |
| 6 | 应用环境湿度 | ≤95% |

**1. 上部导向装置**

上部导向装置（图3-34）由一根单轨道的具备抗扭曲、抗变形的承重导轨和具备防跳功能的滚轮滑车等装置组成。

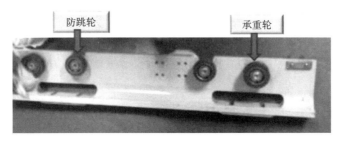

图3-34 内藏式驾驶室侧门的上部导向装置

**2. 门板**

门板由门板框架、内外面板、蜂窝填充材料等组成，厚度32mm。门板框架由铝制型材拼焊而成。外门皮为1mm厚不锈钢，表面拉丝处理；内门皮为1mm铝板，表面喷漆处理。在门板框架内部添加具有阻燃防水性能的蜂窝填充材料，以保证门板有足够的平面抗压强度。门板附件主要包括下拉式活动窗、操作装置、密封装置等。

**3. 机械固定装置、闭锁与解锁装置**

在门板前缘中部装有司机操作的门锁，从外部能用钥匙打开此锁，在门关闭的状态下将门闭锁。

驾驶室门在传动导向机构中有开关门定位装置，在完全开门位置和完全关门位置均可使门扇固定位置。

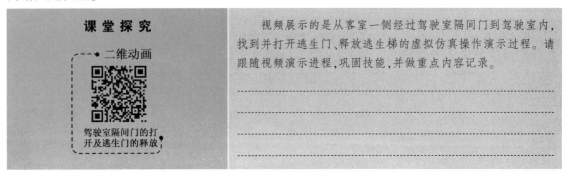

## 基础巩固

### 一、判断题

1. 一般 A 型车 1 节车设置 10 套客室车门,而 B 型车设置 8 套。（  ）
2. 塞拉门传动机构采用齿带系统,而内藏门则采用丝杆＋螺母副等结构的传动系统。（  ）
3. 吃苦耐劳、勇于担当、服务人民是地铁车辆技术人员必备的职业精神。（  ）
4. 客室车门具有数量较多、开度大、开关门动作频率高等特点,车门也成了故障发生率最高、遭到乘客投诉最多的车辆部件之一。（  ）
5. 塞拉门关闭时的结构特征使其更适合应用于高速铁路车辆上。（  ）
6. 被隔离的车门不能再以电气控制和紧急解锁的方式打开,且车门的隔离操作可不借助工具徒手完成。（  ）
7. 车门的紧急解锁操作仅限在紧急情况下进行,且其解锁原理都是纯粹的机械解锁。（  ）
8. 塞拉门的锁紧依靠中央锁闭装置上的锁钩,而内藏门的锁紧则依靠全程锁闭装置。（  ）
9. 蜂鸣器是客室车门的重要部件,若其发生故障则车门将不能进行开门运动。（  ）
10. 逃生门及逃生梯是一种只在特别紧急情况下才能使用的设备,因此平时可以不必对其进行严格的使用训练。（  ）
11. 一列车的关门安全联锁电路形成环路,只有所有车门都关好后,驾驶室内"门已锁闭"指示灯亮,列车才能启动。（  ）

### 二、填空题

1. 按车门的开启运动方式及结构形式的不同分类,车门一般可分成_____、_____、外挂门。
2. 内藏门的中央锁闭系统主要由解钩电磁阀、_____、_____组成。
3. 为了方便检修人员的工作,在车门机构总成上特别设置了一个_____,利用此按钮可以实现_____门的开关门操作。
4. 整个车门系统的运动是由_____来控制车门_____驱动。
5. 在正常状况下,逃生门处于_____状态;在紧急情况下,按照紧急操作标签的指示,可手动将逃生门打开,配合_____,用于疏散人群。

### 三、简答题

1. 简述内藏式客室车门开关门时的工作原理。
2. 简述门控器都有哪些具体的功能。
3. 简述客室车门紧急解锁的基本步骤和解锁原理。

4. 简述逃生门和逃生梯的操作步骤和方法。
5. 简述车门故障隔离锁的功能。

## 四、识图题

下图所示为内藏式客室车门的真实结构照片,请根据所学知识说出图中标号部件名称。

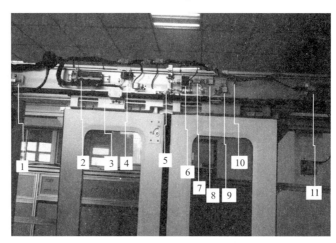

内藏式客室车门的结构

1-(　　　);2-(　　　);3-(　　　); 4-(　　　); 5-(　　　);6-(　　　)
7-(　　　);8-(　　　);9-(　　　);10-(　　　);11-(　　　)

# 模块四　转向架

## 模块概述

转向架是城市轨道交通车辆重要的组成部件之一。转向架位于车体底架与钢轨之间,主要支承车体的垂向荷载,产生并传递牵引力和制动力,具有保障和引导车辆沿着轨道行驶的作用。它是保证车辆运行平稳、动力性能和行车安全的关键部件。

在本模块中,我们将循序渐进地学习转向架的组成结构与功能原理。按照先总体再局部的认知顺序,首先介绍了转向架的总体组成结构,包括动车转向架和拖车转向架。接着依次对转向架构架、轮对和轴箱装置、弹簧减振装置、牵引装置与驱动装置及其相关部件的功能、结构、安装连接、工作原理进行详细地讲解。最后还介绍了如基础制动装置、轮缘润滑装置和排障器等其他转向架部件。相信通过本模块的学习后,你对转向架的认识会提升到更高的层次。

## 知识导图

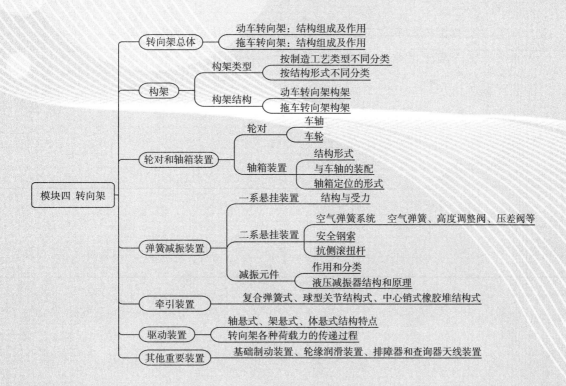

## 学习目标

### ➢ 知识目标
1. 描述城市轨道交通车辆转向架的结构和特点。
2. 识别转向架构架的结构。
3. 归纳轮对及轴箱装置的结构和特点。
4. 掌握城市轨道交通车辆二系悬挂装置各部件的结构和原理。
5. 掌握驱动装置和牵引装置的结构、作用和工作原理。

### ➢ 能力目标
1. 能识别城市轨道交通车辆转向架各部件名称。
2. 能根据部件结构说出其在构架上的安装位置和安装固定的特点。
3. 能根据转向架的结构特点和工作原理,分析牵引力、制动力以及其他各种荷载在轨道、转向架各部件、车体之间的传递过程。

### ➢ 素质目标
1. 合理运用学习方法,养成实践探索、自主学习、终身学习的意识和能力。
2. 培养科学严谨、刻苦钻研、精益求精的工匠精神。

# 知识点一　转向架概述

## 自主学习

请利用学校现有转向架实训设备或选择你所在城市某条地铁线路的列车，通过观察实践、查阅资料、咨询专家等途径了解转向架相关信息，并按照表4-1中要求完成表格填写。

地铁车辆转向架结构　　　　　　　　　　　表4-1

城市及线路/实训设备：_____　　转向架型号：_____　　动车/拖车：_____

| 机构名称 | 数量及具体部件组成 |
| --- | --- |
| 构架组成 | |
| 轮对 | |
| 轴箱装置 | |
| 一系悬挂 | |
| 二系悬挂 | |
| 牵引装置 | |
| 驱动装置 | |
| 基础制动装置 | |
| 其他各类辅助装置 | |

## 引领学习

城市轨道交通车辆一般采用每节车辆的车体下方安装两台两轴转向架的方式，运行于城市轨道交通线路上。转向架的性能直接影响车辆运行舒适性、动力性能和行车安全。

现代转向架的设计充分考虑舒适性、安全性、轻量化、低噪声、低维护成本等因素。

### 一、转向架的组成

城市轨道交通车辆转向架主要分为动车转向架（图4-1）和拖车转向架（图4-2）两种，均采用无摇枕结构形式。无摇枕结构形式是车体直接落于转向架空气弹簧，通过中心牵引销传递牵引力和制动力。转向架主要包括构架、轮对、轴箱装置、一系悬挂、二系悬挂、驱动装置、中央牵引装置、基础制动装置（包括转向架配管）等。动车转向架和拖车转向架的主要区别是：动车转向架装有驱动传动装置（牵引电机、齿轮传动装置、联轴节等），拖车转向架没有安装驱动传动装置。

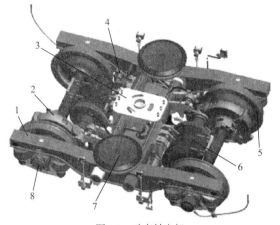 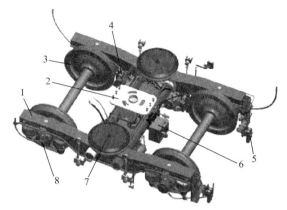

图 4-1　动车转向架
1-构架;2-齿轮箱装配及联轴节;3-牵引装置;4-基础
制动装置;5-轮对及降噪阻尼环;6-电机悬挂;
7-二系支承组成;8-轴箱装配及一系悬挂

图 4-2　拖车转向架
1-构架;2-牵引装置;3-轮对及降噪阻尼环;4-基础
制动装置;5-排障器;6-湿式轮缘润滑装置;
7-二系支承组成;8-轴箱装配及一系悬挂

**1. 构架**

构架是转向架的结构基础,它将转向架的各个零部件组成一个整体。它不仅要承受和传递各种方向和形式的荷载及作用力,而且它的结构和形状尺寸也应满足各零部件组装的要求。

**2. 轮对和轴箱装置**

每台转向架设有两组轮对,轮对沿钢轨滚动,除传递车辆的质量外,还传递轮轨之间的各种作用力。轴箱与轴承装置是联系构架和轮对的活动关节,它使轮对的滚动转化为车体沿着轨道运动。

**3. 一系悬挂和二系悬挂**

为了减少线路不平顺和轮对运动对车体产生的各种动态的影响,转向架的轮对与构架之间和构架与车体之间设有弹性悬挂装置。轮对与构架之间的弹性悬挂装置称为一系悬挂装置(也称轴箱悬挂装置),构架与车体之间的弹性悬挂装置称为二系悬挂装置(也称中央悬挂装置)。

一系悬挂主要用来保证一定的轴重分配,缓和线路不平顺对车辆的冲击,并保证车辆运行的平稳性,其主要由弹性装置和轴箱定位装置组成。二系悬挂用来传递车体和转向架之间的垂向力和水平力,使转向架在车辆通过曲线时能相对于车体转动,并进一步缓和车体与转向架间冲击和振动,同时保证转向架的安全平稳。其主要包括空气弹簧系统、横向或纵向油压减振器、抗侧滚装置和牵引装置。

**4. 驱动装置**

驱动装置只设置在动车转向架上,主要包括的设备有:牵引电机、齿轮箱、联轴器和各种悬吊机构等。它主要用于使牵引电机的扭矩转化为轮对上的转矩,利用轮轨间的黏着作用,驱动车辆沿钢轨运行,牵引电机在列车运行中还起到产生牵引力和电制动力的作用。

**5. 牵引装置**

转向架牵引装置主要由中心销、牵引梁、牵引拉杆和横向减振器等组成,其主要作用是传递牵引力和制动力,完成转向架相对于车体的回转运动。

**6. 基础制动装置**

为使运行中的车辆在规定的距离范围内停车,车辆转向架须安装基础制动装置。其作用是传递和扩大制动缸的制动力,使闸瓦与车轮踏面或闸片与制动盘之间的转向架内摩擦力转换为轮轨之间的外摩擦力(即制动力),产生制动效果。一般城市轨道交通车辆转向架采用单侧踏面制动单元(闸瓦制动)或单元制动夹钳装置(盘型制动)。

如表 4-2 所示,为地铁 B 型车转向架的基本结构参数。

地铁 B 型车转向架基本结构参数　　　　　　　　　　　　表 4-2

| 项目 | 动车转向架 | 拖车转向架 |
| --- | --- | --- |
| 轨距(mm) | 1435 ||
| 最高运行速度(km/h) | 80 ||
| 固定轴距(mm) | 2200 ||
| 车轮直径(mm) | 840(新)/770(全磨耗) ||
| 轮对内侧距(mm) | 1353 ±2 ||
| 最大长度(mm) | 约 3500(装有排障器、ATC 天线等设备) ||
| 最大宽度(mm) | 约 2500 ||
| 空气弹簧上面距轨面高度(mm) | 895 ||
| 空气弹簧横向间距(mm) | 1860 ||
| 牵引点高度(mm) | 290 ||
| 基础制动装置 | 单侧踏面单元制动 ||
| 轴重(t) | ≤14 ||
| 每台转向架质量(t) | 约 7 | 约 4.6 |

**课堂探究**

二维动画

转向架结构总体与工作原理

(1)动画视频中展示的是(动车/拖车)_____转向架,判断依据是:_____

(2)简述该转向架的主要组成部件:_____

(3)简述转向架的工作原理:_____

## 二、转向架的作用与要求

（1）车辆采用转向架可以增加车辆的载重、长度和容积，提高列车运行速度。

（2）通过轴承装置使车轮沿着钢轨的滚动转化为车体沿线路的平动，并保证在正常条件下，车体都能可靠地坐落在转向架上。

（3）支撑车体，承受并传递来自车体与轮对之间或钢轨与车体之间的各种荷载及作用力，并使轴重均匀分配。

（4）保证车辆安全运行，能灵活地沿直线线路运行及顺利通过曲线。

（5）采用转向架的机构便于弹簧减振装置的安装，使之具有良好的减振性能，以缓和车辆和线路之间的相互作用，减小振动和冲击，提高车辆运行的平稳性和安全性。

（6）充分利用轮轨之间的黏着作用，传递牵引力和制动力。

（7）转向架是车辆的一个独立部件，在转向架与车体之间应尽可能减少连接件，并要求结构简单、装拆方便，以便转向架独立制造和维修。

（8）城市轨道交通车辆转向架要便于安装牵引电机及传动装置，以驱动车辆沿钢轨运行。

---

**开阔视野**

随着时速 350km 中国高铁"复兴号"的成功运营，中国高铁已经成为世界一道亮丽的风景。我国仅用了不到 10 年时间，就走过了国际上高速铁路 40 年的发展历程。在具有世界顶级技术高速动车组生产中展现才华的中国中车技术工人，被李克强总理赞誉为"中国第一代高铁工人"。在这支光荣的队伍中，全国劳模——李万君，凭借精湛的焊接技术和敬业精神，为我国高铁事业发展做出了重要贡献，被誉为"高铁焊接大师"。

---

## 知识点二 构　　架

### 自主学习

查阅资料了解转向架构架的不同类型和结构特点，收集各型构架的图片，制作成PPT，并在教师安排下进行成果展示。

### 引领学习

#### 一、构架的作用与要求

构架是转向架各组成部分的安装基础，将车体与走行部件连成一体，构架也是转向架承载的主要部件。对其基本的要求如下：
(1)构架部分要求尺寸精度高,以保证一些部件的高精度安装定位。
(2)要便于各部件与附加装置的安装。
(3)要具有足够的强度和刚度。

## 二、构架的分类

转向架可以按制造工艺类型和结构形式不同分类。

(1)按制造工艺类型的不同,构架可分为铸钢构架和焊接构架两种形式。由于铸钢构架重量大,铸造工艺复杂,使用中受到一定程度的限制,所以城市轨道交通车辆一般采用焊接构架。焊接构架的组成梁是中空箱形,重量轻,节省材料,且能满足强度和刚度的要求。压型钢板的焊接构架,其梁件可以按等强度设计,箱形截面尺寸可以依据部位受力情况设计,而且可以减少焊缝数量,合理分布焊缝,这样不仅可以有足够的强度,而且轻量化,材料利用率高。焊接构架对制造设备要求较高,成本也较高。

(2)按结构形式的不同,构架通常又分为开口式、封闭式,或者H形、日字形、目字形等。城市轨道交通车辆转向架普遍采用H形轻量化低合金高强度的钢板焊接构架。

## 三、构架的组成

构架主要由左、右两根侧梁和横梁组焊而成。构架内部有多块筋板,部分形状复杂的区域采用铸造结构。侧梁是构架的主要承载梁,是传递横向力、纵向力和垂向力的主要部件,并用来确定轮对位置。侧梁上焊有制动缸安装座、轴箱弹簧定位座、空气弹簧支座等。横梁上焊有牵引电机吊座、齿轮箱吊杆座、牵引拉杆座和横向缓冲器座等。

构架分为动车转向架构架(图4-3)和拖车转向架构架(图4-4)。

两者的主干结构相同,主要差别在于动车转向架构架上设有电机吊座、齿轮箱吊座,而拖车转向架构架没有。构架的侧梁为四块板箱形焊接结构,侧梁上下盖板为钢板压型结构,板材选用低合金结构钢,侧梁内部补强板的位置根据受力情况而设定,以保证侧梁体的抗弯、抗扭性能;横梁由两根无缝钢管和两根横梁连接梁(由钢板组焊成箱形)组焊而成,在简化构架结构的同时,减少了焊缝数量,有利于提高横梁上各吊座与横梁的连接强度,有效地提高了构架的可靠性;同时,横梁连接座的使用减小了焊接量,避免了焊缝在应力集中区域。在电机吊座、齿轮箱吊座扭矩作用下,横梁应力分布均匀,受力好,无缝钢管经过剥皮磁粉探伤处理,确保其承载的安全性,保证车辆运行安全。横梁上焊有牵引拉杆座等,动车转向架构架横梁上还焊有牵引电动机吊座和齿轮箱吊杆座。构架组焊后经焊缝机械处理、回火热处理、整体抛丸处理,最后进行整体加工,保证构架的四角对称度、吊座位置度等精度要求。

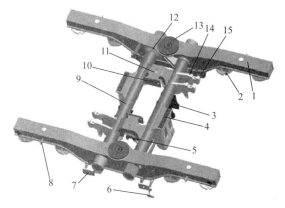
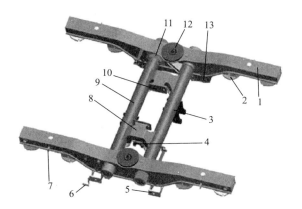

图4-3 动车转向架构架
1-侧梁;2-圆锥金属橡胶弹簧座;3-牵引拉杆座;4-电机吊座;5-横向油压减振器座;6-高度阀调整杆座;7-安全钢索座;8-轴箱吊装座;9-横梁;10-横向止挡座;11-横梁连接梁;12-连接座;13-空气弹簧支座;14-齿轮箱吊杆座;15-制动单元吊座

图4-4 拖车转向架构架
1-侧梁;2-圆锥金属橡胶弹簧座;3-牵引拉杆座;4-横向油压减振器;5-安全钢索座;6-高度阀调整杆座;7-轴箱吊装座;8-横梁连接梁;9-横梁;10-横向止挡座;11-连接座;12-空气弹簧支座;13-制动单元吊座

**课堂探究**

二维动画
转向架的构架

二维动画
转向架构架的检修

(1)按结构形式的不同,构架通常又分为_____式、_____式,或者_____形、日字形、目字形等。

(2)_____是构架的主要承载梁,是整个转向架用来传递_____力、_____力和_____力的主要部件。

(3)同型号动车转向架构架与拖车转向架构架的主要区别在于:_____
_____
_____
_____
_____

构架的强度和刚度对于转向架的性能和车辆的运行安全至关重要,通常其主要破坏形式是构架的变形和裂纹。所以各车辆运用单位在车辆的检修作业中,对于构架的检修主要就集中在检查构架受力较大处和焊缝处是否出现变形、裂纹和开裂。观看动画视频学习:转向架构架的检修,了解地铁企业针对构架开展架修作业相关流程。

(1)判断:检修前必须用专用清洗剂和清洗机将构架清洗干净。( )

(2)思考对构架进行尺寸检查的目的是什么?

(3)构架探伤检查的主要位置集中在构架重点_____部位和关键_____。

(4)拓展学习:构架探伤主要使用无损探伤设备进行无损探伤,请查阅资料了解无损探伤的种类和原理。

> **开阔视野**
>
> 转向架构架是其他部件的安装基础,默默承载着压力,成就了飞驰的列车,构架是转向架当之无愧的"脊梁"。国家和民族亦如此,如钱学森、袁隆平……
>
> 鲁迅先生曾经说过:"我们自古以来,就有埋头苦干的人,有拼命硬干的人,有为民请命的人,有舍身求法的人……也往往掩不住他们的光耀,这就是中国的脊梁。"你还知道哪些近代以来可称为民族脊梁的伟大人物,他们是如何激励你不断前进的?

## 知识点三 轮对和轴箱装置

### 自主学习

3~5人一组,使用学校现有转向架设备(硬件设备或虚拟仿真软件均可)或到校外地铁企业车辆段的转向架检修车间参观调研,通过实践观察、查阅资料、咨询专家等途径了解轮对和轴箱装置的结构参数,按照表4-3中要求完成相应任务,并在教师安排下进行小组成果展示。

轮对和轴箱装置调研任务工单　　　　　　　　　　　　　　　表4-3

城市及线路/实训设备:_____　　转向架型号:_____　　动车/拖车:_____

| 机构名称 | 任务要求 |
|---|---|
| 车轮 | 拍摄车轮照片,然后通过PPT或画图软件在车轮照片上用文字指明各个结构的名称 |
| 车轴 | 拍摄车轴照片,然后通过PPT或画图软件在车轴照片上用文字指明各个结构的名称 |
| 轴箱装置 | 若使用硬件转向架设备,则请在教师指导下录制小组的轴箱拆装视频;若使用虚拟仿真软件,则请将轴箱装置的虚拟拆装过程录屏并保存为视频文件;若为企业现场参观调研,则请拍摄轴箱拆卸状态相关照片,并制作成PPT,展现轴箱装置拆卸状态下的各零件组成 |

### 引领学习

#### 一、轮对

轮对是转向架的重要部件之一,它承受着从车体、轨道两个方面传递来的各种作用力,同时负责将牵引电机输出的扭矩转化为车轮的转矩,引导转向架沿着钢轨做滚动运动以实现车辆的运行。轮对性能的好坏会直接影响行车安全。因此,轮对必须满足以下几点要求。

(1)质量尽量小,并具有一定弹性,以减少轮轨之间的作用力;
(2)应具备运行阻力小、耐磨性好的优点;
(3)具有足够的强度和使用寿命;
(4)满足多种复杂的运行线路工况,保证列车不发生脱轨。

轮对由一根车轴和两个相同的车轮组成,组装时采用过盈配合,通常用冷压或热套的工艺来组装轮对。而现在较多用轮轴顶压机(油压机)将两车轮压装于车轴两端。轮对和整体辗钢轮如图 4-5 所示。

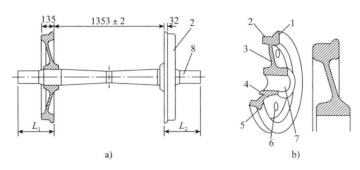

图 4-5 轮对和整体辗钢轮(尺寸单位:mm)
1-轮辋;2-踏面;3-辐板;4-轮毂;5-轮缘;6-工艺孔;7-轮毂孔;8-车轴

**1. 车轴**

车轴采用优质碳素钢加热锻压成型,经过热处理和机械加工制成。车轴是轮对的主要配件,它除与车轮组成轮对外,两端还要与轴箱油润装置配合,保证车辆安全运行。

轨道交通车辆的车轴,基本采用圆截面实心轴,由于各部分的受力状态不同,车轴各部分的直径也不同。

(1)拖车车轴结构

图 4-6 所示为一般拖车车轴的结构,各部位结构的作用如下。

①轴颈是安装滚动轴承和承载的部位。

②防尘挡板座轴段为车轴与防尘挡板配合的部位。

③轮座轴段是车轴和车轮配合的部位,是车轴受力最大的部位。

④轴身轴段是两轮座的连接部分,为增加其强度和减少应力集中,车轴轴身呈圆柱形。

⑤轴端螺栓孔是安装轴端压板的地方,轴端压板的作用是防止滚动轴承内圈从轴颈两端窜出。

⑥对于安装盘式制动装置的车辆,车轴上还设有制动盘安装座供压装制动盘用。

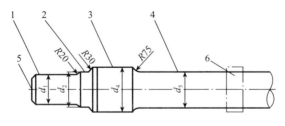

图 4-6 拖车车轴
1-轴颈;2-防尘挡板座轴段;3-轮座轴段;4-轴身轴段;5-轴端螺栓孔;6-制动盘安装座

(2)动车车轴结构

以动车转向架的车轴为例,动车车轴各部位的结构如图 4-7 所示。

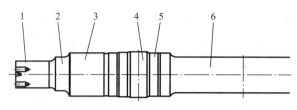

图 4-7 动车车轴

1-轴颈;2-防尘挡板座轴段;3-轮座轴段;4-齿轮座轴段;5-齿轮箱轴承座轴段;6-轴身

动车车轴的结构基本上与拖车车轴相同,不同之处在于动车车轴上多出了一块用于安装齿轮箱装置的轴段,如图4-7中标号4、5所示。齿轮座轴段4用于与齿轮箱中的大齿轮配合安装;齿轮箱轴承座轴段5设置在齿轮座轴段4的两端,用于安装齿轮箱两端的轴承装置。值得注意的地方是,动车车轴的齿轮座轴段部位凹槽较多,在检修作业中进行超声波探伤时应注意避开其影响。

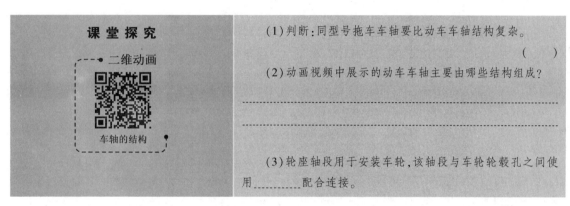

(1)判断:同型号拖车车轴要比动车车轴结构复杂。
（　　）
(2)动画视频中展示的动车车轴主要由哪些结构组成?
_____
_____
(3)轮座轴段用于安装车轮,该轴段与车轮轮毂孔之间使用_____配合连接。

## 2. 车轮

车轮普遍采用整体碾钢轮,用钢锭制坯,经锻压和加热碾轧后,机加工而成。制造过程中对车轮进行淬火和热处理以提高强度。

为了降低噪声,减小簧下重量,有些车辆还采用弹性车轮、消声车轮、S形辐板车轮等新型车轮。在轮心与轮箍之间安装弹性元件——橡胶垫,使车轮在空间三维方向上的弹性与整体轮相比更加柔软,称为弹性车轮。橡胶垫安装在轮箍与轮心之间,与车轮纵垂平面成一定斜角,在垂向荷载作用下,既受剪切又受压缩。在应用中适当改变橡胶垫的安装斜度和厚度,就可调整其径向和轴向的缓冲性能。

一般精加工的车轮需要进行静平衡试验,车辆运行速度低于120km/h时,车轮静不平衡量要求小于125g·m;车辆运行速度在120~200km/h之间时,车轮静不平衡量要求小于75g·m。

(1)车轮的结构

各种类型车轮的结构如图4-8所示。各部分结构的功用如下。

①踏面:车轮与钢轨面相接触的外圆周面。踏面与轨面在一定的摩擦力下完成滚动运行。

②轮缘:车轮内侧面的径向圆周凸起部分,以保持车轮在轨道上正常运行不脱轨。

③轮辋:车轮具有完整踏面的径向厚度部分,以保证踏面具有足够的强度和便于检修。
④辐板:连接轮辋与轮毂的部分,起支撑作用。
⑤轮毂:轮与轴互相配合的部分固定在车轴轮座上,为车轮整个结构的主干与支承。
⑥轮毂孔:安装车轴用的孔,与轮座过盈配合。

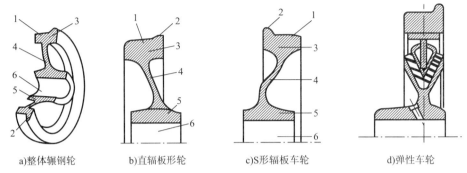

a) 整体辗钢轮　　b) 直辐板形轮　　c) S形辐板车轮　　d) 弹性车轮

图 4-8 各种类型车轮的结构
1-踏面;2-轮缘;3-轮辋;4-辐板;5-轮毂;6-轮毂孔

观看三维动画视频,巩固车轮结构相关知识点。

（2）车轮的材质要求

进口车轮普遍采用国际铁路联盟标准《机车和车辆用非合金钢轧制整体车轮供货技术条件》(UIC 812-3)的车轮。广州地铁 1 号线和 4 号线车辆采用进口 R8-T 车轮,其中 R8 表示车轮钢的钢种,T 表示踏面淬火。国产 S 形辐板车轮普遍采用 CL60 钢 CL 表示优质碳素钢,60 是型号。踏面采用间歇淬火或三面淬火手段提高其淬透性。CL60 钢材的含碳量、强度和硬度都稍高于 R8-T 车轮所用钢材。

车轮钢要求强度高,韧性好,运用中不会发生崩裂故障,且要求具有与钢轨相匹配的硬度,要尽量降低轮、轨磨损,减少踏面疲劳剥离。

（3）车轮的踏面形状

车轮踏面需要做成一定的斜度,踏面呈锥形,称为锥形踏面。但是锥形踏面经过一定时间在轨道上运行后,会逐渐磨损,直到磨损程度达到一定的形状后,磨损量才趋于稳定,踏面形状不再明显磨损。我们把这种稳定形状的踏面,称为磨耗形踏面。

试验证明,把车轮踏面一开始就做成类似磨耗后的稳定形状,既磨耗形踏面,可明显减少轮与轨的磨耗、减少车轮磨耗过限后修复成原形时旋切掉的材料,延长车轮的使用寿命,减少了换轮、镟轮的工作量,同时磨耗形踏面还可减小轮轨的接触应力,即能保证车辆直线运行的横向稳定,又有利于曲线通过。我国磨耗形踏面又叫 LM 形踏面,如图 4-9 所示。

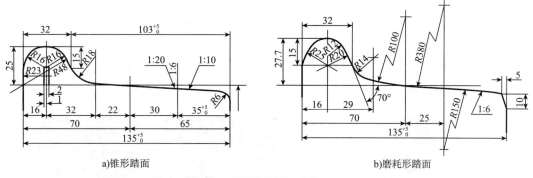

a)锥形踏面　　　b)磨耗形踏面

图 4-9　车轮踏面(尺寸单位:mm)

由于车轮踏面有斜度,各处直径不相同,规定从轮缘内侧到踏面 70mm 处的点测量的直径作为车轮的名义直径,该圆为滚动圆。我国城市轨道交通车辆车轮直径一般为 840mm(也有 860mm),轮径使用范围从 840mm 到 770mm,确保车轮有 70mm 的磨耗量。

(4)车轮轮缘踏面采取锥形轮廓的原因

①便于通过曲线:车辆在曲线上运行时,由于离心力的作用,轮对偏向外轨,于是在外轨上滚动的车轮与钢轨接触的部分直径较大,而沿内轨滚动的车轮与钢轨接触部分直径较小。

②可自动调中:车轮踏面一般做成一定的斜度,便于自动回中位。

③能顺利通过道岔:线路上的道岔对车辆运行的平稳性和安全性影响极大。由于尖轨前端顶面低于基本轨顶面,当轮对由道岔尖轨过渡到基本轨时,踏面的锥形斜度可以有效防止轮对撞到基本轨。把踏面最外端做成 C5 的倒角,以增大与基本轨的距离。轮对通过道岔如图 4-10 所示。

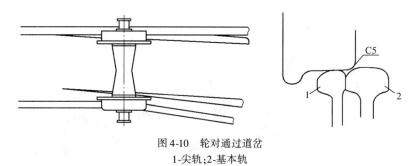

图 4-10　轮对通过道岔
1-尖轨;2-基本轨

④使踏面磨耗比较均匀:由于车轮踏面具有一定斜度,当车轮在轨道上运行时,回转圆直径也在不停地变化,致使车轮在钢轨上的接触点不停地变换位置,结果使踏面磨耗比较均匀。

⑤防止车轮脱轨。

## 二、轴箱装置

车辆的轴箱、轴承及其附属配件,统称为滚动轴承轴箱装置。它是转向架的重要组成部分,它的作用是:将轮对构架连接在一起,把车辆的垂直、水平荷载传递给轮对;保证良好的润滑性能,减少摩擦,降低运行阻力;防止燃轴,限制轮对过大的横向移动;防止雨水、灰尘等异物侵入,保证车辆安全可靠运行。

**1. 滚动轴承**

城市轨道交通车辆轴箱装置上使用的滚动轴承有圆柱形滚子轴承和圆锥形滚子轴承两种,如图4-11所示。至于采用圆柱形滚子轴承还是圆锥形滚子轴承,则要取决于径向力、轴向力的大小和作用的时间。

a)圆柱形滚子轴承　　　　　　　　b)圆锥形滚子轴承

图4-11　滚动轴承

滚动轴承的基本结构一般由外圈、内圈、滚动体、保持架四部分组成,如图4-12所示。内圈通常装配在轴颈上,并与车轴一起旋转。外圈通常装配在轴箱或轴承座内,起支承作用。滚子在内圈和外圈之间,当轴颈与内圈一同相对外圈旋转时,引导滚子一面绕其轴心自转,一面绕内、外圈滚动旋转。滚子的大小与数量决定轴承的承载能力。保持架的作用是使各滚动体均匀分布,防止互相碰撞摩擦,并在一定程度上引导滚子滚动良好。

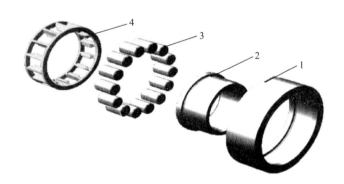

图4-12　圆柱形滚子轴承
1-外圈;2-内圈(带固定单挡边);3-圆柱形滚子;4-保持架

**2. 轴箱**

图4-13所示为圆锥滚动轴承轴箱和圆柱滚动轴承轴箱的结构图。

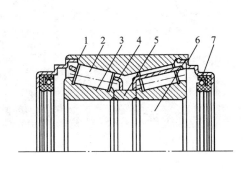
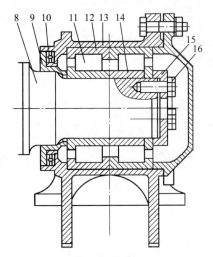

a)圆锥滚动轴承轴箱　　　　　　　　　b)圆柱滚动轴承轴箱

图 4-13　轴承轴箱的结构图

1、12-外圈；2-滚子；3、14-内圈；4-保持架；5-中隔圈；6-密封圈；7、10-密封；8-车轴；9-防尘挡圈；
11-滚柱；13-轴箱；15-内圈压板；16-螺栓

下面以一种典型的轴箱装置为例，对轴箱结构进行详细讲解。图 4-14 所示为城市轨道交通车辆上采用较多的金属层叠橡胶堆式轴箱定位的轴端轴箱装置。

该轴箱的三维结构分解如图 4-15 所示，主要由轴箱体、轴承、防尘挡圈、端盖、压盖等组成。轴箱装置采用铸钢箱体、迷宫式防尘结构，有优良的密封性能。动车轴端安装有制动系统防滑速度传感器、接地装置（图 4-16），拖车轴端安装有 ATP 系统的测速速度传感器（仅带驾驶室的车辆安装，图 4-17）、制动系统防滑速度传感器。

轴承的形式为双列圆柱、自密封结构。轴承无需现场润滑，其检修周期大于 6 年或 80 万 km，使用寿命大于 200 万 km。

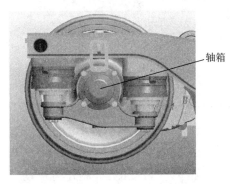
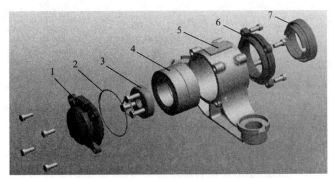

图 4-14　轴端轴箱装置（金属层叠橡胶堆式轴箱定位）

图 4-15　轴箱装置

1-端盖；2-密封圈；3-压盖；4-整体单元轴承；5-轴箱体；6-后盖；7-防尘挡圈

图 4-16 带有制动系统防滑速度传感器和接地装置的轴箱装置

图 4-17 带有 ATP 系统的测速速度传感器的轴箱装置

观看三维动画视频,巩固轴箱相关知识点。思考以下几个问题:

(1) 轴箱装置的作用是什么?

(2) 轴箱装置的结构按照安装于车轴端的先后顺序分别是:

(3) 车轴与车轮的安装采用_____配合连接,安装方法一般使用_____将车轮直接压装在车轴安装座上。

### 3. 轴箱定位的形式

在转向架构架与轮对之间需要一种弹性的方式来过渡连接并传递各种形式和方向的荷载(即通常所谓的一系悬挂),这种弹性连接即为轴箱定位,也就是轮对定位,用于限制轮对与构架之间纵横两个方向的相互位置关系。轴箱定位对转向架的横向动力性能,抑制蛇行运动具有决定性作用。轴箱定位装置在纵向和横向要求具有适当的弹性定位刚度值,从而避免车辆在运行速度范围内蛇行运动失稳,保证在曲线运行时具有良好的导向性能,减轻轮缘与钢轨的磨耗和噪声,确保运行安全和平稳性。轴箱定位形式有以下几种:

(1)转臂式轴箱定位

又称弹性铰定位,定位转臂的一端与圆筒形轴箱体固接,另一端以弹性橡胶节点与构架上的安装座相连接。弹性节点允许轴箱与构架在上下方向有较大的位移,弹性节点内的橡胶件设计能使轴箱在纵向和横向具有适宜的不同的定位刚度要求,如图 4-18 所示。

图 4-18　转臂式轴箱定位

(2)双拉杆式 + 弹性节点轴箱定位

拉杆的两端分别与构架和轴箱销接,拉杆两端的橡胶垫、套分别限制轴箱与构架之间的横向与纵向的相对位移,实现弹性定位。拉杆允许轴箱与构架在上下方向有较大的相对位移。弹性节点中为橡胶件,使纵、横向具有一定的刚度,如图 4-19 所示。

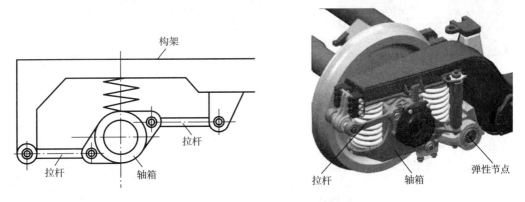

图 4-19　双拉杆式 + 弹性节点轴箱定位

(3)拉板式轴箱定位

如图 4-20 所示,用特种弹簧钢材制成的薄片形定位拉板,其一端与轴箱连接,另一端通过弹性橡胶节点与构架相连。利用拉板在纵、横向的不同刚度来约束构架与轴箱的相对运动,以实现弹性定位。拉板上下弯曲刚度小,对轴箱与构架上下方向的相对位移约束很小。

(4)金属层叠橡胶堆式轴箱定位

金属层叠橡胶堆式轴箱定位主要分为"人字形层叠橡胶"和"圆锥形金属橡胶"两种,如图 4-21 所示。两者都是在构架与轴箱之间装设压剪型层叠橡胶弹簧,其垂向刚度较小,使轴箱相对构架有较大的上、下方向位移,而它的纵、横向有适宜的刚度,以实现良好的弹性定位。

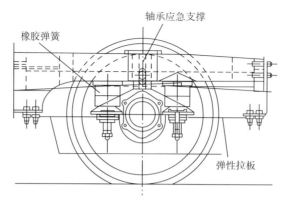

图 4-20 拉板式轴箱定位

a)人字形层叠橡胶

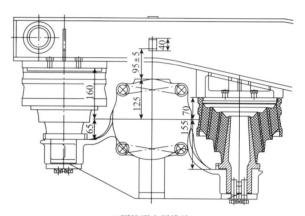

b)圆锥形金属橡胶

图 4-21 金属层叠橡胶堆式轴箱定位(尺寸单位:mm)

圆锥形金属橡胶弹簧轴箱定位应用广泛,大连、沈阳、西安等城市的城市轨道交通车辆均采用了这种形式的轴箱定位。如图 4-22 所示,圆锥形金属橡胶弹簧用螺栓、托板等固定在轴箱和构架上,并用调整垫调整工作高度。

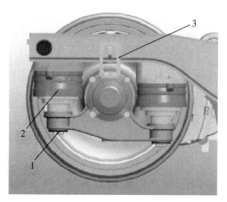

图 4-22 圆锥形金属橡胶弹簧形式的一系悬挂装置
1-托板;2-圆锥形金属橡胶弹簧;3-吊环;4-调整垫

采用的圆锥形金属橡胶弹簧结构,使轴箱在纵向、横向和垂直方向实现无间隙、无磨耗的弹性定位,并承受三个方向的荷载。

圆锥形金属橡胶弹簧特点如下。

①圆锥形金属橡胶弹簧基本材料为橡胶,具有一定的阻尼,对减振和降噪极有好处;在径向开挖缺口槽,可实现纵向和横向不同的定位刚度,以适应动力学对两个方向刚度的不同要求;

②垂向刚度随荷载增大具有一定的非线性,可有效减少空重车荷载对垂向挠度的过大影响;

③结构简洁,安装方便,可方便调整(加调整垫)因弹簧蠕变造成的一系悬挂装置定位高度下降。

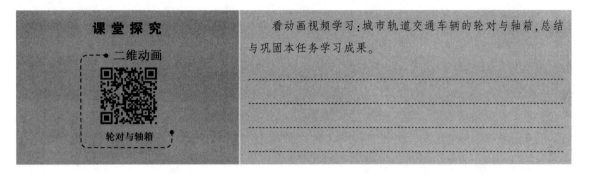

看动画视频学习:城市轨道交通车辆的轮对与轴箱,总结与巩固本任务学习成果。

### 开阔视野

党的二十大报告中指出:"必须坚持科技是第一生产力、人才是第一资源、创新是第一动力,深入实施科教兴国战略、人才强国战略、创新驱动发展战略,开辟发展新领域新赛道,不断塑造发展新动能新优势。""加快实施创新驱动发展战略。加快实现高水平科技自立自强。"

轴承是轴箱装置的核心部件,列车的速度越快,对轴箱轴承的质量要求也越高。我国是轴承生产大国,但是目前我国城轨和高铁列车上的一些高端轴承却仍需依赖于进口。请查阅资料了解我国轴承行业发展现状,并结合我国轨道交通领域的发展说一说轨道交通装备关键零部件国产化的意义。

## ➡ 知识点四　弹簧减振装置

### 自主学习

3~5人一组,使用学校现有转向架设备(硬件设备或虚拟仿真软件均可)或到校外地铁企业车辆段的转向架检修车间参观调研,通过实践观察、查阅资料、咨询专家等途径了解转向架一系悬挂、二系悬挂相关组成部件的结构与功能,并按照表4-4中的要求完成相应任务。

表4-4 转向架一系、二系悬挂装置调研任务工单

城市及线路/实训设备:_____ 转向架型号:_____ 动车/拖车:_____

| 机构名称 | 任务要求 |
| --- | --- |
| 一系悬挂 | 拍摄实物照片或利用虚拟仿真软件操作截屏的方式,收集一系悬挂有关的车辆部件(减振部件类型、轴箱定位类型)图片,制作PPT |
| 二系悬挂 | 拍摄实物照片或利用虚拟仿真软件操作截屏的方式,收集二系悬挂有关的车辆部件(空气弹簧、高度调整阀、调整杆、水平杠杆、压差阀、调整垫、安全钢索(或抗侧滚扭杆)、二系横向油压减振器、横向止档等)图片,制作PPT待用。将收集的一、二系悬挂装置各组成部件图片整理制作成PPT,并进行小组成果展示 |

## 引领学习

车辆在轨道上运行时,由于线路的不平顺、轨隙、道岔,轨面的缺陷和磨耗以及车轮踏面的斜度、擦伤和轮轴的偏心等原因,必将伴随产生复杂的振动和冲击。为了提高车辆运行的平衡性,保证乘客的舒适度,车辆必须设有弹簧减振装置,即车辆的悬挂装置。

车辆悬挂装置可分为一系悬挂装置(又称轴箱悬挂装置)和二系悬挂装置(中央悬挂装置),其中一系悬挂装置设置在转向架与轴箱之间,二系悬挂装置设置在车体底架与转向架构架之间。

### 一、一系悬挂装置

一系悬挂装置与上一节所述的轴箱定位方式相类似,各轴箱定位方式中所采用的各种形式的弹性元件(如螺旋钢弹簧、橡胶垫、转臂橡胶关节、金属层叠橡胶和一系油压减振器等)即为一系悬挂中的组成部件,本节不再详细讲述。一系悬挂的主要功能如下。

(1)传递牵引力和制动力。
(2)缓冲牵引力及制动力的冲击。
(3)支撑构架与车体重力。

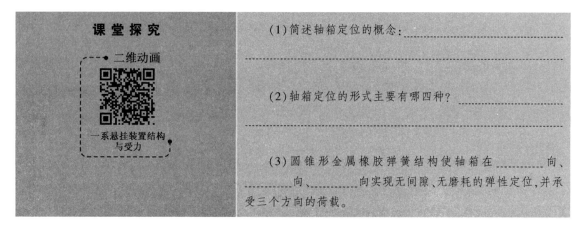

## 二、二系悬挂装置

在转向架和车体之间安装有二系悬挂系统。二系悬挂由空气弹簧、高度调整阀、调整杆、水平杠杆、压差阀、调整垫、安全钢索(或抗侧滚扭杆)、二系横向油压减振器、横向止挡等组成。二系悬挂系统见图4-23。

二系悬挂系统的主要部件及其功能如下：

①通过空气弹簧、横向油压减振器和横向止挡,缓和车体的垂向和横向振动。

②当空气弹簧的内部压力不正常,出现异常上升时,防过充装置可控制车体在限制范围内。

③车体高度由高度调整阀控制,在对车轮踏面进行镟修加工后,需要通过在空气弹簧下加调整垫来调整车体高度,如图4-24所示。

图4-23 二系悬挂系统
1-安全钢索;2-空气弹簧;3-横向止挡;4-二系横向
油压减振器;5-高度调整阀及调整杆

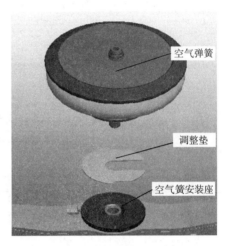

图4-24 空气弹簧下加调整垫

### 1. 空气簧系统

空气簧系统主要由空气弹簧、附加空气室、高度调整阀、压差阀及连接软管等组成(图4-25)。空气弹簧所需的压力空气,由列车制动主风管经过T形支管接头、截断塞门、滤尘止回阀进入空气弹簧储风缸,再经过纵贯车底的空气弹簧主管向两端转向架供气。转向架上的空气弹簧管路与其连接软管接通,压力空气经高度调整阀进入附加空气室和两侧的空气弹簧。

### 2. 空气弹簧

空气弹簧本体由上盖、胶囊、下座、节流阀、定位座、紧急橡胶弹簧等组成,如图4-26所示。空气弹簧的特点：水平位移大,保证满足车辆曲线通过位移要求;可以通过高度调整装置保证空、重车地板面高度不变;隔绝高频振动和噪声;低横向刚度;增强乘坐舒适性;承载能力和刚度大致与内压成正比的特性,保证固有频率不受空重车的影响而保持一致;结构紧凑,组装和维修方便,重量轻。

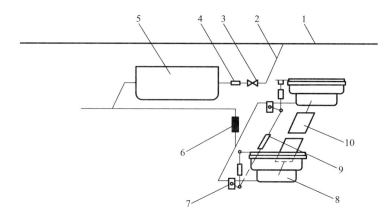

图 4-25 空气簧系统的组成
1-列车制动主风管;2-T 形支管;3-截断塞门;4-滤尘止回阀;5-储风缸;6-连接软管;
7-高度调整阀;8-空气簧本体;9-压差阀;10-附加空气室

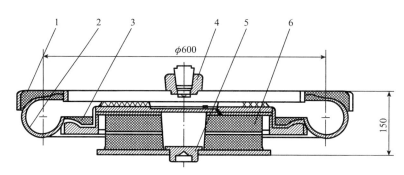

图 4-26 空气弹簧(尺寸单位:mm)
1-上盖;2-胶囊;3-下座;4-节流阀;5-定位座;6-紧急橡胶弹簧

节流阀的功能:在空气弹簧本体和附加空气室之间设置适宜大小的固定节流孔或可变阻尼节流阀。固定节流孔结构简单,几乎不增加空气弹簧的成本,但减振效果不好,一般用于速度较低的车辆。可变阻尼节流阀由于能够依据振动速度的变化而改变节流孔的开度,因此无论是在低频振动范围还是高频振动范围均具有良好的减振效果。采用可变阻尼节流阀的空气弹簧不仅可使车辆垂向的高、低频振动均有适宜的阻尼,并且对车体侧滚的低频振动也有良好的衰减效果。

**3. 高度调整阀**

高度调整阀是空气弹簧悬挂系统装置中一个重要组成部件,空气弹簧的优点只有在采用良好的高度调整阀情况下,才能充分体现出来。

(1)高度调整阀的作用

城市轨道交通车辆每个转向架设有两个自动高度调整阀。高度阀用来当车辆负载发生变化时调节空气弹簧的充气和排气,从而调整车辆由于负载变化而引起的高度变化,使车体地板面处于稳定的高度,但不能用于补偿车轮和转向架等零件的磨损。停在平直轨道上的车辆,高度阀能够自动补偿由于乘客重量的变化而产生的高度差,有效地控制邻近转向架的车门地板面的高度差在±10mm范围内。高度阀调整杆和高度调整阀的水平杆同时作用,将车辆负载引起的高度变化信息,准确地传递给高度调整阀。调整杆两端使用球形关节轴承,能满足车体与转向架间足够的相对位移。

（2）高度调整阀的结构

图4-27所示为高度调整阀及其调整杆实物外观。高度调整阀一般由高度控制机构、进排气机构和延时机构等部分组成。LV-3型高度调整阀的结构如图4-28所示,主要部件有调整阀体、液压缓冲器、活塞、吸入阀、缸盖、主轴、缓冲弹簧、弹簧支架、减振器支架、过滤网、空气节流阀、进气阀体、进气阀、单向阀、排气阀体、排气阀、连杆、连杆套筒。

图4-27　高度调整阀及其调整杆

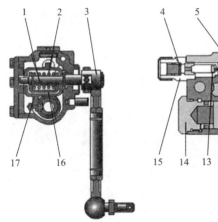 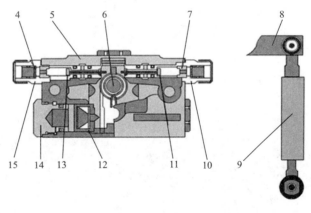

图4-28　LV-3型高度调整阀的结构

1-主轴;2-缓冲弹簧;3-连杆;4-过滤网;5-调整阀体;6-主轴;7-空气节流阀;8-连杆;9-连杆套筒;10-排气阀体;
11-排气阀;12-吸入阀;13-进气阀;14-缸盖;15-进气阀体;16-弹簧支架;17-减振器支架

高度调整阀的控制机构主要包括连杆套筒、连杆和主轴。它们主要是完成进排气的控制作用。

高度调整阀的进、排气机构主要由高度阀体、过滤网、空气节流阀、进气阀体、进气阀、单向阀、排气阀体、排气阀组成。进气阀低压侧和排气阀的高压侧（即空气弹簧侧）组成通道,并进行联系。通过控制机构的控制,打开或关闭进、排气阀来完成进、排气作业。

高度调整阀的延时机构主要包括液压缓冲器、活塞、吸入阀、缸盖、缓冲弹簧、弹簧支架和减振器支架。延时机构以硅油作为阻尼介质,使得车辆运行时,空气弹簧在正常的振动情况下(即空气弹簧高度虽有变化,但不发生进、排气作用,仅是该机构的缓冲弹簧扭转变形,而进、排气阀并不工作),一方面可减少高度阀的误动作,另一方面可起到节约压力空气的作用。

(3)高度调整阀的作用原理

高度调整阀的作用原理如图4-29、图4-30所示,空气弹簧在车体荷载增加(减少)时,空气弹簧的内压将不足(过剩),因而被压缩(伸长),高度降低(增加)。此时控制机构的连杆向上(向下)动作,带动主轴旋转,由于延时机构的作用,一定时间后打开进气阀(排气阀),空气弹簧高度随之升高(下降),并使连杆逐渐恢复到水平状态,此时,进气阀(排气阀)迅速关闭,空气弹簧恢复到原来设定高度。

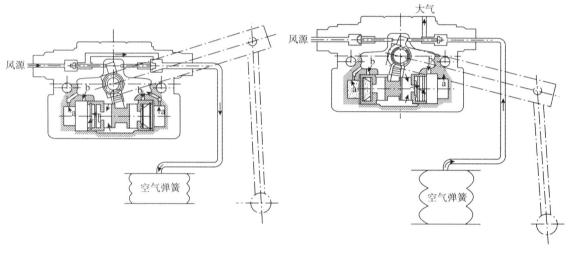

图4-29　高度调整阀进气图　　　　　图4-30　高度调整阀排气图

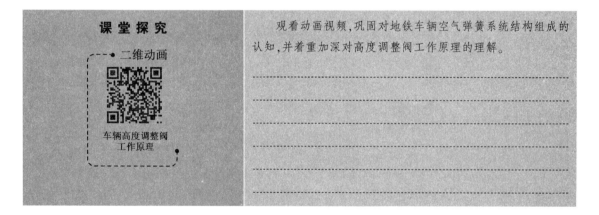

观看动画视频,巩固对地铁车辆空气弹簧系统结构组成的认知,并着重加深对高度调整阀工作原理的理解。

**4. 压差阀**

压差阀相当于二系悬挂系统的安全阀,当一个空气弹簧失压时,根据压差阀的特性,当两空气弹簧内部的压差达到限度时(100kPa ± 13kPa),就会发生动作,将两个附加空气室导通,使对面的空气弹簧也随即卸压,保证车辆的行车安全。

## 5. 安全钢索

在构架的两外侧,靠近枕梁外侧各有一根安全钢索,如图 4-31 所示。安全钢索的功能是:当车辆出现异常状态时,即空气弹簧处于过充状态,高度调整阀、压差阀、减压阀同时处于故障状态时,由安全钢索将车体和构架拉住,限制空气弹簧的高度,保证车辆与限界之间的有效安全距离,从而保证车辆的行车安全。安全钢索结构简单,便于维护。

图 4-31 车辆上的安全钢索

安全钢索由活动端头、调整端头、钢丝绳组成,如图 4-32 所示。活动端头可以使钢索的长度变化 0~35mm;调整端头可以使钢索的长度在 0~35mm 范围内进行调整,以满足车轮镟修后,对车辆地板面高度的调整。

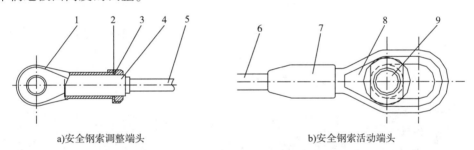

a)安全钢索调整端头　　　　　　　　b)安全钢索活动端头

图 4-32 安全钢索调整端头与活动端头示意图
1-关节轴承;2-止动垫片;3-防松螺母;4-外螺纹固接管;5、6-钢丝绳;7-铝固接管;8-索具套环;9-尼龙套

## 6. 抗侧滚扭杆

抗侧滚扭杆属于车辆二系悬挂系统的一部分,限制车体发生侧滚运动。一般其结构主要由一个主扭杆、两个扭臂、四个安装座(一般上端 2 个,与车体相连接;下端 2 个,与转向架构架上的安装座相连接)和两个垂向连杆组成,如图 4-33 所示。在垂向连杆与车底架的连接点处均设有橡胶衬套,可克服扭杆转动时的摩擦力,有缓冲作用。

当车体发生侧滚时,水平放置的两个扭臂对于主扭杆(扭臂与主扭杆之间近似为刚性节点)分别有一个相互反向的力和力矩的作用,使弹性主扭杆承受扭矩而产生扭转弹性变形,起到扭转弹簧的作用。扭转弹

图 4-33 抗侧滚扭杆装置的结构

簧的反扭矩总是与车体产生侧滚的角位移的方向相反,以约束车体的侧滚运动。但当车体正常垂直振动时(即左右车体同向位移但不存在侧滚时),由于主扭杆支座内安装有轴承(或橡胶卡环),所以左右两个扭臂只是使主扭杆产生同向转动,而不起到扭转弹簧的作用,所以对车体不产生抗侧滚作用。

图 4-34 所示为抗侧滚扭杆装置工作时的具体动作原理。当列车发生侧滚时,一端的车体重心降低,与之相连接的垂向连杆上端将随着车体重心降低产生向下的位移,通过垂向连杆下端与扭臂的铰连接使得主扭杆产生一个顺时针方向的转矩 $M_2$。而同时另一端车体重心升高,与之相连接的垂向连杆上端将随着车体重心升高而产生向上的位移运动;接着通过垂向连杆下端与扭臂的铰连接使得主扭杆产生一个逆时针方向的转矩 $M_1$。可见两侧转矩 $M_1$ 与 $M_2$ 相互抵消,以此保持抗侧滚扭杆两个垂向连杆的上下平衡,进而防止车体发生横向侧滚。

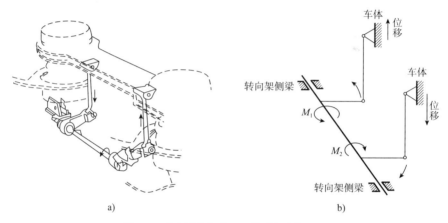

图 4-34 抗侧滚扭杆装置工作时的动作原理

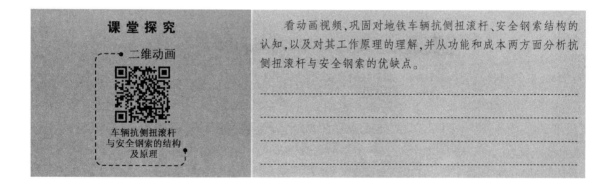

## 三、减振元件

**1. 减振元件的作用和分类**

减振元件主要由弹簧和减振器组成。弹簧主要起缓冲作用,缓和来自轨道的冲击和振动的激扰力。而减振器的作用是减小振动,它的作用力总是与运动方向相反,起阻止振动的作用。通常减振器有将机械能转变为热能的功能,减振阻力的方式和数值的不同,将直接影响到振动性能。

城市轨道交通车辆上的减振器(图4-35),按照阻力特性可分为常阻力减振器和变阻力减振器;按照安装位置可分为轴箱减振器和中央减振器;按照减振方向可分为垂向、横向和纵向减振器;按照结构特点又可以分为摩擦减振器和液压(又称油压)减振器。城市轨道交通车辆上普遍采用液压减振器。

a)轴箱上的垂向液压减振器

b)牵引装置上的横向液压减振器

图4-35 车辆上的液压减振器

### 2. 液压减振器的结构和工作原理

液压减振器的具体结构如图4-36、图4-37所示。

图4-36 液压减振器三维构造

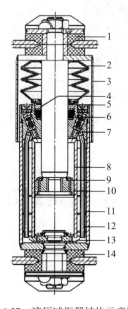

图4-37 液压减振器结构示意图
1-上连接环;2-伸缩式防尘套;3-防护罩;4-阻尼节流阀;
5-刮油环;6-活塞杆密封装置;7-活塞杆导向座;8-压力缸;
9-单向阀;10-活塞及活塞杆组成;11-储油缸;12-导油管;
13-底阀组成;14-下连接环

主要结构的组成及功能如下:
(1)活塞组件:主要用于在运动过程中产生阻力,一般由活塞杆、节流孔、弹簧和活塞组成;
(2)缸端密封部分:主要起对活塞杆上下运动的导向作用以及防止油液流出和灰尘进入减振器;
(3)油缸:液压油的存储和工作场所,其中充满了工作介质——液压油;
(4)上下连接环:是减振器与车体及转向架构架连接的部分。

工作原理:液压减振器主要利用液压油的黏滞阻力所做的负功来吸收振动能量。工作时,活塞把油缸分成上下两部分,当车体振动时,活塞杆随车体运动,与油缸之间产生上下方向的相对位移。当活塞杆向上运动时(即减振器为拉伸状态),油缸上部油液压力增大,这样上下两部分油液的压力差迫使上部分油液经过活塞上的节流孔流入缸下部。

油液通过节流孔会产生阻力,该阻力的大小与油液的流速成正比;与节流孔的数量和孔径大小成反比。

当活塞杆向下运动时(即减振器为压缩状态),受到活塞压力的下部油液通过活塞节流孔进入油缸上部,也产生阻力。所以,车辆无论如何振动,油压减振器始终能起到减振作用。

**课堂探究**

二维动画

液压减振器工作原理

观看动画视频,巩固对地铁车辆油压减振器内部结构的认知和工作原理的理解。

## 知识点五　牵引装置与驱动装置

**自主学习**

3~5人一组,使用学校现有转向架设备(硬件设备或虚拟仿真软件均可)或到校外地铁企业车辆段的转向架检修车间参观调研,通过实践观察、查阅资料、咨询专家等途径了解转向架中央牵引装置与驱动装置的结构组成、位置布局以及与构架间的安装连接,并按照表4-5中要求完成相应任务。

**牵引装置与驱动装置调研任务工单**  表4-5

城市及线路/实训设备：_____  转向架型号：_____  动车/拖车：_____

| 机构名称 | 任务要求 |
|---|---|
| 中央牵引装置 | 拍摄实物照片或利用虚拟仿真软件操作截屏的方式，收集中央牵引装置相关图片（中央牵引装置各组成零部件），重点弄清楚中央牵引装置与构架横梁间的连接安装关系 |
| 驱动装置 | 拍摄实物照片或利用虚拟仿真软件操作截屏的方式，收集齿轮箱、联轴节、牵引电机的结构外貌，重点弄清楚驱动装置各部件间的连接关系以及与构架横梁间的连接安装关系。<br>整理收集的图片制作成 PPT，并在教师安排下进行小组成果展示 |

## 引领学习

### 一、牵引装置

城市轨道交通车辆转向架普遍采用无摇枕结构。由于没有摇枕，车体直接坐落于空气弹簧上，并依靠牵引装置将转向架与车体底架相连接。牵引装置同时还能起到摇枕所具有的传递纵向力和转向的功能，为车体和转向架之间提供了合适的纵向刚度，缓和牵引和制动时的冲击力，提高列车运行的平稳性和舒适性。

**1. 牵引装置的分类与结构**

（1）复合弹簧式的牵引装置

图 4-38 所示是城市轨道交通车辆上常用的一种牵引装置。每台转向架设有一套牵引装置，牵引装置由中心销、牵引销座、复合弹簧、牵引梁、牵引拉杆等部件组成。

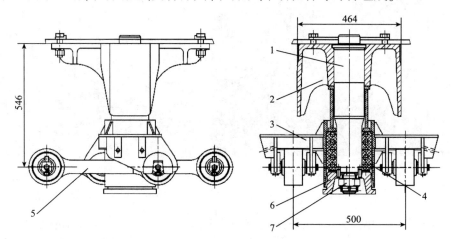

图 4-38　牵引装置(尺寸单位：mm)
1-中心销；2-牵引销座；3-牵引梁；4-复合弹簧；5-牵引拉杆；6-下压紧盖；7-螺母

中心销的上端通过定位脐和一组螺栓固定在车体枕梁中心的安装座上，下端插入牵引梁内（图 4-39），通过复合弹簧将中心销与牵引梁固定在一起；为适应于低横向刚度的空气弹簧，采用了柔性横向缓冲器(即横向侧挡,如图4-40所示),能有效地缓解车辆的横向振动,并通过牵引梁限制车体与转向架的垂向位移。牵引梁和构架之间通过两个呈"Z"形布置的牵引拉杆连接,它的两端为弹性橡胶节点。牵引拉杆的一端与转向架构架横梁相连,另一端与牵引梁相连,如图4-41所示。

图4-39 牵引梁上端特写

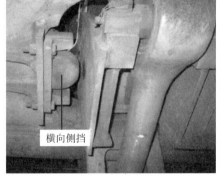
图4-40 牵引梁两侧的横向侧挡

复合弹簧是由钢圆弹簧和橡胶硫化在一起,通过挤压复合弹簧,消除中心销、复合弹簧、牵引梁之间的间隙,实现了无间隙牵引,复合弹簧的橡胶变形还可以满足车体和转向架之间的相对转动,从而消除了磨耗。

(2)球型关节结构的牵引装置

它由上牵引体、中心销、下牵引装置等组成,如图4-42所示。下牵引装置由下牵引体、橡胶球关节、牵引拉杆等组成。该牵引装置具有结构简单、轻量化、无间隙、无磨耗的柔性连接特性,便于组装和分解等特点。

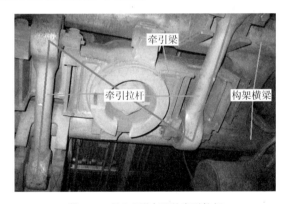
图4-41 呈"Z"形布置的牵引拉杆

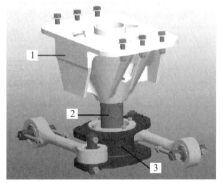
图4-42 球型关节结构的牵引装置
1-上牵引体;2-中心销;3-下牵引装置

"Z"形牵引拉杆的两端装有橡胶球关节,实现了车体与构架之间垂向的相对运动。上牵引体的上端通过定位脐和六个螺栓固定在车体的枕梁中心,中心销下端插入下牵引体内,通过橡胶球关节将中心销与下牵引体连接在一起。由于采用了橡胶球关节,缓和了纵向牵引和制动时的冲击,提高了列车牵引和制动时的运行舒适性。

牵引装置的上牵引体与构架之间有横向弹性止挡,保证车体的横向弹性限位。

(3)中心销式橡胶堆结构的牵引装置

此种形式的牵引装置的结构如图4-43所示。与球型关节结构的牵引装置相比,这种结构的牵引装置主要有以下特点:

①下牵引装置结构复杂,橡胶堆组装前需要预压缩到下牵引体上,组装工艺复杂,不便于安装和拆卸;

②当车体和构架有相对位移时,橡胶堆会产生剪切力,影响其寿命,从而不能保证牵引装置运用安全、可靠,其维护工作量大,增加检修工作的负担;

③橡胶堆结构不利于车体和转向架之间纵向作用力的传递;

④牵引点高度受构架高度影响,不容易实现较低的牵引点高度。

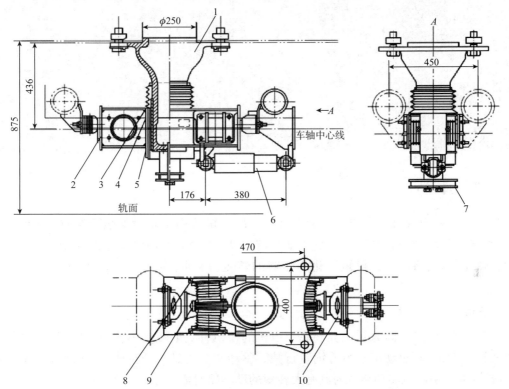

图4-43 中心销式橡胶堆结构的牵引装置(尺寸单位:mm)
1-中心销;2-牵引梁;3-防尘罩;4-衬套;5-中心销套;6-横向油压减振器;7-空气簧异常上升止挡;
8-安装板;9-牵引叠层橡胶;10-横向缓冲橡胶

## 2. 牵引装置的作用

牵引装置需要具备以下功能:

(1)能够传递纵向力、驱动力和制动力,同时允许二系弹簧在垂向和横向柔软振动。

(2)纵向具有适当的弹性,以缓和由于转向架点头、车轮不平衡重量等引起的纵向振动。

(3)结构上应便于车体与转向架的分离和连接。由于取消了摇枕,需安装横向油压减振器、横向缓冲橡胶、空气簧异常上升止挡等,这些部件的安装和拆卸不能增加车体与转向架分离作业的工时。

（4）轴重均匀分配。通过具体的弹簧配置,使得分配到每个车轴上的最终荷载基本均匀一致。

（5）允许相互回转。在通过曲线的时候,运行中的转向架相对于车体在合理范围内可灵活转动。

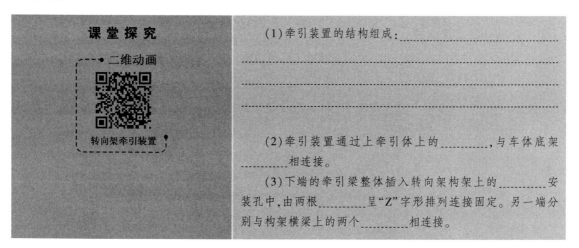

(1) 牵引装置的结构组成：_____

(2) 牵引装置通过上牵引体上的_____，与车体底架_____相连接。

(3) 下端的牵引梁整体插入转向架构架上的_____安装孔中,由两根_____呈"Z"字形排列连接固定。另一端分别与构架横梁上的两个_____相连接。

## 二、驱动装置

驱动装置是指城市轨道交通车辆上将电机的扭矩传递给轮对的执行装置,包括牵引电机、联轴器和齿轮减速箱装置。车辆的动车转向架,不论采用何种类型的牵引电机,都须通过齿轮减速装置,将电机的扭矩转化为轮对的转矩,再利用轮轨的黏着力驱动车辆沿着轨道运行。

**1. 驱动装置的作用与要求**

城市轨道交通车辆驱动装置是将牵引电机的扭矩有效地转化为转向架轮对的转矩,利用轮轨间的黏着机理,驱动车辆沿着钢轨行驶。驱动装置也是一种减速装置,通过它可使高转速、低扭矩的牵引电机驱动转变为具有大转矩的动车轮对驱动。

一般对城市轨道交通车辆上的驱动装置有如下要求：
(1) 驱动装置应保证能使牵引电机功率得到有效发挥；
(2) 电机电枢轴应尽量与车轴布置在同一高度上,以减少线路的不平顺对齿轮的动作用力；
(3) 电机在安装上应有减振措施；
(4) 驱动装置应不妨碍小直径动轮的使用；
(5) 驱动装置本身应简单可靠,具有最少量的磨耗件；
(6) 当牵引电机或驱动机构发生损坏时,应易于拆卸。

**2. 驱动装置的三种结构形式**

轨道交通车辆驱动装置按照动车上牵引电机和齿轮箱安装悬挂方式的不同,可分为轴悬式、架悬式、体悬式三种。下面分别介绍这三种结构形式的悬挂方式。由于目前城市轨道交通车辆普遍采用电动机横向布置的架悬式结构,所以将重点介绍这种形式的驱动装置。

(1)轴悬式驱动装置

轴悬式驱动装置是将牵引电机一端与车轴相连,另一端与构架相连,其全部质量的大约一半由车轴承担,另一半由转向架承担。而驱动扭矩的传递,则由安装在电机输出轴上的小齿轮,直接驱动固定在车轴上大齿轮来实现。这里的"轴悬式"中的"轴"字其实就是车轴的"轴"。

(2)架悬式驱动装置

架悬式驱动装置是指将牵引电机整个悬挂在构架横梁上,其全部质量由转向架构架承担。图4-44所示为架悬式驱动装置的结构原理图,这种装置一般使用空心轴电机和高弹性的联轴器,可大大减轻转向架簧下质量,解决电机扭矩过大而引发的集电器过载。由于牵引电机质量由转向架构架全部承担,所以这是一种典型的架悬式结构。"架悬式"中的"架"字即是转向架构架的"架"。

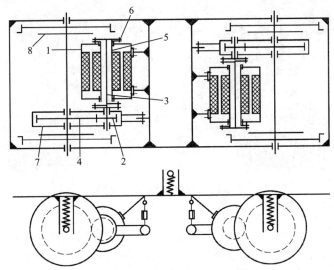

图4-44 横向牵引电机空心轴架悬式驱动装置的结构原理图
1-牵引电机;2-小齿轮;3-驱动轴;4-大齿轮;5-空心轴;6-联轴器;7-减速齿轮箱;8-制动盘

减速齿轮箱一端支承于轮对轴上,另一端通过一个可动的纵向可调节的支撑铰接于构架横梁上的齿轮箱安装座上。这种结构形式由于其质量轻、作用可靠和耐久性高等特点,在现代城市轨道交通车辆上得到了广泛应用。

图4-45所示为目前城市轨道交通车辆驱动装置的常见安装方式。牵引电机、齿轮箱装置、联轴节在转向架上的安装配置具体如下。

①牵引电机与转向架构架

转向架构架横梁上设置有电机吊座。牵引电机采用架悬式,通过四个安装螺栓紧固在构架的电机吊座上。安装螺栓通过弹簧垫圈、螺纹锁固胶以及紧固力矩的共同作用,达到防松效果。

②齿轮箱与转向架构架

转向架构架横梁上设置有齿轮箱吊座。齿轮箱通过吊杆和两个安装螺栓弹性地吊装在转向架构架上。齿轮箱吊杆的球关节结构可以缓冲驱动装置的振动,改善了舒适性。

③齿轮传动装置与动车车轴

动车车轴设置有齿轮座以及轴承座等,齿轮箱体与动车车轴通过大齿轮、轴承与车轴的过盈配合组装在一起。

④联轴节的组装

两半联轴节通过过盈配合分别组装在电机轴与齿轮箱的小齿轮轴上,在牵引电机和齿轮箱组装在构架上之后,通过联轴节螺栓将两半联轴节连接在一起。联轴节与电机输出轴连接轴心和联轴节与齿轮箱主动齿轮轴连接轴心在初始安装时预留一定的偏心量,以保证在车辆运行中转向架一系挠度变化而引起两半联轴节的轴心偏移量能在合理的范围内。联轴节螺栓通过弹簧垫圈、防松螺母、螺纹锁固胶以及紧固力矩的共同作用,防松效果良好。

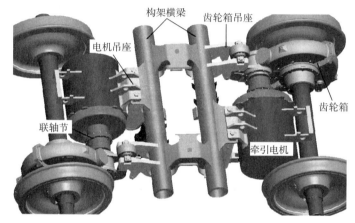

图4-45 现代城市轨道交通车辆驱动装置的安装配置

(3)体悬式驱动装置

牵引电机装于车体上,电机驱动轴一般经万向联轴器将扭矩传递给齿轮箱减速装置从而使轮对转动。由于牵引电机的重量全部由车体承担,所以称之为体悬式驱动装置。该传动方式现广泛应用于独立旋转车轮驱动的城市轨道交通车辆以及高速动车组上。

由于其电机的悬挂全由车体承担,使得转向架能彻底解放出来,提高了车辆的综合运行品质。目前认为体悬式驱动装置是一种先进的电机悬挂方式。

**3. 转向架各种荷载力的传递过程**

转向架主要承受有垂向荷载(车体所施加)、纵向荷载(牵引力和制动力)、横向荷载(车体侧向振动和轨道施加)。

(1)垂向荷载传递过程:车体→空气弹簧→紧急弹簧→构架→一系弹簧→轴箱→轮对→钢轨。

(2)纵向牵引力传递过程:牵引电机→联轴节→齿轮箱→轮对→轴箱→一系弹簧→构架→牵引拉杆→车体安装座→车体。

电制动时,力的传递过程与此相同,只是力的方向相反。

空气制动时,力的传递过程:轮对→轴箱→一系弹簧→构架→牵引拉杆→车体安装座→车体。

(3)车体施加力的传递过程:车体→(空气弹簧→紧急弹簧)和(车体安装座→横向止挡)→构架→一系弹簧→轴箱→轮对→钢轨。

下面具体讲解一下车辆牵引力的产生与传递的过程。

列车的动力源来自牵引电机,牵引电机的电运转,将动力通过联轴节传递给齿轮箱中的小齿轮。小齿轮带动与之匹配的大齿轮做减速运动,进而大齿轮将带动整个轮对做旋转运动。

车轮的转动使之具备了转矩 $M$,根据公式 $F = M/R$($R$ 为车轮的半径)可知,车轮的轮周上将产生一个作用在钢轨上,方向向后的力 $F$。那么钢轨必将产生一个与力 $F$ 大小相等,方向相反的力 $F_k$,力 $F_k$ 即为列车的轮周牵引力,简称牵引力。

牵引力 $F_k$ 的传递过程:首先由车轮传递给轴箱装置,轴箱装置再将 $F_k$ 传递给转向架构架侧梁,侧梁与构架横梁为一体,横梁将牵引力 $F_k$ 通过与之相连的牵引拉杆传递给牵引梁左右,牵引梁再通过中心销及上牵引体最终将牵引力 $F_k$ 传递给车体底架,进而带动整个列车产生一个向前运动的力。

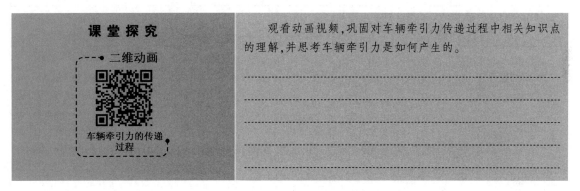

**开阔视野**

高铁车辆技术是高铁技术的关键核心,世界上高铁列车起步较早的经典列车多数采用了体悬式驱动装置,如日本的新干线、意大利的ETR450、法国的TGV、德国的ICE等,这些曾经的强者如今都已被我们逐渐超越,目前世界公认的高铁技术强国分别是中国、日本、德国和法国。中国高铁已成为一张响亮世界的名片!请结合自身专业特点,谈谈中国高铁发展的伟大成就,给你的职业选择和生活带来了哪些影响。

## 知识点六 转向架上的其他重要装置

### 自主学习

巩固转向架的整体结构组成,通过实践观察、查阅资料、咨询专家等途径了解现代转向架上还有哪些部件、新技术等是在本学习模块中未讲解的,请将你的调查结果总结在表4-6中。

转向架上的其他部件和新技术　　　　　　　　　　　　　　　　表 4-6

| 部件（新技术）名称 | 部件（新技术）简介 |
| --- | --- |
|  |  |
|  |  |
|  |  |
|  |  |
|  |  |
|  |  |

## 引领学习

转向架上的装置有很多，除了前文讲解过的主要部件外，还有一些部件也是转向架上不可缺少的重要组成部分，比如基础制动装置、车轮轮缘润滑装置等。正是所有部件的相互配合，才能保证转向架的正常运行与使用。

### 一、基础制动装置

车辆除了设有牵引电机的电制动系统外，转向架上还须安装另外的摩擦制动系统，转向架的每个轮对均配有基础制动单元。基础制动单元安装在转向架构架的侧梁上，目前主要有踏面制动装置与盘形制动装置两种形式。踏面（闸瓦）制动单元如图 4-46 所示。

#### 1. 踏面制动装置

采用踏面制动单元的转向架，每个转向架装四个制动单元。制动单元分为两种：一种为具有停放功能的制动单元（图 4-47），另一种为不带停放功能的制动单元（图 4-48）。

每轴安装两个制动单元，其中一套具有停放制动功能。停放制动缸所产生的停放制动力能满足列车在最大的超员情况下，停放在最大坡道上不溜车，具有手动缓解功能，手动缓解把手安装在车体的外侧方便缓解。

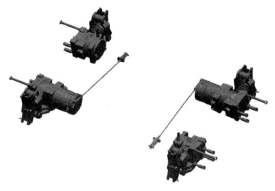

图 4-46　踏面（闸瓦）制动单元

制动单元内设有闸瓦间隙自动调整器，可根据闸瓦和车轮的磨耗情况自动调整它们之间的间隙到规定的数值，也具有手动调整功能，用于更换闸瓦后的调节。

图 4-47 具有停放功能的制动单元

图 4-48 不带停放功能的制动单元

制动单元安装孔是采用数控加工设备整体加工,确保安装位置准确,合理计算同轴的两个闸瓦间距尺寸,确保不会引起闸瓦的偏磨。制动单元通过四个螺栓安装在构架侧梁的制动装置安装座上,安装牢固可靠。

**2. 盘形制动装置**

盘形制动装置与踏面制动装置的安装布置以及工作原理相似,主要区别在于:踏面制动单元是依靠推动闸瓦与车轮踏面接触摩擦而制动;而盘形制动是依靠制动夹钳去夹紧制动盘摩擦而制动的。

盘形制动又可分为轴盘式和轮盘式两种,如图 4-49 所示。

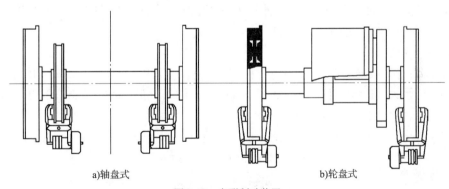

a) 轴盘式　　　　　　　　　　b) 轮盘式

图 4-49 盘形制动装置

拖车转向架一般采用轴盘式结构,动车转向架一般也优先采用轴盘式;但是由于动车转向架牵引电机等驱动设备的安装使得制动盘的安装发生困难时,可采用轮盘式。盘形制动采用的高性能摩擦副材料和良好的散热结构,可以获得比闸瓦制动更大的制动功率。

## 二、车轮轮缘润滑装置

为了有效地减小轮轨之间的磨损,延长车轮和轨道的使用寿命,降低轮轨噪声,降低牵引阻力,进而节约运行成本,车辆相应的转向架须安装轮缘润滑装置。

轮缘润滑装置分为干式润滑和湿式润滑两种。

### 1. 干式润滑装置

LCF 轮缘润滑装置为典型的干式润滑结构。该装置具有结构简单、安装方便、成本低的特点。一般按照整车 25% 的比例均匀分布，一端安装在转向架构架侧梁的最前端下方，另一端则靠近车轮轮缘位置，如图 4-50 所示。

图 4-50　LCF 轮缘润滑装置

当车轮转动运行时，LCF 轮缘润滑装置靠近车轮轮缘一侧内的固体润滑块即与车轮轮缘接触，从而实现对车轮的润滑。

### 2. 湿式润滑装置

湿式轮缘润滑装置是一种行业广泛使用的成熟车轮润滑设备。该装置能经济、有效地减小轮轨之间的磨损，延长车轮和轨道的使用寿命（尤其是在曲线线路上使用的钢轨），降低轮轨噪声，减小牵引阻力，从而节约运行成本。

(1) 设备的安装与结构

湿式润滑装置一般安装在列车两端 Tc（带驾驶室的拖车）车上（靠近一位端的转向架一侧上），如图 4-51 所示。其结构主要由喷油嘴、输油管路、油箱、定量油泵、控制箱组成（图 4-52）。

图 4-51　轮缘润滑装置的布置

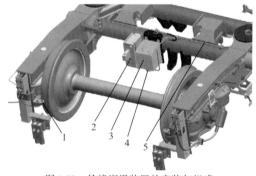

图 4-52　轮缘润滑装置的安装与组成
1-喷油嘴；2-控制箱；3-油箱；4-定量油泵；5-输油管路

轮缘润滑装置安装在构架端部,油箱安装在构架横梁上。

轮缘润滑装置的安装具有可调整性,可以根据车轮的磨耗量进行调整,满足润滑油脂润滑的位置要求,且具有良好的互换性。

(2)设备的工作原理

轮缘润滑装置控制箱是整个装置的核心控制元件,控制方式可采取时间、距离或者弯道控制。时间与距离控制即提前设定好时间点和运行距离,每当列车运行至相应的时间点或者行驶距离,控制箱即立刻发出控制电信号,让定量油泵运转,从油箱中吸油加压,带压力的润滑油液经过输油管路最终从喷油嘴中喷出,喷射在车轮轮缘及轨道上,进而对整个轨道和所有车轮进行润滑。弯道控制,则需额外加装一个弯道传感器,当列车行驶过弯时,弯道传感器得到信号进而使控制箱发出控制指令。

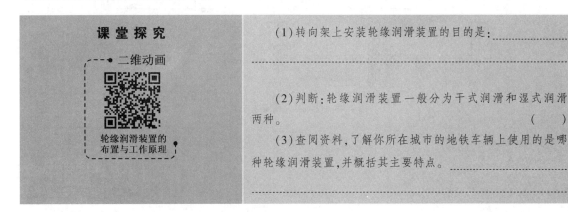

(1)转向架上安装轮缘润滑装置的目的是:_____

(2)判断:轮缘润滑装置一般分为干式润滑和湿式润滑两种。(　　)

(3)查阅资料,了解你所在城市的地铁车辆上使用的是哪种轮缘润滑装置,并概括其主要特点。_____

## 三、排障器和查询器天线装置

### 1. 排障器

排障器安装在 Tc 车一位转向架的一位端(列车两端最前方),具体位置可以根据车轮磨耗情况进行调整。排障器下端安装柔度和刚性适中的橡胶管,使排障器下平面距轨面最小距离可达 30mm,既能清扫轨面上小的障碍物,又保证了车辆运行的安全性。排障器装置如图 4-53 所示。

图 4-53　排障器

## 2. 查询器天线安装支架

Tc车一位端转向架的端部安装有两个连接支架，在两个连接支架之间安装有一个管梁式的端梁，支架与端梁间是使用的弹性连接，以缓和由于车辆振动施加给端梁上各座的力；在端梁上分布有两个查询器天线安装支架，用来安装重要的信号设备查询器天线。一般查询器天线下端面距轨面的距离为300mm±10mm，如图4-54所示。

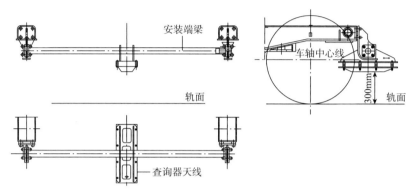

图4-54　查询器天线安装支架

# 基础巩固

## 一、判断题

1. 转向架有保证车辆安全运行，灵活地沿直线线路运行及顺利通过曲线的功能。（　　）
2. 一般情况下拖车构架上的安装孔（座）的数量要比动车构架的多。（　　）
3. 轮对由一根车轴和两个相同的车轮组成，组装时可采用螺栓连接或焊接。（　　）
4. 转向架和车体之间的悬挂装置统称为二系悬挂系统。（　　）
5. 当一个空气弹簧失压时，压差阀就会发生动作，将两个附加空气室导通。（　　）
6. 减振器的作用是减小振动，它的作用力总是与运动方向相反，起阻止振动的作用。
（　　）
7. 动车转向架和拖车转向架都可设置轮缘润滑装置。（　　）
8. 动车转向架的驱动装置包含牵引电机、联轴节和齿轮箱。（　　）
9. 动车转向架上设有中央牵引装置，而拖车转向架上一般没有。（　　）

## 二、填空题

1. 转向架按有无牵引电机可分类为_____转向架和_____转向架两种。
2. 城市轨道交通车辆每台转向架使用两个呈"Z"形布置的牵引拉杆。牵引拉杆的一端与_____相连，另一端与_____相连。
3. 轮对由一根车轴和两个相同的车轮组成，组装时采用_____配合，通常用_____或热套的工艺来组装轮对。

4.车辆悬挂方式中一系悬挂装置位于_____与_____之间,二系悬挂装置设置在_____与转向架构架之间。

5.转向架的垂向荷载传递过程:车体→空气弹簧→紧急弹簧→_____→一系弹簧→轴箱→轮对→_____。

6.转向架纵向牵引力传递过程:牵引电机→_____→齿轮箱→轮对→轴箱→一系弹簧→构架→_____→车体安装座→车体。

## 三、简答题

1.简述构架的作用与要求。

2.简述车轮轮缘踏面采取锥形轮廓的理由。

3.简述高度调整阀的工作原理。

4.简述牵引装置需要具备的功能。

5.简述车辆牵引力的产生与传递的过程。

6.下图所示为地铁车辆的转向架,请说明图中标号1~6所表示部件的名称。并判断该转向架属于动车转向架还是拖车转向架,请说出判断理由。

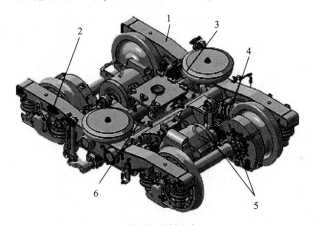

地铁车辆的转向架

1-(　　　);2-(　　　);3-(　　　);4-(　　　);5-(　　　);6-(　　　)

# 模块五　车辆连接装置

## 模块概述

车辆连接装置主要包括车钩缓冲装置和贯通道装置，通过它们使车辆连接成列。依靠车钩缓冲装置实现相邻车辆之间连接和各种荷载力的传递；依靠贯通道装置实现相邻车厢之间通道的连接。

车钩缓冲装置安装于铁道车辆或城市轨道交通车辆车体底架的两端，用来连接车辆成列，并使之彼此保持一定的距离，传递和缓和列车在运行中或在调车时所产生的纵向力或冲击力。同时它也必须能够满足车辆间的电路和气路连接。

车钩缓冲装置主要包括车钩及缓冲装置两部分。车钩的作用是实现车辆间的连挂；缓冲装置的作用是缓冲牵引连挂时所产生的各种冲击和振动。

## 知识导图

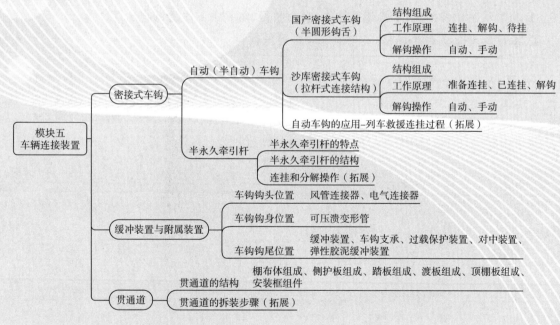

## 学习目标

> **知识目标**

1. 了解车钩缓冲装置的分类和特点。
2. 掌握各类型车钩缓冲装置的结构与工作原理。
3. 掌握缓冲装置与附属装置的结构、功能和原理。
4. 掌握贯通道及渡板的结构组成。

> **能力目标**

1. 能识别并说出各类型车钩缓冲装置的名称、作用和工作原理。
2. 能识别并说出各类型车钩缓冲装置所属各部件的名称、结构特点和功能。
3. 具备车钩缓冲装置连挂和解钩的基本操作能力。
4. 能对车辆贯通道和渡板进行简单拆装作业。

> **素质目标**

1. 合理运用学习方法,养成实践探索、自主学习、终身学习的意识和能力。
2. 养成标准化操作、"6S"作业意识和守正创新精神。

## 知识点一 车　　钩

### 自主学习

请使用学校现有城市轨道交通车辆密接式车钩实训设备或到校外地铁企业的车钩检修车间参观调研，通过实践观察、查阅资料、咨询专家等途径了解自动(半自动)车钩、半永久牵引杆相关信息，并按照表 5-1、表 5-2 中要求完成表格。

**城市轨道交通车辆自动(半自动)车钩**　　　　　　　　　　　　　　表 5-1

城市及线路/实训设备名称：＿＿＿＿＿＿＿＿＿＿＿＿　车钩型号：＿＿＿＿＿＿＿＿＿＿＿＿

该车钩在列车上的位置分布情况(也可写出列车编组连挂方式)：＿＿＿＿＿＿＿＿＿＿＿＿

| 主要组成部件名称 | 所处位置(钩头、钩身、钩尾) | 部件功能简介 |
| --- | --- | --- |
|  |  |  |
|  |  |  |
|  |  |  |
|  |  |  |
|  |  |  |

**城市轨道交通车辆半永久牵引杆**　　　　　　　　　　　　　　　　表 5-2

城市及线路/实训设备名称：＿＿＿＿＿＿＿＿＿＿＿＿　车钩型号：＿＿＿＿＿＿＿＿＿＿＿＿

该车钩在列车上的位置分布情况(也可写出列车编组连挂方式)：＿＿＿＿＿＿＿＿＿＿＿＿

| 主要组成部件名称 | 所处位置(钩头、钩身、钩尾) | 部件功能简介 |
| --- | --- | --- |
|  |  |  |
|  |  |  |
|  |  |  |
|  |  |  |
|  |  |  |

# 引领学习

## 一、车钩的分类和特点

车钩可分为非刚性车钩和刚性车钩两大类。

非刚性车钩如图 5-1a) 所示,其特点是:允许两个相连接的车钩钩体在垂直方向上有相对位移。当两个车钩的纵轴线存在高度差时,两个车钩呈阶梯形状,并且各自保持水平位置。由于钩体的尾端相当于销接,这就保证了车钩在水平面内的位移。非刚性车钩较普遍地应用于一般铁路客车、货车上,如图 5-2 所示。

刚性车钩如图 5-1b) 所示,也称为密接式车钩。它的特点是:连接不允许两连挂车钩存在相对位移,而且对前后的间隙要求应限制在很小的范围之内。如果在车辆连挂之前两车钩的纵向轴线高度已有偏差,那么在连挂后,两车钩的轴线处在同一条直线上并呈倾斜状态。两钩体的尾端具有完全的销接,这就能保证两连挂车辆之间可以具有相对的平移和角位移,保证具有这些位移的必要性是由于线路的水平面及纵剖面是变化的,以及由车体在弹簧上的振动和作用于车辆上的力所决定的。

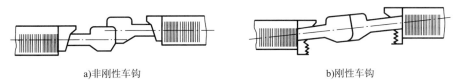

a) 非刚性车钩          b) 刚性车钩

图 5-1 非刚性车钩与刚性车钩

a) 安装状态          b) 未安装状态

图 5-2 铁道车辆常用的 13 号非刚性车钩

密接式车钩连接表面的间隙越小,越能提高列车运行平稳性,减小列车纵向力,减小牵引制动产生的噪声。这种车钩的缺点是制造工艺和运用维护成本要求相对较高。密接式车钩的这些特点决定了其一般运用于行驶环境要求较高的高速列车及城市轨道交通车辆上。

## 二、城市轨道交通车辆上的密接式车钩

根据车辆连挂的特点,城市轨道交通车辆采用三种类型的密接式车钩:全自动车钩(又称

自动车钩)、半自动车钩和半永久牵引杆。地铁车辆根据每种类型车钩的连挂特点和列车的编组需求,要在列车的相应位置上合理选择不同类型的车钩。一般全自动车钩用于编组列车的端部;半自动车钩用于不用编组单元间的连挂或者列车的端部;半永久牵引杆用于同一编组单元内部连挂。

**1. 自动车钩与半自动车钩**

自动车钩一般配置在列车两端。这种车钩的钩头上除了有基本的机械连挂装置外,还设有电气连接器和风路连接装置。在车辆的连挂过程中,车钩的机械、风路、电路系统都能实现全自动连接。当车辆解钩时,有两种方法:一是由操作者在驾驶室内按驾驶台上的自动解钩按钮;二是通过人为拉动钩头附近的解钩手柄来实现手动解钩。解钩后,车钩即处于待挂状态;钩头旁的电气连接器的盖板将自动关闭,以防止水和尘土进入;主风路上的风管连接器也能自动关闭,确保主风管内的压力空气不会外泄。

半自动车钩的钩头连接形式与自动车钩相同,连挂方式和锁闭方式也相同。不同之处在于:半自动车钩上不设置电气连接器,无法实现电气线路的自动连接,只能手动完成电气连接。但是仍然可以实现机械及气路的自动连挂,因此叫半自动车钩。

我国城市轨道交通车辆自动(半自动)车钩根据钩头内部的机械连挂装置的结构不同,主要分为两种形式:一种是国产密接式车钩,机械连挂装置的形式采用半圆形钩舌;另一种是沙库密接式车钩,其机械连挂装置的形式采用拉杆式连接结构。

1)国产密接式车钩

图 5-3 所示为一种全自动国产密接式车钩缓冲装置。它主要由车钩钩头、橡胶金属片式缓冲器、风管连接器、电气连接器等几部分组成。缓冲器位于钩头的后部。车辆连挂时依靠两车钩相邻钩头上的凸锥和凹锥孔的相互插入,实现两车钩的紧密连接;同时自动将两车之间的电路和空气通路接通。在两车分解时,亦可自动解钩,并自动切断两车之间的电路和空气通路。

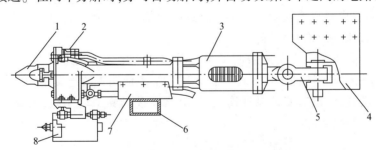

图 5-3 全自动国产密接式车钩缓冲装置
1-车钩钩头;2-风管连接器;3-橡胶金属片式缓冲器;4-冲击座;5-十字头;6-托梁;7-磨耗板;8-电气连接器

在车钩下面有车钩托梁,在缓冲器尾部通过十字头连接器与车体上的冲击座相连,可以实现水平和垂直方向的摆动。

(1)钩头结构

其车钩的内部结构如图 5-4 所示。车钩前端为钩头,它有一个凸锥和凹锥孔,内部还有半圆形钩舌、解钩杆、解钩杆弹簧和解钩风缸。

(2)工作原理

该车钩有待挂、连挂和解钩三种状态。

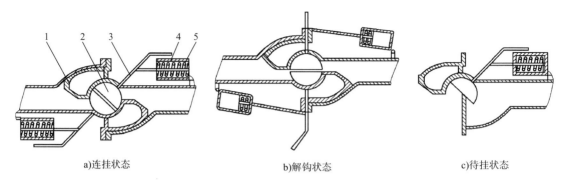

a) 连挂状态　　　　　　　　b) 解钩状态　　　　　　　　c) 待挂状态

图 5-4　半圆形钩舌的密接式车钩
1-钩头；2-钩舌；3-解钩杆；4-弹簧；5-解钩风缸

①待挂状态：为车钩连接前的准备状态，此时钩舌定位杆被固定在待挂位置，解钩风缸活塞杆处于回缩状态，此时半圆形钩舌的连接面与水平面呈 40°角。

②连挂状态：两车连挂时，凸锥插进对方车钩相应的凹锥孔中。这时凸锥的内侧面在前进中压迫对方的钩舌转动，使解钩风缸的弹簧受压，钩舌沿逆时针方向旋转 40°。当两钩连接面相接触后，凸锥的内侧面不再压迫对方的钩舌，此时，弹簧的作用使钩舌恢复到原来的状态，即处于闭锁位置。

③解钩状态：解钩有自动解钩和手动解钩两种方式。

a. 自动解钩：两钩分解需由操作者在驾驶室内操纵解钩按钮。按下解钩按钮，压缩空气由总风管进入前车（或后车）的解钩风缸，同时经解钩风管连接器送入相连挂的后车（或前车）解钩风缸，活塞杆向前推并带动解钩杆，使钩舌转动至开锁位置，此时两钩即可解开。两钩分解后，解钩风缸内的压缩空气迅速排出，解钩弹簧得以复原，带动钩舌顺时针方向转动 40°恢复到原始状态，为下次再连挂做好准备。

b. 手动解钩：操作者只要找到车钩钩头附近的解钩杆，逆时针方向扳动解钩杆，也能使钩舌转动至开锁位置实现两钩的分解。

现阶段我国仍有很多轨道车辆采用了半自动国产密接式车钩形式，如图 5-5 所示。沈阳地铁 2 号线车辆便采用了该种车钩。该车钩采用了半圆形钩舌的连接结构，设有风路连接器，可实现气路的自动连接；没有安装电气连接器，电路连接仍要手动完成，因此该车钩属于一种半自动的形式。

图 5-5　半自动国产密接式车钩

| 课堂探究 | (1) 视频中车钩钩头的组成部件主要有：_____ |
|---|---|
| 二维动画<br><br>国产密接式车钩的钩头结构与作用原理 | (2) 该种车钩两钩连挂时的原理：_____<br><br>(3) 该种车钩解锁时的动作过程和原理：_____ |

2) 沙库密接式车钩

沙库密接式车钩是钩头内部机械连挂机构采用拉杆式的一种车钩。这种车钩的应用十分广泛。沈阳地铁1号线车辆即采用该种车钩。

(1) 沙库密接式车钩的结构

该种车钩的特点是，待连挂的两辆车辆对准后，无须人工协助也可完成车辆的机械连挂。即使在连挂车辆存在水平和垂直角度误差时，车钩也可实现车辆的自动连挂。该款车钩可实现连挂列车的竖曲线和平曲线运动及旋转运动。车钩实现机械连挂后，风管会自动连接起来，但若想完成电气线路的连接必须人工手动实现。

该车钩的结构如图5-6所示，主要由车钩头、风管连接器、卡环、车钩牵引杆、接地线、橡胶垫钩尾座、锚板、对中装置等组成。它的各项主要参数见表5-3。

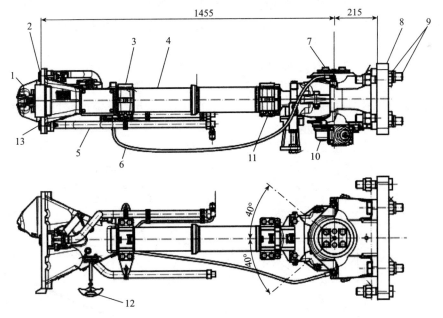

图5-6 沙库密接式半自动车钩（尺寸单位：mm）
1-车钩头；2-BP风管接头；3-卡环；4-车钩牵引杆；5-风管接头；6-接地线；7-橡胶垫钩尾座；8-锚板；9-六角头螺钉、螺母；
10-对中装置；11-卡环；12-解钩手柄；13-MRP和UP风管连接

沙库密接式半自动车钩的主要参数　　　　表 5-3

| 主要参数 | | | 数值 |
| --- | --- | --- | --- |
| 抗压强度 | 屈服强度(kN) | | 1250 |
| 抗拉强度 | 屈服强度(kN) | | 800 |
| 车钩长度 | 从对接面到转动中心(mm) | | 1455±5 |
| | 车钩重量(kg) | | 约360 |
| 车钩牵引杆减振装置 | 行程(mm) | | 约355 |
| | 压溃管压溃力(kN) | | 约720 0/−10 |
| | 吸收能力(kJ) | | 约210 |
| 橡胶垫钩尾座 EFG3 | 行程(mm) | 压缩 | max.55 |
| | | 拉伸 | max.40 |
| | 缓冲动态吸收能力(kJ) | 压缩 | 约17 |
| | 剪切螺栓剪切力(kN) | 压缩 | 约800 0/+10% |
| 车钩最大摆角 | 水平(°) | | 约±40 |
| | 垂直(°) | | 约±6 |
| 对中装置 | 再对中角(°) | | 约±15 |

钩尾座确保了控制力的减震作用对缓冲和牵引均有效。另外,在车钩牵引杆内配备了能量吸收型的缓冲装置,可在受到重冲击时破裂,从而保护了车身底架不受损。

解钩既可通过在驾驶室遥控自动完成也可在轨道旁手动完成。车厢解钩和分离后,车钩会再次进入连挂准备状态。

车钩头的车钩锁确保两节车厢之间的机械连接。表面有凸锥和凹锥,允许车钩自动对齐和同心,在水平和垂直方向提供一个大的连挂范围。车钩头面配有一条宽而扁的边缘以吸收缓冲力。牵引力通过车钩锁(钩板、钩舌、中枢和拉簧)传递。牵引和缓冲负载从车钩传送到车厢底架内。车钩头内部的具体结构如图 5-7 所示。

(2)沙库密接式车钩的工作原理

车钩有准备连挂、已连挂、解钩三种状态,其原理分别如下:

①准备连挂:车钩连挂前的状态,钩舌腹板靠近于凸锥边缘。钩板通过拉簧压入,顶住车钩头外壳里的挡块,如图 5-8 所示。

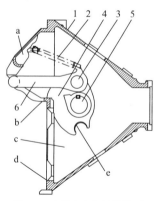

图 5-7 车钩头内部结构简图
1-车钩头外壳;2-拉伸弹簧;3-钩舌销;4-钩板;5-中心枢轴;
6-钩舌;a-凸锥;b-挡块;c-凹锥;d-车钩表面;e-钩板槽

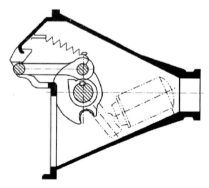

图 5-8 准备连挂状态

②已连挂:如图 5-9 所示,当车钩表面配合时,钩舌被压向对侧车钩的钩板上。车钩锁抵抗拉伸弹簧的作用力转动,直至将钩舌与钩板槽啮合。此后钩板受拉伸弹簧的作用,向后转动到已连挂位置。车钩锁闭锁。车钩锁的位置分成准备挂连模式和已挂连模式。因此,这种类型的车钩锁被称为只有一位的锁。

当车厢连挂后,锁紧装置会形成一个平行四边形形状,这样可以将牵引荷载均匀地分布在两个钩锁装置上。意外解钩是不可能的。车钩锁只受到拉伸负荷的影响,负荷均匀地分布在平行四边形的两个钩舌上。普通的磨损不会影响车钩锁的安全。

③解钩:操作者在驾驶室内操纵解钩按钮控制电磁阀,使解钩风缸作用,风缸活塞杆推动钩舌作顺时针转动(钩舌的顺时针转动也可通过手动拉动车钩头外的解钩手柄来实现),张紧弹簧拉伸,使车钩的钩锁脱开相邻车钩的钩舌,车钩处于解钩状态,拉动一组车钩分离,如图 5-10 所示。当两节车完全分离后,拉伸弹簧的弹簧力又使车钩恢复到准备连挂状态。

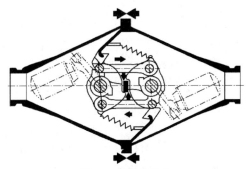

图 5-9　已连挂状态

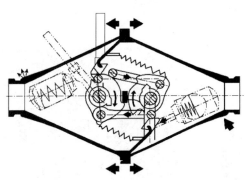

图 5-10　解钩状态

**课堂探究**

二维动画

沙库密接式车钩总体结构与连挂动作原理

(1)该种车钩两钩连挂时的过程与原理:_____

(2)该种车钩解锁时的动作过程和原理:_____

**课堂探究**

二维动画

车钩的手动解钩操作与原理

(1) 判断：国产密接式车钩与沙库密接式车钩的手动解钩方法相同，原理相似。（　　）

(2) 车钩手动解钩操作的方法步骤：_____

### 2. 半永久牵引杆

(1) 半永久牵引杆的特点

半永久牵引杆也叫半永久车钩，用于同一编组单元内部车辆间的连接。

半永久牵引杆的设计可确保铁路车辆的永久连接，使车辆的各节车厢在运行中形成一个整体，除非遇到紧急状况或在修理厂进行维护之外，否则无须分离车辆。前后两节车辆上的半永久牵引杆之间是通过套筒卡环连接来固定连挂的，这种连挂方式容易拆装、刚性佳、无松脱、安全性高，但是整个操作过程必须完全由人工完成，如图 5-11 所示。

半永久牵引杆可实现连挂列车的竖曲线和平曲线运动及旋转运动。车钩缓冲装置确保了减震作用对缓冲和牵引均有效。半永久牵引杆连挂后，风管将自动完成连接。两节车辆之间电气线路的连接一般采用跨接电缆方式连接来实现，且要手动完成。在牵引杆的两侧、前后两节车辆的端部分别设置有一组电气箱，两节车辆之间通过插在两电气箱上的一组跨接电缆将前后两车的电气线路连接在一起，如图 5-12 所示。

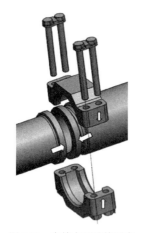

图 5-11　套筒卡环连接固定

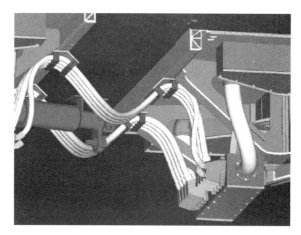

图 5-12　两车间的跨接电缆连接

(2) 半永久牵引杆的结构

一组连挂状态的半永久牵引杆，前后两部分牵引杆的结构基本相同。不同点在于一般情况下，一侧牵引杆的杆身内设置有能量吸收型的缓冲装置（可压溃变形管），在受到猛烈冲击时会发生破裂，从而吸收大量冲击能，保护车身底架不受损；而另一侧牵引杆的杆身内不会再设置这种缓冲装置。前后两侧的半永久牵引杆通过套筒卡环固定连挂在一起。

图 5-13 所示为地铁车辆上广泛采用的半永久牵引杆的结构图,该侧牵引杆杆身上设有可压溃变形管。整个车钩主要由车钩连接头、风管接头、风管、接地线、带可压溃变形管的牵引杆、橡胶垫钩尾座等组成。

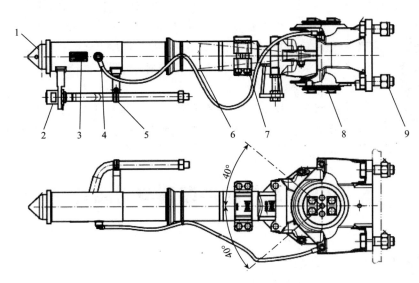

图 5-13 半永久牵引杆的结构图(带可压溃变形管)

1-连接头(用套筒卡环固定);2-风管接头;3-标牌;4-接地线;5-保持架(固定风管);6-牵引杆杆身(杆身内设缓冲装置);
7-套筒卡环;8-橡胶垫钩尾座;9-六角头螺钉、螺母

半永久牵引杆的各项主要参数见表 5-4。

**半永久牵引杆的主要参数** 表 5-4

| 主要参数 | | | 数值 |
|---|---|---|---|
| 抗压强度 | 屈服强度(kN) | | 800 |
| 抗拉强度 | 屈服强度(kN) | | 640 |
| 车钩长度 | 从对接面到转动中心(mm) | | 1155±5 |
| 车钩质量 | 带电缆(kg) | | 约 186 |
| 带减震器的车钩牵引杆 | 断开力(kN) | 缓冲 | 约 720 +5/−10% |
| | 吸收容量(kJ) | | 约 140 |
| | 缓冲器冲程(mm) | | 200 |
| 橡胶垫钩尾座 | 行程(mm) | 缓冲 | 约 55 |
| | | 牵引 | 约 40 |
| | 弹簧阻力(kN) | 在套筒上(静态) | 约 570 ±10% |
| | | 牵引时(静态) | 约 320 ±10% |
| | 吸收容量(kJ) | 在套筒上(静态) | 约 17 |
| 车钩最大摆角 | 水平(°) | | 约 ±40 |
| | 垂直(°) | | 约 ±6 |

> **开阔视野**
>
> 看动画视频学习半永久牵引杆机械连接的连挂和分解作业过程。通过视频学习我们可以发现,在对车辆进行检修作业之前,通常需要首先进行"工具及材料的准备",将作业过程中需要的所有工器具和耗材提前备好,并按照"6S"标准规范摆放;接着再检查确认环境及设备状态符合作业要求;然后才能进行作业,且作业过程中要正确使用相应工具,并严格按照工作步骤和工艺标准进行,如此才能保证工作的质量和安全。严格遵守作业标准,规范操作是一名技术人员的基本职业素养。
>
> 新产业新技术一定离不开创新,"严格遵守作业标准,规范操作"是否会影响创新思维?请从职业角度谈一谈你对"守正创新"的理解。

二维动画
半永久牵引杆机械连接的连挂和分解作业过程

## 知识点二　缓冲装置与附属装置

### 自主学习

请使用学校现有城市轨道交通车辆密接式车钩实训设备或到校外地铁企业车辆检修车间参观调研,通过实践观察、查阅资料、咨询专家等途径了解各类型密接式车钩上的缓冲装置与附属装置有哪些,掌握它们的安装位置及功能,完成表5-5。拍摄各装置的照片连同相关知识点制作成PPT,并在教师安排下进行成果展示。

密接式车钩上的缓冲装置与附属装置　　　　表5-5

所属密接式车钩的类型:_____

| 缓冲装置与附属装置的名称 | 安装位置 | 功能 |
| --- | --- | --- |
|  |  |  |
|  |  |  |
|  |  |  |
|  |  |  |
|  |  |  |
|  |  |  |

# 引领学习

城市轨道交通车辆上的车钩装置,为了满足列车在连挂和运行过程中连接的紧固、连挂与解钩的快捷、运行的平稳、极端情况下的安全防护等要求,必须设置相应的缓冲装置与附属装置。一般车钩上的附属装置设置在车钩头或者钩尾附近;而缓冲装置一般设置在钩身内或者钩尾内。本知识点将分别介绍车钩头、车钩身、车钩尾处的常见缓冲装置与附属装置。

## 一、车钩头上的附属装置

### 1. 风管连接器

主风缸风管连接器设有压力阀(图 5-14),该阀通过车钩压力打开。解钩后,车辆分开,弹簧压力阀自动关闭,风管也被关闭。

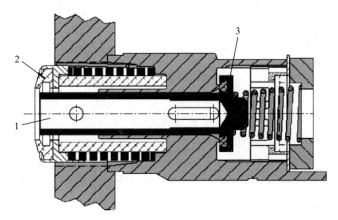

图 5-14 风管连接器
1-阀门挺杆;2-管嘴(垫片和套筒);3-阀板

空气管路连接器分布在钩头端面上。空气管路连接器口凸出于钩头端面约 8mm,在连挂时候,钩头前端的空气连接器的顶杆也同时接触并相互挤压,主风缸风管连接器的压力阀打开。两车钩的空气主路连通,这时密封和橡胶管起着防止空气泄漏作用。保证空气管路连接并能使接触密封性良好。

### 2. 电气连接器

电气连接器如图 5-15 所示。通过悬吊装置使钩体与电气连接器成弹性连接。两车钩连挂时,箱体可退缩 3~4mm,靠弹簧压力,保证良好接触;触头上焊有银片,以减小电阻。它与箱体成弹性连接,靠弹簧压力保证触头处于可伸缩状态,相互接触良好,保证电流畅通。箱体的一侧有一个定位销,对称侧有定位孔,两钩连挂时定位销插入对应的定位孔,以保证触头的准确连接;密封条是防雨水和灰尘的。解钩时,将盖盖好,防止触头损坏。箱体内还设有接线板,使触头的引线和从车上来的引入线对应相连;在它后部有电线孔,为防止电线磨损,孔壁上设有塑料套。

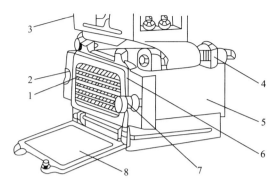

图 5-15 电气连接器
1-触头;2-定位孔;3-车钩;4-悬吊装置;5-箱体;6-密封条;7-定位销;8-箱盖

电气箱外装有保护罩,当两钩连接时,电气箱可推出使其端面高于车钩端面,此时保护罩自动开启;当解钩后,电气箱退回至原位置,保护罩自动关闭。电气箱内的触点分别为固定触点和弹性触点,保证电气连接时密接可靠。电气连接器主要应用于自动车钩上。

## 二、车钩身上的缓冲装置

城市轨道交通车辆车钩钩身上的缓冲装置大多采用能量吸收型的可压溃变形管。可压溃变形管属于不可复原的能量吸收装置,属于二级能量吸收装置。用以吸收冲击时产生的机械能。装置由一个预装载的压溃管和一个冲头组成,具体结构如图 5-16 所示。压溃管具有较大的能量吸收能力,当列车在运行或连挂过程中发生碰撞,钩缓装置受到的纵向压荷载大于设定值时,压溃管就发生作用产生塑性变形,最大限度吸收冲击能量,以达到保证车上人身安全和保护车辆设备目的。压溃装置上部设置了一个触发判断的指示销,当压溃管触发时,指示销被剪断,由此来判断压溃管触发。

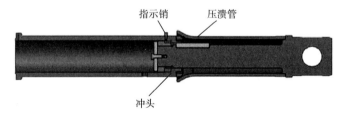

图 5-16 可压溃变形管结构图

在正常使用中,钩缓装置在牵引工况时,牵引荷载会通过压溃装置内部的刚性连接来传递,变形元件不受到影响;在压缩工况时,钩缓装置压缩荷载远低于压溃装置设定力值,变形元件不发生动作,压缩能量由车钩上的其他缓冲器来吸收。

## 三、车钩尾上的缓冲装置与附属装置

车钩尾部结构较复杂,这里以常见的采用橡胶缓冲器的钩尾座为例进行讲解。

橡胶垫钩尾座包括一个橡胶缓冲装置和一个支架。它的特殊设计能够允许车钩不超过纵向车轴的竖向和横向摆动以及回转运动。橡胶垫钩尾座的设计目的是对限定的牵引力和缓冲力进行缓冲,如果超过了限定的冲程,将把牵引力和缓冲力传向车厢底盘。

**1. 固定**

橡胶垫钩尾座的支架通过四个六角头螺钉和六角螺母固定在车体底盘上,如图5-17所示。螺纹连接包括用于过载保护的剪切件。

图5-17 车钩钩尾与车体底架的连接

**2. 橡胶缓冲装置**

橡胶缓冲装置包括上下壳体、橡胶垫和牵引杆。它安装在轴承座上,配有轴颈和免维护衬套,保证车钩的水平旋转机动性。橡胶垫刚性地放置在壳体并且受剪切力,它对牵引力和缓冲力进行缓冲。缓冲装置自由端为法兰盘形状,可装配一个卡环,将该装置与车钩牵引杆连接在一起。橡胶缓冲装置的内部剖视结构如图5-18所示。

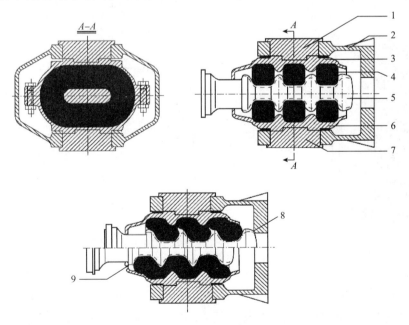

图5-18 橡胶缓冲装置
1、7-轴颈;2-轴承座;3、6-上、下壳;4-橡胶垫;5-牵引杆;8、9-挡块

## 3. 车钩的支承

已解钩的车钩由橡胶垫竖直支承,并由通过两个六角螺钉固定在钩尾座下面的支承弹簧进行支承。通过调节托簧上的两个螺钉,可以调节车钩距铁轨顶部的高度,如图 5-19 所示。

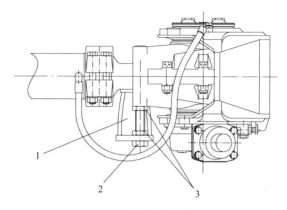

图 5-19　车钩的垂直支承
1-托簧;2-六角头螺钉;3-六角螺母

## 4. 过载保护装置

过载保护装置用于列车在超速连挂或者受到强烈冲击时,内壳体与支架之间的过载保护螺栓(拉断螺栓)连接(图 5-20)将会被拉断,使车钩脱离车体安装板向后回退,以使车体上的防爬器能够相互咬合。车钩尾端的过载保护装置安装示意图如图 5-21 所示。

图 5-20　过载保护螺栓

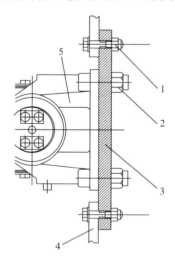

图 5-21　过载保护装置安装示意图
1-过载保护螺栓;2-车钩安装螺栓;3-冲击板;4-车体安装板;5-车钩安装座

## 5. 对中装置

对中装置安装于车钩支承座的下方。对中装置通过 4 个螺钉固定在缓冲装置的支承座下方。旋转凸轮板安装在箱体内,箱体与缓冲器中心轴牢固地连接在一起,当车钩水平方向摆动时中心轴就转动。凸轮盘周边有两个凹槽,用碟形弹簧把带有滚子的导杆压进凹槽内,以确保车钩处于列车的中心线上。其结构如图 5-22 所示。

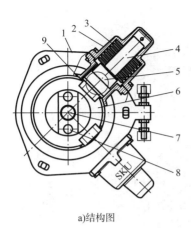
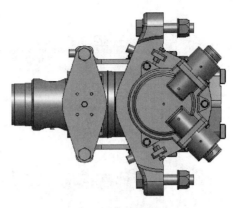

a) 结构图　　　　　　　　　　b) 在车钩尾座下的安装图

图5-22　对中装置

1-外壳；2-气缸；3-碟形弹簧；4-杆；5-辊；6-凸轮盘；7-销；8-平行销；9-槽

在曲线轨道上解钩时，车钩能够在中心轴角度约15°范围内自动对中。超出了15°范围，车钩位置不再自动调整。当角度超过15°时，在相切曲线轨道上，可以手动向外摆动车钩进行列车的连挂。可通过2个螺钉来调节车钩相对列车中心线的水平度。

**6. 弹性胶泥缓冲装置**

下面再介绍一种目前在城市轨道交通车辆车钩系统上应用较多的缓冲装置。

弹性胶泥缓冲装置，主要由内筒、弹性胶泥芯子、缓冲器壳体、牵引杆等零件组成，如图5-23所示。车钩受牵引力时，牵引力先后通过牵引杆和内筒把力传递到弹性胶泥芯子上，弹性胶泥芯子把力传递到缓冲器壳体上，最后通过回转机构把力传递到车体上；而车钩受压时，压力传递的顺序依次为：牵引杆、弹性胶泥芯子、内筒、缓冲器壳体。可见无论车钩受压或是受拉，缓冲器弹性胶泥芯子始终受压。

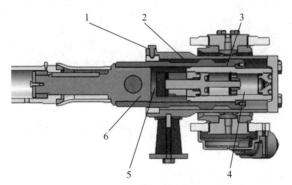

图5-23　弹性胶泥缓冲装置

1-止动螺栓；2-缓冲器壳体；3-内筒；4-弹性胶泥芯子；5-传力板；6-牵引杆

如图5-24所示为采用弹性胶泥缓冲装置的车钩，在车辆发生剧烈撞击后，位于弹性胶泥缓冲器尾部的四个过载保护元件被拉断，过载保护元件自身的断裂破坏使得钩缓装置内部结构与车体牵引梁分离，从而使受冲击车辆的防爬器和车体吸能区发挥作用。同时端盖与缓冲器壳体分离，缓冲器芯子及压溃管会滑入缓冲器壳体内部，即车钩头向后方退行，实现过载保护功能。

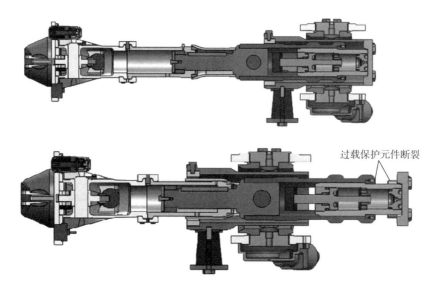

图 5-24　车钩过载保护装置的作用原理

**课堂探究**

**二维动画**

车钩缓冲装置的结构和原理

（1）动画视频中城市轨道交通车辆车钩缓冲装置的组成部件主要有：_____
_____
_____

（2）缓冲器是整个缓冲装置的关键部件，常见的有_____式缓冲器和_____式缓冲器。

（3）压溃管组成的功能和原理：_____
_____
_____

## 知识点三　贯　通　道

**自主学习**

请使用学校现有城市轨道交通车辆贯通道设备或到校外地铁企业实训基地的车辆检修车间参观调研，通过实践观察、查阅资料、咨询专家等途径了解该列车贯通道相关信息，弄清楚贯通道各部件的安装位置和功能作用，完成表 5-6。拍摄各部件的照片连同相关知识点制作成 PPT，并在教师安排下进行成果展示。

城市轨道交通车辆贯通道装置　　　　　　　　　表 5-6

城市及线路/实训设备名称：＿＿＿＿＿＿＿＿＿＿＿　贯通道类型：＿＿＿＿＿＿＿＿＿＿＿

| 部件名称 | 安装位置 | 功能作用 |
| --- | --- | --- |
| 棚布体组成 | | |
| 侧护板组成 | | |
| 踏板组成 | | |
| 渡板组成 | | |
| 顶棚板组成 | | |
| 安装框组件 | | |

## 引领学习

贯通道位于两节车厢的连接处，是连接两车辆通道的重要组成部分，它具有良好的防雨、防风、防尘、隔音功能，可保证乘客能随时、安全、方便地在两车辆之间行走，同时可适应车体在任何行使工况下产生的相对移动。

贯通道主要由棚布体组成、侧护板组成、踏板组成、渡板组成、顶棚板组成、安装框组件六部分构成。一般 B 型地铁车辆的贯通道内部通道宽 1300mm，高 1900mm，可完全满足乘客的活动空间和视觉空间。通道地板采用高强度优质不锈钢扁豆花纹板，起到了防滑作用（图 5-25），侧护板表面采用铝合金（图 5-26），顶棚板采用高强度轻质铝合金（表面喷漆或贴膜）（图 5-27），贯通道内部颜色要与客室内饰颜色搭配协调一致，保证了车辆通道的舒适性、安全性和可靠性。

图 5-25　贯通道处的地板

图 5-26　贯通道侧护板

图 5-27　贯通道顶棚板

## 一、贯通道的结构

### 1. 棚布体组成

棚布体组成又叫波纹折棚组成,由铝合金型材与棚布密封夹装组成,与端墙框架压板连接形成圆周环形封闭结构,棚布采用双层结构,具有良好的隔热、隔声、防尘、防雨的性能。同时棚布符合 DIN 5510 的防火要求,铝合金型材表面颜色可根据各地区地铁运营单位的个性化需要进行选择,如图 5-28 所示。

 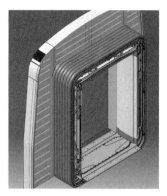

图 5-28 棚布体组成实物图与模型图

### 2. 侧护板组成

侧护板组成由连杆机构、铝合金型材、上下挡尘橡胶板、端墙固定座、密封条等构成,参见图 5-29。侧护板表面一般为不锈钢拉丝,内有铝型材与弧面橡胶条镶嵌而成的边护板,护板里面设有菱形连杆机构,可实现拉伸和压缩,同时支撑护板,使护板有足够的刚度,乘客可依靠护板;护板的两端与车体端墙用螺钉连接,可用专用钥匙快速打开、拆卸护板。

### 3. 踏板组成与渡板组成

踏板组成由不锈钢防滑板、不锈钢磨砂板、踏板支承座、折页铰链构成。支承座与端墙螺栓连接固定,踏板一端与车体地板面螺钉连接。

渡板组成由不锈钢防滑板、连杆铰链、固定座、磨耗条、折页铰链构成。连杆固定座与端墙连接,防滑板安装在连杆铰链上,如图 5-30 所示。

 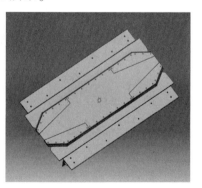

图 5-29 侧护板组成　　　　图 5-30 渡板组成

**4. 顶棚板组成**

顶棚板组成由连杆机构、铝合金型材、折页铰链、定位座、耐磨板等构成。定位座直接与车体端墙固定安装,参见图 5-31。

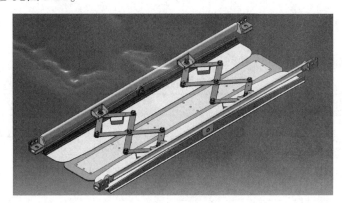

图 5-31 顶棚板组成

**5. 安装框组件**

安装框组件可以看成是由紧固框架和连接框架组成的。紧固框架通过固定在框架上的螺钉将波浪式风挡牢固地与车辆端部连接,在该部件的上面还设有固定内墙板和内顶板的连接装置,如图 5-32 所示。

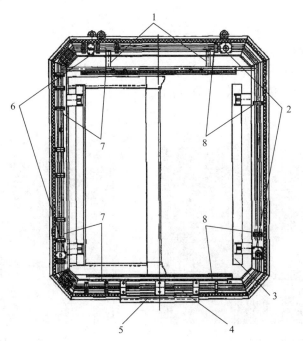

图 5-32 安装框组件结构图
1-连接顶板的支架;2-定位孔;3-侧壁;4-支撑金属板;5-滑动支架;6-定位销;7-锁钩;8-锁闭机构

连接框架由铝合金或不锈钢骨架焊接而成,与紧固框架外形相似,可实现如下功能:
(1)在框架的侧面和顶部设有两个定位孔和定位销,当连挂时,定位销插入对应框架的定位孔中而实现准确连挂。

(2)在框架上设有4个锁钩和锁钩机构,连挂后用手工将锁钩插入对应锁闭机构中,实现贯通道的连接。

## 二、贯通道的技术规格

地铁 B 型车采用的贯通道装置的主要尺寸及技术规格见表5-7。

**贯通道装置的主要技术规格**　　　　　　　　　　表 5-7

| 参数 | 规格 |
| --- | --- |
| 两辆车端墙间间距 | 520mm |
| 贯通道宽度 | 1300mm |
| 贯通道高度 | 1900mm |
| 地板面距轨面 | 1100mm |
| 隔声量 | ≥30dB(A) |
| 阻燃性 | 选用的材料符合 DIN 5510 的防火安全标准以及达到防锈蚀的要求,燃烧后不产生有毒性气体 |
| 使用寿命 | 主要金属件寿命30年,折棚布寿命15年,易损易耗件的寿命不小于7.5年 |

## 三、贯通道的拆装步骤

### 1. 拆卸过程

(1)侧护板的拆卸

如图5-33和图5-34所示,先将侧护板上面的橡胶挡尘板压弯,用手将连接插销向上取出,然后将侧护板组成向外倾斜并沿转动方向向上抬起,取下侧护板组体。用同样的方法拆卸另一侧的侧护板组件。

图5-33　拆装侧护板

图5-34　拆下侧护板后

(2)顶棚板的拆卸

如图5-35和图5-36所示,用内六角扳手拧下顶棚板组成与安装框组件相连接的8个安装螺钉,拆下顶棚板组成。

图 5-35　先拆卸四个角上的螺钉

图 5-36　两人配合取下顶棚板

(3) 渡板组成的拆卸

如图 5-37、图 5-38 所示，先将渡板锁从渡板安装槽中拉出，将渡板锁的挂钩挂在渡板体上面，使渡板安装槽与渡板连杆组成脱离，然后向上搬起渡板即完成了渡板的拆除。

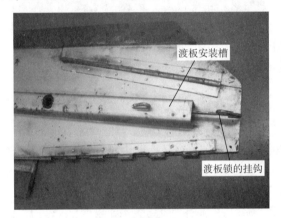

图 5-37　渡板的拆卸

图 5-38　拆下来的渡板

接着取出渡板连杆组成两边与踏板座连接的四个开口销及销轴，然后向上抬起拆下渡板连杆组成，如图 5-39、图 5-40 所示。

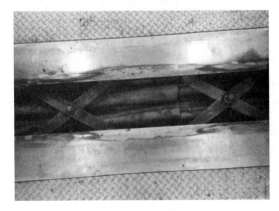

图 5-39　渡板连杆组成

图 5-40　与踏板座连接的开口销及销轴

（4）棚布体组成与安装框的分离

如图 5-41、图 5-42 所示，用手扳动安装框上面的锁闭把手（锁闭把手共有 6 个，上中下各分布 2 个，需要全部解锁），用力向车体内侧方向旋转，使锁舌从折棚端的长孔中旋转出来，让棚布体处于未锁状态，然后拉开棚布体，棚布体风挡组成与安装框即分离。注意：一定要将分离开的棚布体风挡捆扎好。

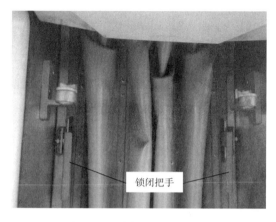

图 5-41　安装框上部的锁闭把手　　　　　图 5-42　捆扎好的棚布体风挡

## 2. 安装过程

安装过程与拆卸过程的步骤和方法基本相反，简单概括如下。

（1）棚布体风挡组成的安装

将绳摘下，使风挡组成上的端框嵌入安装框槽内，旋转扳动安装框上的锁闭手柄，将风挡折棚锁在安装框内。

（2）渡板组成的安装

先用 $\phi14 \times 55$ 销轴和 $\phi4 \times 28$ 开口销，将渡板连杆组成分别安装在两车体的踏板座上，然后再将渡板组成的渡板锁挂在渡板的板体上。将渡板安装槽上的安装孔对准渡板连杆的中心销轴，使渡板连杆销轴插入安装槽内，这时放开渡板安装槽内的渡板锁，即可完成安装。

（3）顶棚板组成的安装

用 8 个 M8×40 内六角圆柱头螺钉（涂螺纹锁固胶）加平垫圈 8 和弹簧垫圈 8，将顶棚板组成的边框组成分别固定在两车体端面上，并紧固螺钉。

（4）侧护板组成的安装

如图 5-43 所示，将侧护板整体端起插入带有角度的下连接座小轴上，再把侧护板上方推至与上卡座体轴套垂直，然后插入连接插销。用同样的方法安装另一侧侧护板。

所用工具：M6 内六角扳手、棘轮、钳子、斧子、凿子、开口扳手、大一字螺丝刀。

辅助耗材：凡士林、螺纹锁固胶。

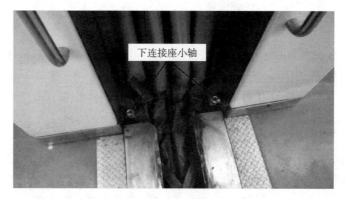

图 5-43　侧护板下连接座小轴

### 开 阔 视 野

看视频学习列车救援连挂的操作过程。当列车发生故障无法继续在正线运行时,就需要其他车辆充当救援车,与故障车牵引连挂并拖到停车库或不影响运营的地方。列车救援连挂作业是列车司机必须掌握的基本技能,做好它需要司机具备熟练精细的驾驶操作技术、严格的作业程序执行力、冷静的心理素质和强烈的责任心。

高超专业技能和职业素质需要刻苦练习,努力钻研才能获取。获得成功和成就的途径一定是需要我们"拼出来、干出来、奋斗出来的"。

二维动画

自动车钩的应用——
列车救援连挂过程

## 基础巩固

### 一、判断题

1.刚性车钩不允许两相连接车钩构体在垂直方向上有相对位移,且对前后间隙要求限制在很小的范围之内。　　　　　　　　　　　　　　　　　　　　　　　　　　(　　)

2.非刚性车钩允许两个相连接的车钩钩体在垂直方向上有相对位移;而刚性车钩不允许两相连接车钩构体在垂直方向上有相对位移。　　　　　　　　　　　　　　　(　　)

3.自动车钩也叫全自动车钩,一般配置在列车两端部。　　　　　　　　　(　　)

4.半自动车钩的钩头连接形式与自动车钩相同,连挂方式和锁闭方式也相同。不同之处在于:半自动车钩上不设置电气连接器,无法实现电气线路的自动连接。　　(　　)

5.解钩既可通过在驾驶室遥控自动完成也可在轨道旁手动完成。　　　　　(　　)

6.一组连挂状态的半永久牵引杆,前后两部分牵引杆的结构完全相同。　　(　　)

7.可压溃变形管属于不可复原的能量吸收装置,属于一级能量吸收装置。　(　　)

8.在曲线轨道上解钩时,一般车钩能够在中心轴角度约15°范围内自动对中。(　　)

9.贯通道位于两节车厢的连接处,可适应车体在任何行使工况下产生的相对移动。
　　　　　　　　　　　　　　　　　　　　　　　　　　　　　　　　　(　　)

## 二、填空题

1. 车辆连接装置主要包括：_____装置和_____装置,通过它们使车辆连接成列。
2. 刚性车钩也称为_____车钩。
3. 半自动车钩设有风路连接器,可实现_____的自动连接;但_____连接仍要手动完成。
4. 一般车钩上的辅助装置设置在车钩头或者钩尾附近;而缓冲装置一般设置在_____内或者_____内。
5. 城市轨道交通车辆车钩钩身上的缓冲装置大多采用能量_____型的_____。
6. 贯通道主要由_____组成、_____组成、踏板组成、渡板组成、顶棚板组成、安装框组件六部分构成。

## 三、简答题

1. 城市轨道交通车辆上的车钩有哪些类型？各有什么特点？
2. 选择一种你熟悉的自动车钩型号,写出它的主要组成部件及各部件的作用。
3. 刚性车钩与非刚性车钩相比有哪些优点？
4. 简述贯通道装置的作用。
5. 下图为某型号半永久牵引杆的结构图,请写出图中标号1~9所示部件的名称。

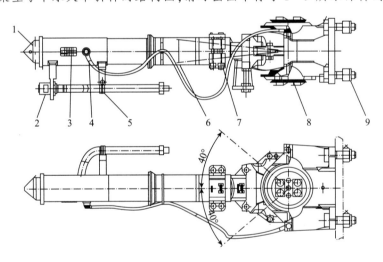

1-(　　　);2-(　　　);3-(　　　);4-(　　　);5-(　　　);6-(　　　)
7-(　　　);8-(　　　);9-(　　　)

# 模块六　制动系统

## 模块概述

城市轨道交通车辆制动是指使列车减速、停车、阻止其加速及保持静止的作用,因此性能优良的制动系统是列车安全运行的根本保障。城市轨道交通车辆制动系统应满足高可靠性、高效、节能、乘坐舒适、易于保养、方便维护等各方面的要求。

本模块将带你了解城市轨道交通车辆制动系统的特点、基本概念、各种制动方式,以及制动系统中一些主要部件的结构、功能、原理等相关知识。

## 知识导图

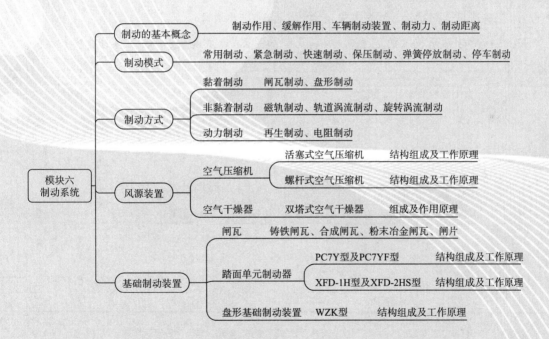

# 学习目标

## ➢ 知识目标
1. 了解城市轨道交通车辆制动系统的特点及与制动相关的基本概念。
2. 理解车辆制动系统的制动方式。
3. 掌握车辆制动风源系统的组成及各主要部件的结构原理。
4. 掌握基础制动装置的种类、结构和原理。

## ➢ 能力目标
1. 能识别城市轨道交通车辆制动系统中各组成设备的名称、功用。
2. 能在列车上找到制动系统所属各部件的分布,并掌握具体部件的结构特点和工作原理。

## ➢ 素质目标
1. 合理运用学习方法,养成实践探索、自主学习、终身学习的意识。
2. 弘扬刻苦钻研技术的职业精神,以及奋发图强、自主创新、技术报国的精神和品质。

## 知识点一 制动基础

### 自主学习

请使用学校现有制动系统设备/模拟驾驶实训设备或到校外地铁企业参观学习,通过实践操作、查阅资料、咨询和观摩专业技术人员操作等途径了解城市轨道交通车辆制动模式相关信息,并完成表6-1。

城市轨道交通车辆制动模式的实现　　　　　　表6-1

城市及线路/实训设备:＿＿＿＿＿＿＿＿＿＿　　制动控制系统供应商:＿＿＿＿＿＿＿＿＿＿

| 制动模式 | (能/否)人为操作 | 制动施加/缓解的操作方法 |
| --- | --- | --- |
| 常用制动 | | |
| 紧急制动 | | |
| 快速制动 | | |
| 保压制动 | | |
| 弹簧停放制动 | | |
| 停车制动 | | |

### 引领学习

#### 一、制动的基本概念

**1. 制动作用**

制动是指人为地施加于运动物体一个外力,使其减速(或防止其加速)或停止运动;或施加于静止物体,保持其静止状态。以上这些作用均是制动作用。用于实现制动作用的力称为制动力。

轨道车辆的制动是指使列车减速、停车、阻止其加速及保持静止的作用。从能量变化的角度理解,制动过程是一个能量转移的过程,是将列车运行所具有的动能人为控制转变成其他形式能量的过程。

**2. 缓解作用**

对已经施行制动的列车解除或减弱其制动作用,均可称之为"缓解"。对于运动着的列车,欲使其减速或停车就要根据需要施加于列车一定大小的与其运动方向相反的外力以使其实现减速或停车作用,即施行制动作用列车制动停车后起动加速前或运行途中限速制动后加速前均要解除制动作用,即施行缓解作用。

### 3. 车辆制动装置

制动装置又称为制动机,是指产生制动原动力并进行操纵和控制的部分设备。通常把装于车辆上能实现制动作用和缓解作用的装置称为车辆制动装置,车辆制动装置包括空气制动机、电空制动机、基础制动装置三部分。

### 4. 制动力

制动力是由制动装置产生的与列车运动方向相反的外力,对城市轨道交通车辆而言,制动力是制动时由制动装置作用引起的钢轨施加于车轮的与列车运行方向相反的力。

### 5. 制动距离

制动距离是指从司机施行制动(将制动手柄移至制动位)的瞬间起,到列车速度降为零的瞬间止,列车所行驶的距离。它是综合反映列车制动装置的性能和实际制动效果的主要技术指标。很明显列车制动距离越短,列车就能在突发情况时越快停车,列车的安全系数也就越高。下面是我国铁路主要技术规程规定的客运列车在不同速度下的最大紧急制动距离:120km/h,800m;160km/h,1400m;200km/h,2000m;250km/h,2700m;300km/h,3700m;350km/h,4800m。对于城市轨道交通车辆来说,一般行驶的速度不会高于80km/h,对应的制动距离一般不超过200m。比如上海地铁规定:列车在满载乘客的条件下,其紧急制动距离最大不得超过180m;而广州地铁规定:当列车速度为80km/h、60km/h、40km/h 时最大紧急制动距离分别为200m、118m、56m。

## 二、制动模式

城市轨道交通车辆根据运行状况的不同,在发生制动作用时往往需要选择不同的制动模式。以下几种制动模式是城市轨道交通车辆常用的,下面讲解每一种制动模式的具体含义:

### 1. 常用制动

常用制动在正常运行情况下为调解或控制列车速度,包括进站停车所实施的制动。特点是制动比较缓和、制动力可以连续调节,制动过程中能够根据车辆荷载自动调整制动力。当常用制动力最大时即为常用全制动。

### 2. 紧急制动

紧急情况下为使列车尽快停止而施行的制动称为紧急制动。特点是作用比较迅速而且将列车制动能力全部使用,通过"故障导致安全"的设计原则,将其设计成"失电制动,得电缓解"的紧急空气制动形式。紧急制动是在列车遇到紧急情况或发生其他意外情况时,为使列车尽快停车而实施的制动,其制动力与快速制动相同。

紧急制动时考虑了脱弓、断钩、断电等故障情况,故只采用空气制动,而且停车前不可缓解,在尽可能减小冲动的情况下不对冲动进行具体限制。

### 3. 快速制动

快速制动是为了使列车尽快停车而实施的制动,其制动力高于常用全制动(上海、广州地铁列车快速制动力高于常用全制动22%)。这种制动方式是在紧急情况下、制动系统各部分作用均正常时所采取的一种制动方式,其特点是与常用制动相同,制动过程可以施行缓解。受冲击率极限的限制,主控制器手柄回"0"位,制动过程可缓解且具有防滑保护和荷载修正功能。

#### 4. 保压制动

保压制动是为防止车辆在停车前的冲动,使车辆平稳停车,可通过电子控制单元(ECU)内部设定的执行程序来控制。

第一阶段:当列车制动到速度8km/h时,牵引控制单元(DCU)触发保压制动信号,同时输出给ECU,这时,由DCU控制的电制动逐步退出,而由ECU控制的气制动来替代。

第二阶段:接近停车时(列车速度0.5km/h),一个小于制动指令(最大制动指令的70%)的保压制动由ECU开始自动实施,即瞬时将制动缸压力降低,如果由于故障,ECU未接收到保压制动触发信号,ECU内部程序将在8km/h的速度时自行触发。

#### 5. 弹簧停放制动

为防止车辆在线路停放过程中发生溜逸,城市轨道交通车辆应设置停放制动装置。停放制动通常是将弹簧停放制动器的弹簧压力通过闸瓦作用于车轮踏面来形成制动力。在正常情况下,弹簧力的大小不随时间而变化,由此获得的制动力能满足列车较长时间断电停放的要求。弹簧停放制动的缓解风缸充气时,停放制动缓解,弹簧停放制动的缓解风缸排气时,停放制动施加,弹簧停放制动还附加有手动缓解的功能。停放制动是在列车停车后,为使列车维持静止状态所采取的一种制动方式。

#### 6. 停车制动

对于地铁列车来说,通常把停车前的这一段空气制动过程称为停车制动或保持制动。当停车制动使列车减速到极低速度后,为减小冲动,制动力会有所降低。上海和广州地铁是在减速至4km/h左右,制动力降至70%,停车制动具有常用制动的特点。

### 三、城市轨道交通车辆制动系统的发展历程

城市轨道交通车辆制动系统的发展大概经历了以下五个阶段:

(1)早期的城市轨道交通采用的是有轨电车进行运营,其制动方式采用人工制动,主要制动设备包括刹车钢丝、木质闸瓦等。

(2)近代城市轨道交通车辆的制动方式主要是机械制动,主要制动设备有杠杆传动机构、铸铁闸瓦等。

(3)20世纪初期借鉴铁路机车车辆空气制动方式,主要制动设备有空气指令式自动空气制动机、铸铁闸瓦或合成闸瓦等。

(4)20世纪30年代主要应用电气指令式制动控制系统,主要制动设备有电气指令直通式制动机、合成闸瓦等。

(5)现代计算机控制的制动系统,主要制动设备有计算机控制电气指令、新型基础制动装置。

### 四、城市轨道交通车辆制动系统应具备的条件

(1)操纵灵活,制动减速度大,作用灵敏可靠,车组前后车辆制动、缓解一致。

(2)具有足够的制动能力,保证车组在规定的制动距离内停车。

(3)对新型的城市轨道交通车辆,一般要求具有电制动功能,并且在正常制动过程中,应充分发挥电制动能力,以减少对城市环境的污染和噪声以及降低运行成本,同时还应具有电制动与摩擦制动协调配合的制动功能。

(4)制动系统应保证列车在下长大坡道制动时,其制动力不会衰减。

(5)电动车组各车辆的制动能力应尽可能一致,制动系统应根据乘客量的变化,具有空重车调整能力,以减少制动协调配合的制动功能。

(6)具有紧急制动能力,遇有紧急情况时,能使列车在规定距离内安全停车,紧急制动的作用除可由司机操纵外,必要时还可由行车人员利用紧急按钮进行操纵。

(7)城市轨道交通列车在运行中发生诸如列车分离、降弓、断电、制动系统故障等危及行车安全的事故时,应能自动起紧急制动作用。

### 开阔视野

全国交通运输行业职业技能大赛是由交通运输部、人力资源社会保障部、中华全国总工会、共青团中央联合举办,大赛旨在加强交通运输行业高技能人才队伍建设。

二维动画

全国交通运输行业职业技能大赛——职业组司机驾驶对标停车

大赛列车司机赛项中有一个比赛项目是对标停车,要求司机将仪器仪表盘遮挡住,在无辅助仪器的条件下,凭借丰富的驾驶经验和精细操作将列车进行制动并准确对标停车,并根据对标偏差值进行评分,且最大偏差值不得超过±0.5m。

列车司机是整个城市轨道交通专业岗位群中最核心的岗位之一,也是城市轨道交通企业保障平稳运营和安全的最后一道防线。请结合自身专业背景,思考技能大赛与专业技术水平提高两者之间存在哪些联系。

## ➡ 知识点二　城市轨道交通车辆的制动方式

### 自主学习

请选择你所在城市的某条地铁线路列车,通过调研参观、实践观察、查阅资料、咨询专家等途径了解该列车制动装置相关信息,并完成表6-2。

城市轨道交通列车制动装置分布　　　　　表6-2

城市及线路:_____

| 该列车的编组形式 | | | | |
|---|---|---|---|---|
| 列车制动形式:<br>对应( )打√ | 动力制动( ) | 闸瓦制动( ) | 盘形制动( ) | 其他(写出名称) |
| 相关制动装置的名称、数量和分布位置(如空压机,共2台,分别位于两端Tc车下) | | | | |

## 引领学习

按制动力的获取方式,城市轨道交通车辆基础制动装置制动方式主要有黏着制动和非黏着制动两种。城市轨道交通车辆主要使用黏着制动方式,比如城市轨道交通车辆上广泛采用的闸瓦制动和盘形制动均属于黏着制动;而在城市轨道交通车辆上应用较少,却在高速铁路车辆上使用广泛的磁轨制动和轨道涡流制动则属于非黏着制动。

### 一、黏着制动

闸瓦制动和盘形制动是城市轨道交通车辆上应用最广泛的两种制动机,它们的制动原理均是依靠压力空气为动力源,通过机械机构推动闸瓦或闸片压紧或夹紧车轮或制动盘,进而产生剧烈摩擦,将列车的运动动能转变为热能,逸散于大气,从而产生制动作用,因此它们也可称为摩擦制动。

#### 1. 闸瓦制动

闸瓦制动又称为踏面制动,它是最常用的一种制动方式,示意图如图6-1所示。

制动时闸瓦制动缸内充入压力空气,推动制动缸活塞移动,通过机械装置最终带动闸瓦压紧车轮,最终车轮、闸瓦间发生摩擦,将列车的运动动能通过轮、瓦间的摩擦转变为热能,逸散于空气中。

按照设置在每个车轮上闸瓦块数及其作用方式的不同,闸瓦制动一般分为单闸瓦式和双闸瓦式。单闸瓦式,即只在车轮的一侧设有闸瓦的制动方式,单闸瓦式基础制动装置的构造相对简单,便于检查和维修。但是制动时,车轮只受一侧的闸瓦压力作用,使轴瓦受力偏斜,易形成轴瓦偏磨;此外由于制动力受到闸瓦面积和闸瓦承受力的限制,制动力的提高也受到限制。目前城市轨道交通车辆普遍采用如图6-2所示的单元风缸式的闸瓦制动,为单闸瓦式制动,布置方式是在每台转向架的对角线位置上的两个车轮处各设置一台闸瓦制动装置。

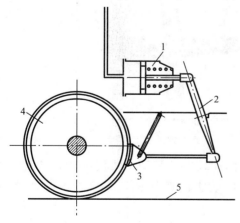

图6-1 闸瓦制动示意图
1-制动缸;2-基础制动装置;3-闸瓦;4-车轮;5-钢轨

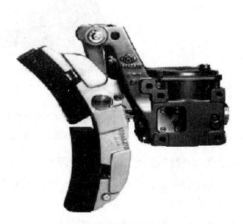

图6-2 闸瓦式基础制动装置

双闸瓦式基础制动装置也称双侧制动,即在车轮两侧均设有闸瓦的制动方式。双侧制动装置在车轮两侧都安装了闸瓦,所以闸瓦的摩擦面积比单闸瓦式增加了1倍,闸瓦单位面积承受的压力较小,且散热面积大,可降低闸瓦与车轮踏面的温度,延长车轮的使用寿命,减少闸瓦的磨耗量,并可相对地得到较大的制动力。同时由于每轴的车轮两侧都有闸瓦,制动时两侧的闸瓦同时压紧车轮,克服了单闸瓦式车轮一侧受力而引起的受力不均衡弊端。

目前双闸瓦式基础制动装置主要应用在铁路一般的客车和特种货车(机械保温车、长大货物车等)上。但其结构较复杂,一般侧架式货车转向架不宜安装双闸瓦式基础制动装置。

2. 盘形制动

盘形制动有轴盘式和轮盘式两种形式,拖车转向架一般采用轴盘式结构,如图6-3所示。动车转向架一般也优先采用轴盘式,但是当动车轮对中间由于牵引电机、齿轮箱等设备使制动盘安装发生困难时,可采用轮盘式,图6-4为安装了轮盘式制动盘的动车轮对。

a)有3个制动盘的拖车轮对　　　　　　　b)有2个制动盘的拖车轮对

图6-3　安装轴盘式制动盘的拖车轮对
1-车轮;2-制动盘;3-车轴;4-车轮

图6-4　安装轮盘式制动盘的动车轮对
1-车轮;2-制动盘;3-齿轮箱;4-车轮;5-车轴;6-接电机轴

无论哪种盘形制动,制动的原理都是依靠制动缸推动制动夹钳使闸片夹紧制动盘(轴盘或轮盘),使闸片与制动盘间产生摩擦,把列车的动能转变为热能,热能通过制动盘与闸片逸散于大气。

盘形制动方式能选择高性能的摩擦副材料和良好的散热结构,可以获得比闸瓦制动功率大得多的制动功率。

总结闸瓦制动与盘形制动的概念。

## 二、非黏着制动

### 1. 磁轨制动

磁轨制动也叫轨道电磁制动,如图6-5所示。在转向架构架侧梁下通过升降风缸安装有电磁铁,电磁铁下设有磨耗板。制动时将电磁铁放下,使磨耗板与钢轨吸住,列车的动能通过磨耗板与钢轨的摩擦转化为热能,逸散于大气。轨道电磁制动能得到较大的制动力,因此常被用作紧急制动时的一种补充制动手段。

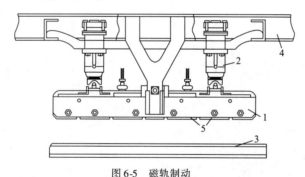

图6-5 磁轨制动
1-电磁铁;2-升降风缸;3-钢轨;4-转向架构架侧梁;5-磨耗板

其优点是制动力不受轮轨间黏着的限制,不易使车轮滑行。但重量较大增加了车辆的自重,磁轨制动在高速旅客列车上与空气制动机并用(特别是在紧急制动时),可缩短制动距离。

### 2. 轨道涡流制动

轨道涡流制动与磁轨制动很相似,也是把电磁铁悬挂在转向架构架侧梁下面同侧的两个车轮之间。不同的是,轨道涡流制动的电磁铁在制动时只放到离轨面7～10mm处而不会与钢轨发生接触。其原理如图6-6所示,轨道涡流制动是利用电磁铁和钢轨的相对运动使钢轨感应出涡流,产生电磁吸力作为制动力,并把列车的动能转换为热能消散于大气的原理。作为非黏着制动方式的轨道涡流制动具有对钢轨无磨耗,高速时制动力大,制动力可控制,可在常用制动时作用,结冰时没有任何失效的危险等优点。因此在高速列车上轨道涡流制动方式比磁轨制动方式得到了更多的应用。如德国 300km/h 的 ICE3 型高速动车组的拖车每台转向架上,就采用了两组轨道涡流制动器及两组轴盘式铸钢盘形制动装置;上海磁浮列车的制动控制系统采用的也是轨道直线涡流制动的方式。

**3. 旋转涡流制动**

旋转涡流制动是利用电磁感应产生制动力的。该制动装置是将制动圆盘作为可旋转的导体安装在车轴上,电磁铁固定在转向架上,并应防止其转动。旋转涡流制动原理如图 6-7 所示,制动时金属盘在电磁铁形成的磁场中旋转,盘的表面被感应出涡流,产生电磁吸力,并消散于大气中,从而产生制动作用。此种制动方式广泛应用于日本新干线 100 系、300 系和 700 系动车组的拖车上。

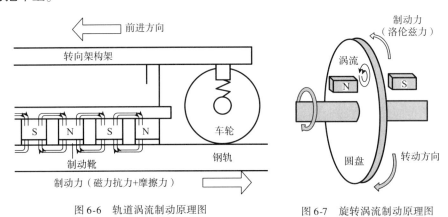

图 6-6 轨道涡流制动原理图　　图 6-7 旋转涡流制动原理图

## 三、动力制动

动力制动一般与牵引系统连在一起形成主电路系统,如图 6-8 所示。包括再生反馈电路和制动电阻器,将动力制动产生的电能反馈回接触网(第三轨)或者消耗在制动电阻上。动力制动是车辆在常用制动下的优先选择,仅带驱动单元的动车具有动力制动功能,动力制动包括再生制动和电阻制动两种形式。它具有独立的滑行保护和荷载校正功能。每节动车装备有:1个三相调频调压逆变器(VVVF)、1个牵引控制单元(DCU)、1个制动电阻、4个自冷式三相交流电动机 M1、M2、M3、M4(每轴一个,相互并联)。

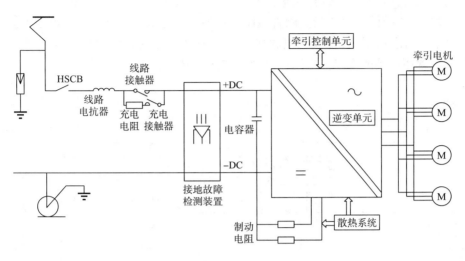

图 6-8　牵引系统主电路原理图

**1. 再生制动**

当发生常用制动时,电动机为发电动机状态运行,将车辆的动能转换为电能,经 VVVF 逆变器中 6 个二极管组成的桥式整流电路整流成直流电反馈于接触网,供列车所在接触网供电区段上的其他车辆牵引用和供给本车的其他系统(如辅助系统等),此即再生制动。再生制动原理如图 6-9 所示。

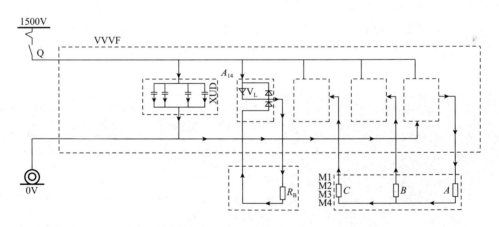

图 6-9　再生制动原理图

再生制动的形成必须具备两个条件:一是反馈于接触网的电压比网压高;二是发出的电能能被列车所在接触网供电区段上的其他车辆或者列车本身其他系统(如辅助系统)所利用。

**2. 电阻制动**

如果制动列车所在的接触网供电区段内无其他列车吸收该制动能量,VVVF 则将能量反馈在线路电容上,使电容电压 XUD 迅速上升,当 XUD 达到最大设定值 1800V 时,DCU 启动能耗斩波器模块 $A_{14}$ 上的门极可关断晶闸管 GTO。GTO 打开制动电阻 $R_B$,制动电阻 $R_B$ 与电容并联,将电动机上的制动能量转变成电阻的热能消耗掉,即电阻制动(亦称能耗制动)。电阻制动能单独满足常用制动的要求。电阻制动原理如图 6-10 所示。

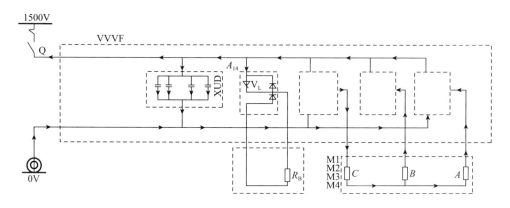

图 6-10 电阻制动原理图

电阻制动是承担电动机电流中不能再生的那部分制动电流。再生制动电流加电阻制动电流等于制动控制要求的总电流,此电流受电动机电压的限制。再生制动与电阻制动之间的转换由 DCU 控制,能保证它们连续交替使用,转换平滑,变化率难以觉察。当列车处于高速时,动车采用再生制动,将列车动能转换成电能,当再生制动无法再回收时(如当网压上升到 1800V 时),再生制动能够平滑地过渡到电阻制动。

动力制动具有独立的滑行保护功能,4 台电动机是并联的,因此当 DCU 检测出一根轴发生滑行时,DCU 能对 4 台电动机进行同步控制,同时降低或切除 4 台电动机的电制动力。

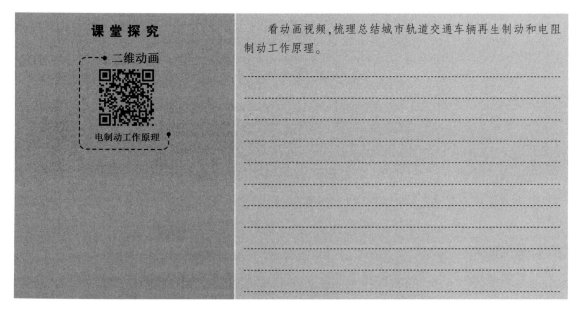

## 知识点三　风　源　装　置

### 自主学习

请选择你所在城市的某条地铁线路列车,通过调研参观、实践观察、查阅资料、咨询专家等途径了解该列车上风源装置及各种用气设备的数量和位置分布情况(可补充填写),并完成表6-3。

风源装置及各种用气设备　　　　　　　　　　　　　　　　表6-3

城市及线路：_____

| 名称 | 数量 | 在列车上分布情况 |
| --- | --- | --- |
| 空气压缩机 | | |
| 空气干燥器 | | |
| 制动风缸 | | |
| 基础制动装置 | | |
| 空气弹簧 | | |
| 气动受电弓 | | |
| 升弓风缸 | | |
| 风喇叭 | | |
| 车钩解钩装置 | | |
| …… | | |
| …… | | |
| …… | | |

### 引领学习

城市轨道交通车辆采用电动车组,以单元进行编组,所以其风源系统也是以编组单元来供气。每一单元设置一套风源系统,安装在每个编组单元的拖车车底,相邻车辆的主风管通过截断塞门和软管相连。

一般供气系统主要是由空气压缩机组、空气干燥器、二次冷却器、风缸、压力传感器、压力控制器、安全阀等空气管路辅助元件组成。车辆上的用风设备主要包括：制动装置、空气悬挂装置、车门控制装置、风喇叭、雨刮器、气动式受电弓控制设备、车钩操作气动控制设备等。风源系统制造的压缩空气为用风设备的驱动提供动力，而压缩空气的净化和干燥处理是不可或缺的，其目的是除去压缩空气中所含有的灰尘、杂质、油滴和水分等，保证制动系统及其他用风设备能长时间可靠地工作。如图6-11为城市轨道交通车辆风源系统结构原理图。

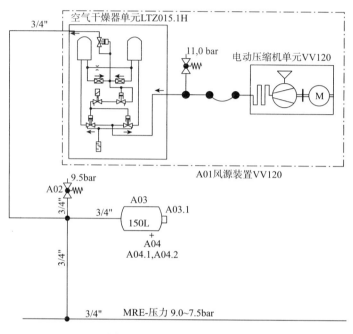

图6-11 风源系统结构原理图

## 一、空气压缩机

空气压缩机（简称空压机）是用来制造压缩空气（也称压力空气）的装置。城市轨道交通车辆采用的空气压缩机要求具有噪声低、振动小、结构紧凑、维护方便、环境实用性强的特点。目前，城市轨道交通车辆中采用的主要有活塞式空气压缩机和螺杆式空气压缩机两种。

**1. 活塞式空气压缩机**

（1）结构组成

VV120型活塞式空气压缩机是目前地铁车辆上应用非常广泛的一种空压机，如沈阳地铁1号线车辆即采用了该型号的空压机。该型空压机采用380V、3相、50Hz交流电动机，两级活塞式压缩机和风冷装置。该空压机可提供约920L/min的供气量。电机转速为1450r/min，具有结构紧凑、维护量小的特点。其结构组成主要由固定机构、运动机构、进排气机构、中间冷却装置和润滑装置等几部分组成。其中，固定机构包括机体、气缸、气缸盖；运动机构包括曲轴、连杆、活塞；进、排气机构包括空气过滤器、气阀；中间冷却装置包括中间冷却器（简称中冷器）、冷却风扇；润滑装置包括润滑油泵、润滑油路等，如图6-12所示。

（2）工作原理

空气压缩机属于两级压缩，低压级有两个气缸，高压级只有一个气缸，三个气缸成W型布置。电机通过联轴节与压缩机曲轴相连接，通过曲轴的转动进而带动活塞连杆上下运动来实现空气的吸气、压缩、排气过程。

工作时当低压活塞下行时，活塞顶面缸盖之间形成真空，空气通过干式空气过滤器滤清后，推开进气阀片被吸入低压缸，此时排气阀在弹簧和中冷器内空气压力的作用下关闭。当低压活塞上行时，气缸内的空气被压缩，当其压力大于排气阀片的开启压力时，空气推开排气阀片，具有一定压力的空气被排出缸外。两个低压缸送出的低压空气都经过气缸盖的同一通道进入中冷器，经中冷器冷却后再进入高压缸，进行第二次压缩升压。最后压缩后的高压空气再经过冷却器冷却后，以合适的温度排出，经排气口送入双塔式干燥器以及储风缸等后续设备。

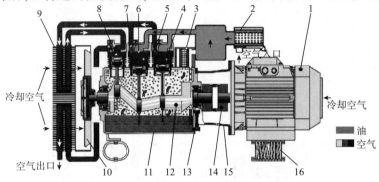

a) 结构原理图

b) 实物图

图6-12　VV120型活塞式空气压缩机组

1-电动机；2-空气过滤器；3-油环；4-低压气缸；5-安全阀；6-吸气阀；7-供给阀；8-高压气缸；9-冷却器；
10-风轮+黏性联轴器；11-曲轴箱；12-曲轴；13-油表管；14-联轴节；15-中间法兰；16-弹簧组

压缩机采用飞溅式润滑方法，连接杆每次转动时都浸在集油箱中，油流会自动流回集油箱中，因此不需要额外的装置，如油泵、过滤器或阀等。冷凝风扇装有黏性联轴器，可以根据环境温度和压缩机出口处温度连续、有规则地进行自动冷却调节。这种结构保证了压缩机在良好的工作温度下运行。同时黏性联轴器作为离合器,当物体卡住风扇,离合器就会打滑,避免损坏。

| 课堂探究 | 看动画视频,巩固对城市轨道交通车辆VV120型活塞式空气压缩机的结构特点和工作原理的理解。 |
| --- | --- |
| 二维动画<br>VV120型活塞式空气压缩机的工作原理 | |

### 2. 螺杆式空气压缩机

(1)结构组成

AGTU-0.9P型空气压缩机是专为地铁或轻轨车设计的电动空气压缩设备,其结构组成如图6-13所示。

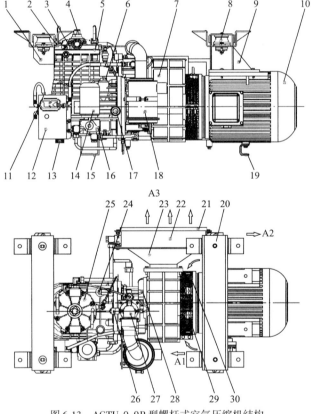

图6-13 AGTU-0.9P型螺杆式空气压缩机结构

1-压缩机吊座;2-吊耳组成;3-油分盖;4-压力维持阀;5-油细分离器;6-加油口盖;7-蜗壳;8-减振器;9-电机支座;10-电动机;11-温度开关;12-电控箱;13-放油阀;14-油过滤器;15-压缩机支座;16-温控阀;17-视油镜;18-空气滤清器;19-压力开关;20-电机支座;21-冷却器护网;22-冷却器;23-扩压器组成;24-安全阀;25-机头;26-真空指示器;27-进气阀;28-风机后盖;29-中托架;30-中托架护网;A1-空压机空气入口;A2-压缩空气出口;A3-冷却空气

(2)工作原理

螺杆式空气压缩机的主机是双回转轴容积式压缩机,转子为一对互相啮合的螺杆副(图6-14),螺杆副具有非对称啮合面。主动转子为阳螺杆,从动转子为阴螺杆。常用的主副螺杆齿数比依压缩机容量而有所不同,为4∶5、4∶6或5∶6。两个互相啮合的转子在一个只留有进气口和排气口的铸铁壳体里面旋转。当螺杆副啮合旋转时,它从进气口吸气,经过压缩从排气口排出,得到具有一定压力的压缩空气。

图6-14 螺杆副

螺杆式空气压缩机的工作原理:压缩机的工作过程分为吸气、压缩、排气三个工作过程,工作原理如图6-15所示。螺杆安装在壳体内,在自然状态下就有一部分螺杆的沟槽与壳体上的进气口相通。在任何时候,无论螺杆式空气压缩机的螺杆旋转到什么位置,总有空气通过进气口充满与进气口相通的沟槽。这是压缩机的吸气过程。

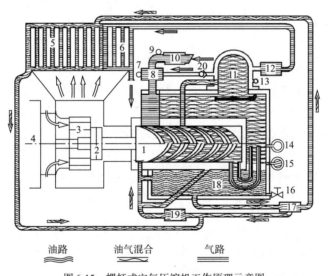

图6-15 螺杆式空气压缩机工作原理示意图

1-螺杆副;2-联轴器;3-冷却风机;4-电动机;5-空、油冷却器(机油冷却单元);6-冷却器(压缩空气后冷单元);7-压力开关;8-进气阀;9-真空指示器;10-空气滤清器;11-油细分离器;12-最小压力维持阀;13-安全阀;14-温度开关;15-视油镜;16-泄油阀;17-温度控制阀;18-油气筒组成;19-机油过滤器;20-逆止阀

随着压缩机两转子不停转动,封闭有空气的螺杆沟槽与相对的螺杆齿的啮合从吸气端不断地向排气端推移,啮合的齿占据了原来已经充气的沟槽的空间,将在这个沟槽里的空气挤压,体积渐渐变小,而压力则随着体积变小而逐渐升高,直到空气推到排气口完成压缩过程。

压缩过程结束,封闭有压缩空气的螺杆沟槽的端部边缘与螺杆壳体端壁上的排气口边缘相通时,受到挤压压缩的空气被迅速从排气口推出,进入螺杆压缩机的排气腔。随着螺杆副的继续转动,螺杆啮合继续向排气端的方向推移,逐渐将在这个沟槽里的压缩空气全部挤出。这是压缩机的排气过程。在压缩过程中,压缩机不断地向压缩室和轴承喷射润滑油,起到润滑、密封、降噪、冷却的作用。

螺杆压缩机的三个工作过程并没有一个明确清晰的界限,三个过程一并进行,周而复始连续不断。

> **课堂探究**
> 二维动画
> 螺杆式空气压缩机工作原理
>
> (1)螺杆式空气压缩机气路工作循环过程,依次经过哪些具体部件:
> _____
> _____
> _____
>
> (2)螺杆式空气压缩机油路工作循环过程,依次经过哪些具体部件:
> _____
> _____
> _____

## 二、空气干燥器

空气压缩机输出的压缩空气中含有较高的水分、油分和机械杂质等,必须经过空气干燥器将其中的水分、油分和机械杂质除去,才能达到车辆上用风设备对压缩空气的要求。液态的水、油微粒及机械杂质在滤清器(或油水分离器)中基本被除去,压缩空气的相对湿度降低(通常相对湿度达35%以下)是避免用风过程中出现冷凝水危害的主要方式,它依靠空气干燥器来完成。

空气干燥器有单塔式和双塔式两种。城市轨道交通行业常采用双塔式空气干燥器。

### 1. 双塔式空气干燥器的组成

如图6-16所示,双塔式空气干燥器由干燥筒、干燥器座、双活塞阀及电磁阀四个主要部分组成。细部结构如图6-17所示,两个干燥筒除了装有干燥空气用的吸附剂外,在其下部均装有油水分离器。在干燥器座上设置有再生节流孔、两个止回阀、一个旁通阀和一个预控制阀。电磁阀和电子循环控制器相配合控制干燥器的干燥和再生循环。另外,每一个干燥筒还设有一个压力指示器(图6-16)显示干燥筒的工作状态;压力指示器红针显示压力为干燥工况;相反,红针复位则为再生工况。进气口 $P_1$ 可选择为前面或右侧,排气口 $P_2$ 可选择为左侧或右侧。

### 2. 双塔式空气干燥器的作用原理

(1)工作原理

双筒干燥器工作为干燥与再生两工况同时进行,压力空气在一个筒中流过并干燥时,另外一个筒中的吸附剂再生。从空气压缩机输出的压力空气首先经过装有"拉希格"圈的油水分离器,除去空气中的液态油、水、尘埃等。然后,压力空气再流过干燥筒中的吸附剂,吸附剂吸附压力空气中的水分。

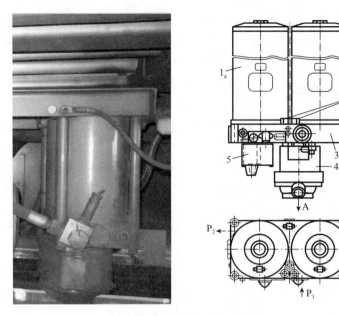

图 6-16　双塔式空气干燥器
$1_a$、$1_b$-干燥筒;2-压力指示器;3-干燥器座;4-双活塞阀;5-电磁阀;A-排泄口;$P_1$-进气口;$P_2$-出气口

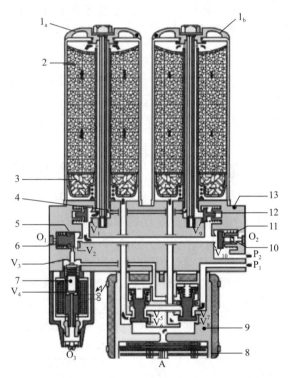

图 6-17　双塔式空气干燥器(干燥筒 $1_a$ 为吸附工况,干燥筒 $1_b$ 为干燥工况)
$1_a$、$1_b$-干燥筒;2-吸附剂;3-油水分离器;4-再生节流孔;5-克诺尔 K 形环 1;6-预控制阀;7-电磁阀;8-隔热材料;9-双活塞阀;
10-克诺尔 K 形环 2;11-旁通阀;12-止回阀;13-干燥器座;A-排泄口;$O_1 \sim O_3$-排气口;
$P_1$-进气口;$P_2$-出气口;$V_1 \sim V_{10}$-阀座

一部分干燥过的压力空气(13%～18%)被分流出来,经过再生节流膨胀后,进入另一个干燥塔对已吸水饱和的吸附剂进行脱水再生,再生工作后的压力空气经过油水分离器时,再把积聚在"拉希格"圈上的油、水及机械杂质等从排泄口排出。

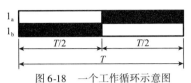

图6-18 一个工作循环示意图
■-再生工况;$1_a$、$1_b$-干燥筒;
□-吸附工况;$T$-一个工作循环

(2)作用过程

图6-17中的干燥筒$1_a$处于吸附工作状态,另一干燥筒$1_b$则处于再生工作状态。相当于处在工作循环的前$T/2$,如图6-18所示。

为了保证干燥器工作的准确性,干燥器内部要求达到一定的"移动压力"时,预控制阀才开启,双活塞阀才能够移动到位。旁通阀保证"移动压力"迅速建立,当压力空气压力超过这个"移动压力"之后,才能打开旁通阀,使压力空气流向总风缸。两个止回阀的作用是防止当空气压缩机不工作时压力空气逆流。

(3)循环控制

循环控制器在空气压缩机启动的同时也开始工作,它根据规定的程序控制电磁阀的开关时间;从而控制双干燥筒工作循环,每2min转换一次工作状态。

如果循环控制器或电磁阀出现故障,空气压缩机输出的压力空气仍可以通过干燥器其中的一个干燥筒干燥,保证压力空气的供给。双塔式干燥器没有再生风缸,但设有一个定时脉冲发生器以使两个干燥塔的电磁阀定时地轮换开、关,以使两个塔的功能定时进行轮换。

### 3. 滤油器

滤油器的作用是吸附压缩空气中的油分。压缩机耗油量与压缩机型号、油的特征和运行条件有高度联系,因此并不恒定。在高温运行条件下,高达50%的压缩机油经过干燥器消耗,这些油几乎都被滤油器吸收。因此必须定期排出滤油器中的油并定期更换滤筒。

## ➡ 知识点四　基础制动装置

### 📖 自主学习

3～5人一组,使用学校现有基础制动装置设备(硬件设备或虚拟仿真软件均可)或到校外地铁企业的车辆检修车间参观调研,通过实践观察、查阅资料、咨询专家等途径了解各种基础制动装置的结构组成、功能特点、位置布局,并按照表6-4中要求完成相应任务。

基础制动装置调研任务工单　　　　　　表6-4

| 名称 | 型号 | 任务要求 |
|------|------|---------|
| 踏面基础制动装置 |  | 实物拍照或利用虚拟仿真软件操作截屏的方式,收集踏面基础制动装置的整体及组成部件图片,弄清楚其主要功能和特点,以及在地铁车辆上的安装位置布局 |

续上表

| 名称 | 型号 | 任务要求 |
|------|------|---------|
| 盘形基础制动装置 |  | 实物拍照或利用虚拟仿真软件操作截屏的方式,收集盘形基础制动装置的整体及组成部件图片,弄清楚其主要功能和特点,以及在地铁车辆上的安装位置布局。<br>将整理收集的图片连同获得的相关知识信息制作成 PPT,并在教师安排下进行小组成果展示 |

## 引领学习

空气制动系统中的制动执行装置,通常被称为基础制动装置。所有空气制动力均是通过基础制动装置产生的,根据制动方式的不同,基础制动装置主要有闸瓦制动装置和盘形制动装置两种形式。城市轨道交通车辆闸瓦制动装置普遍采用踏面单元制动器,制动装置为盘形。制动单元有轮盘式和轴盘式两种。基础制动装置的用途是把作用在制动缸活塞上的压缩空气的推力,扩大适当倍数后,再平均传递到闸瓦或闸片上使闸瓦压紧车轮或使闸片压紧制动盘,以达到制动的目的。

### 一、闸瓦

车辆上使用的闸瓦可分为:铸铁闸瓦、合成闸瓦和粉末冶金闸瓦三种。

#### 1. 铸铁闸瓦

铸铁闸瓦(图 6-19)分中磷铸铁闸瓦和高磷铸铁闸瓦两种,中磷铸铁闸瓦的含磷量为 0.7%~1.0%,高磷铸铁闸瓦的含磷量为 10% 以上。

#### 2. 合成闸瓦

合成闸瓦(图 6-20)是由树脂(包括活性树脂)或橡胶、石棉、石墨、铁粉、硫酸钡等材料,以一定的比例混合后热压而成的闸瓦。

#### 3. 粉末冶金闸瓦

城市轨道交通车辆中大多采用合成闸瓦,但合成闸瓦的导热性较差,因此也有采用导热性能良好,且具有较好的摩擦性能的粉末冶金闸瓦(图 6-21)。

图 6-19 铸铁闸瓦

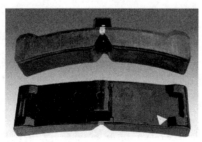
图 6-20 合成闸瓦

图 6-21 粉末冶金闸瓦

### 4. 闸片

对于盘形制动的单元制动器,其摩擦副称为闸片(图 6-22),制动时单元制动器的左右闸片支架上的两个闸片将夹紧制动盘,与制动盘发生摩擦以消耗车轮的动能。

图 6-22 两种不同形状的合成闸片

## 二、PC7Y 型及 PC7YF 型踏面单元制动器

安装了踏面单元制动器的转向架,每个转向架上共装四个制动单元,呈对角布置,每个车轮附近设置一个,其中一对带有停放制动功能,一对不带停放制动功能,如图 6-23 所示。制动单元安装孔是采用数控加工设备整体加工,确保安装位置准确,合理计算同轴的两个闸瓦间距尺寸,确保不会引起闸瓦的偏磨。制动单元通过四个螺栓安装在构架侧梁的制动装置安装座上,安装牢固可靠。

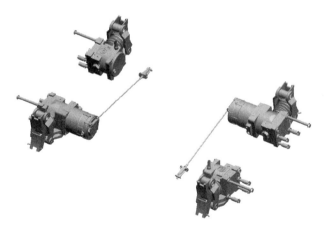 

a)布局结构　　　　　　　　　　　　　　b)拆下来的单元制动器实物

图 6-23 踏面单元制动器

制动单元分为两种:一种为不带停放功能的制动单元(PC7Y 型,如图 6-24 所示),另一种为具有停放功能的制动单元(PC7YF 型,如图 6-25 所示)。

### 1. 单元制动器的结构组成

(1) PC7Y 型踏面单元制动器不带停放制动器,主要由制动缸体、传动杠杆、缓解弹簧、制动缸活塞、扭簧、闸瓦、闸瓦间隙自动调整器、手制动杠杆及其安装枢轴等组成。

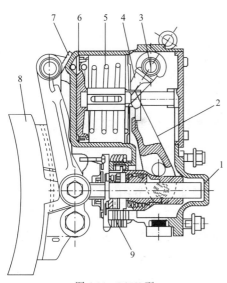
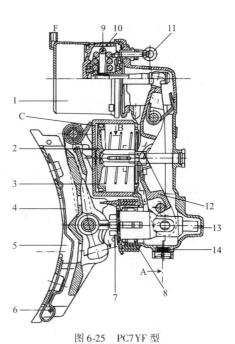

图 6-24 PC7Y 型
1-制动缸体;2-传动杠杆;3-安装在制动缸缸体上的枢轴;4-手制动杠杆;5-缓解弹簧;6-制动缸活塞;7-扭簧;8-闸瓦;9-闸瓦间隙自动调整器

图 6-25 PC7YF 型
1-弹簧制动器;2-制动缸活塞;3-缓解弹簧;4-锁紧簧片;5-闸瓦;6-开口销;7-调整螺母;8-皮腔;9-弹簧制动器的弹簧;10-弹簧制动器的活塞;11-紧急缓解拉环;12-杠杆;13-闸瓦间隙自动调整器的推杆;14-滤清器;F-压力空气向弹簧制动器充气时的接口;C-压力空气向制动缸充气时的接口

（2）PC7YF 型踏面单元制动器是在 PC7Y 型的基础上增加了一个用于停车制动的弹簧制动器，它包括弹簧制动器、制动缸活塞、缓解弹簧、锁紧簧片、闸瓦、开口销、调整螺母、皮腔、弹簧制动器的弹簧、弹簧制动器的活塞、紧急缓解拉环、杠杆、闸瓦间隙自动调整器的推杆、滤清器等。图 6-26 所示为从一节车辆的两个转向架上拆下来的 4 对 PC7YF 型与 PC7Y 型踏面单元制动器实物图。

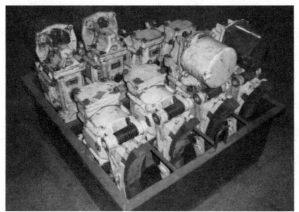

图 6-26 PC7YF 型与 PC7Y 型踏面单元制动器实物图

## 2. 单元制动器的工作原理

（1）PC7Y 型踏面单元制动器的工作原理

制动时：制动缸内充入压力空气，推动活塞移动并转移为活塞杆的推力。活塞杆带动增力杠杆（增力比 1∶2.85）绕着安装在壳体上的销轴转动。由于将活塞杆推力增大近 3 倍后传递到闸瓦间隙自动调整器外壳，再传到主轴，最后传给闸瓦，将闸瓦向前推动与车轮踏面贴紧。

缓解时：制动缸压力空气排出，制动缸缓解弹簧和扭簧将闸瓦主轴和活塞恢复原位，整个单元制动机恢复缓解状态。

（2）PC7YF 型踏面单元制动器的工作原理

PC7YF 型踏面单元制动器，是在 PC7Y 型的基础上增加了一个用于停车制动的弹簧制动器，该制动器利用释放弹簧存储的弹性势能来推动弹簧制动缸活塞，带动两级杠杆使闸瓦制动；而它的缓解则需要向弹簧制动缸充气，通过活塞移动使弹簧压缩，从而使制动缓解。

弹簧制动器一般是由电磁阀来控制其充气和排气的。因此司机可在驾驶室内控制停车制动。

缓解过程：压缩空气从 F 口进入弹簧制动器制动缸，其活塞被推动右移，安装在活塞内的双锥形弹簧受压缩，直到锥形弹簧被压缩到位后，活塞才停止运动。在活塞带动螺杆向右移动时，带动与螺杆套尾部相连的杠杆顺时针转动，杠杆的另一端将常用制动缸活塞向左推，使单元制动机处于缓解位。

制动过程：弹簧制动器缸排气，其活塞在锥形弹簧力作用下向左移动，螺杆套及螺杆也向左运动，带动杠杆逆时针转动，使常用制动缸活塞向右推动，单元制动机处于制动位。由于 PC7YF 型制动器制动时不需要压缩空气，仅靠弹簧力产生制动，所以可以用于无压缩空气的列车（停放的车辆一般都断电，因此压缩机不工作，即无压缩空气）。

### 三、XFD-1H 型及 XFD-2HS 型踏面单元制动器

XFD-1H 型、XFD-2HS 型踏面制动单元是城市轨道交通车辆的基础制动部件，其中 XFD-1H 型踏面制动单元为车辆提供常用制动；XFD-2HS 型带停放缸踏面制动单元为车辆提供常用制动和停放制动。

#### 1. XFD-1H 型及 XFD-2HS 型踏面单元制动器的结构组成

XFD-1H 型踏面制动单元主要由瓦托、制动缸体、倍率勾贝、勾贝复原弹簧、复原弹簧、轴承托架、调整后盖、推筒（间隙调整器）组成，如图 6-27 所示。

XFD-2HS 型踏面制动单元的结构如图 6-28 所示。

XFD-1H 型和 XFD-2HS 型踏面制动单元实物如图 6-29、图 6-30 所示。

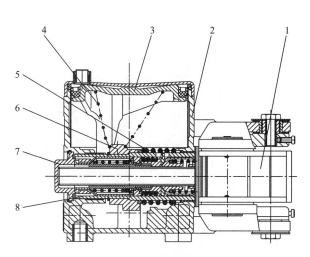
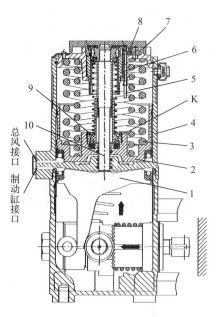

图 6-27 XFD-1H 型踏面制动单元结构图
1-瓦托；2-制动缸体；3-倍率勾贝；4-勾贝复原弹簧；5-复原弹簧；
6-轴承托架；7-调整后盖；8-推筒（间隙调整器）

图 6-28 XFD-2HS 型带停放缸的
踏面制动单元结构图
1-制动单元勾贝；2-弹簧制动勾贝；3-双弹簧；
4-弹簧制动筒体；5-止动芯轴；6-棘轮座；
7-棘舌止动弹簧；8-锁闭棘舌；9-锥形螺母；
10-螺杆；K-锥形螺母接触面

图 6-29 XFD-1H 型踏面制动单元实物图　　图 6-30 XFD-2HS 型踏面制动单元实物图

## 2. XFD-1H、XFD-2HS 型踏面制动单元工作原理

（1）XFD-1H 型踏面制动单元工作原理

制动时：空气压力 P 进入制动缸，克服勾贝复原弹簧作用力，推动倍率勾贝向下移动，并推动轴承托架及间隙调整器（推筒）向前移动，推动闸瓦托使闸瓦与车轮踏面接触，从而达到制动效果，如图 6-31 所示。

缓解时:空气压力 P 由制动缸排出,在勾贝复原弹簧反弹力的作用下,推动倍率勾贝向上移动,在推筒复原弹簧弹簧力的作用下,推筒向后移动,并带动轴承托架向后移动,在推筒后移过程中,间隙调整器动作,同时使闸瓦托和闸瓦离开车轮踏面,使踏面制动单元处于缓解位,如图 6-32 所示。

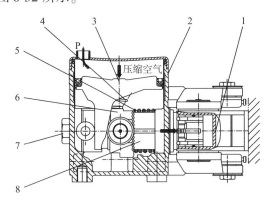

图 6-31 单元制动作用传递原理
1-瓦托;2-制动缸体;3-倍率勾贝;4-勾贝复原弹簧;
5-复原弹簧;6-轴承托架;7-调整后盖;
8-推筒(间隙调整器)

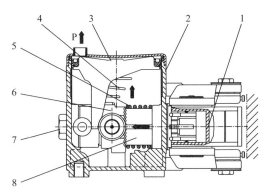

图 6-32 踏面制动单元缓解位
1-瓦托;2-制动缸体;3-倍率勾贝;4-勾贝复原弹簧;
5-复原弹簧;6-轴承托架;7-调整后盖;8-推筒
(间隙调整器)

(2) XFD-2HS 型踏面制动单元工作原理

缓解位:如图 6-33 所示。在缓解位时,制动单元的停放缸充入总风,在弹簧勾贝上产生一个与双弹簧相反的力,使勾贝向上移动,使停放缸达到缓解位,因锥形螺母与螺杆紧紧啮合在一起,锥形螺母的 K 面又与勾贝因碟簧压紧,使锥形螺母不能旋转,同时因锁闭棘舌与棘轮座锁定在一起,使螺杆不能旋转,只能随勾贝向上移动,当螺杆脱离制动单元勾贝,使之达到缓解位。

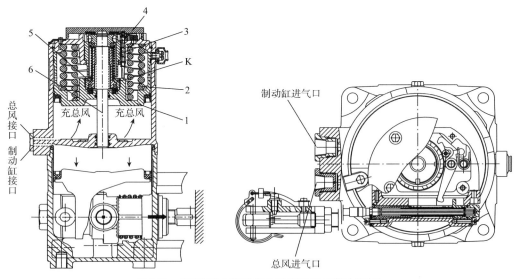

图 6-33 停放制动缸缓解位置(制动缸处于制动状态)
1-弹簧制动勾贝;2-双弹簧;3-棘轮座;4-锁闭棘舌;5-锥形螺母;6-螺杆

制动位：如图6-34所示。当停放制动缸内总风排至零时，双弹簧的作用力通过弹簧制动勾贝、锥形螺母、螺杆及制动单元勾贝施以停车制动。

双弹簧产生的力由于受到锥形螺母的K面摩擦力和锁闭棘舌、棘轮座锁闭的共同限制，阻碍螺杆旋转，使螺杆只能随勾贝向下移动，达到制动位。

停车制动后再充空气压力缓解位：如图6-35所示。向停放制动缸充入总风，总风压力通过A口进入制动缸，空气压力推动弹簧制动勾贝克服双弹簧作用力向上移动。

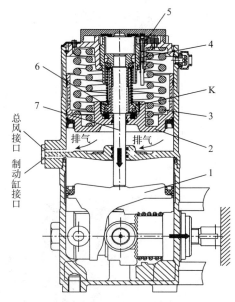

图6-34 停放制动缸制动位置
1-制动单元勾贝；2-弹簧制动勾贝；3-双弹簧；
4-棘轮座；5-锁闭棘舌；6-锥形螺母；
7-阻碍螺杆

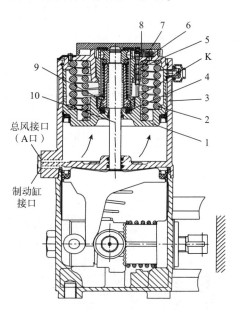

图6-35 再充气缓解位置
1-弹簧制动勾贝；2-双弹簧；3-制动缺；4-碟簧组；
5-棘轮座；6-止动芯轴；7-止动芯轴弹簧；
8-锁闭棘舌；9-锥形螺母；10-螺杆

由于螺杆上部与上盖接触，使锥形螺母的K面脱开，并压缩碟簧组，该动作减小了锥形螺母的K面摩擦阻力，因螺纹为无自锁状态，使锥形螺母旋转，并沿螺杆向上移动，在达到上部顶端，勾贝与上盖距离达3mm接触时，勾贝将止动芯轴向上推，使锁闭棘舌在止动芯轴弹簧力作用下，与棘轮座锁定在一起，弹簧制动勾贝停止移动，锥形螺母的K面即闭合。

当达到终端位置时，双弹簧仍被压缩，此时，弹簧制动机构作好下一次制动准备。

## 四、盘形基础制动装置

盘形基础制动装置具有结构紧凑，制动效率高，能有效地缩短制动距离，减轻踏面磨耗及检修工作量小等优点，在新型城市轨道交通列车上得到了广泛的应用。盘形基础制动装置主要由制动盘、合成闸片、盘形制动单元和杠杆等部件组成。

制动盘按照安装方式的不同可分为轴盘式和轮盘式两种。轴盘式的制动盘压装在车轴内侧；而轮盘式制动盘根据车辆的空间安装在车轮的两侧或一侧。动车和机车的轮对上因车轴上装有牵引电机和齿轮箱，制动盘一般只能安装在车轮上。

WZK 型盘形制动单元采用气动控制,与安装在轮对上的制动盘共同作用,产生摩擦制动。WZK 型盘形制动单元为紧凑型基础制动装置,体积小,适用于安装空间较小的转向架。夹钳与转向架通过 4 个螺栓安装固定,不需要安装盘座或支架。WZK 型盘形制动单元分为两种:一种是不带停放制动的盘形制动单元,另一种是带停放制动的盘形制动单元。

1. 不带停放制动的盘形制动单元

其基本结构如图 6-36 所示。不带停放制动的盘形制动单元用于执行列车常用制动、快速制动和紧急制动的气制动功能。盘形制动单元主要由气缸及腔体、间隙调整装置、制动杆、制动闸片及其支架组成。

2. 带停放制动的盘形制动单元

其结构组成与不带停放制动的盘形制动单元基本相同,其结构如图 6-37 所示。带停放制动的盘形制动单元在原来结构基础上增加了停放制动缸与手动缓解装置,常用制动的施加过程与不带停放制动的盘形制动单元一样。停放制动执行充气缓解、排气施加原则,在此基础上还安装了手动缓解装置,可以在停放制动故障或需要在车底缓解停放制动情况下手动缓解。

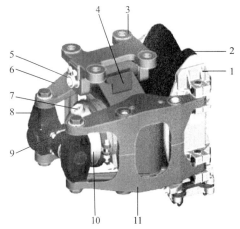

图 6-36 不带停放制动的盘形制动单元
1-闸片支架;2-闸片;3-支架;4-腔体;5-螺栓;6、11-制动杆;7-气管接口;8-控制杆;9-间隙调整装置;10-气缸

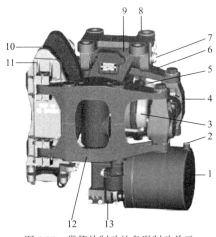

图 6-37 带停放制动的盘形制动单元
1-停放制动缸;2-停放制动缸进气口;3-气缸;4-间隙调整装置;5-气管接口;6、12-制动杆;7-螺栓;8-支架;9-腔体;10-闸片;11-闸片支架;13-手动缓解齿轮

**课堂探究**

二维动画

WZK 型盘形制动单元与 PC7Y 型闸瓦制动单元

看微课视频,总结对 WZK 型盘形制动单元与 PC7Y 型闸瓦制动单元的结构组成和工作原理。

## 开阔视野

## EP2002 制动系统

克诺尔公司的 EP2002 型微机控制模拟式电-空制动系统具有常用制动、快速制动、停放制动及紧急制动等功能,根据荷载调节制动力,从而使减速度保持不变,并可以实现防滑保护及状态监控功能。常用制动和快速制动采用电空混合,并优先采用电制动;紧急制动由空气制动单独完成。

整车制动系统一般采用模块化设计,主要可分为制动控制模块(EP2002 阀、辅助控制箱)、风源模块、基础制动单元模块、辅助送风模块等几大部分。

以 M 动车为例,其制动系统相关设备的分布及具体结构图如图 6-38 所示。图中各部件标号开头字母所表示的意义为:A 风源设备;B 制动控制设备;C 转向架上的基础制动设备;G 车轮防滑保护设备;L 风源悬挂设备;U 受电弓升弓设备;W 制动系统管路及网络连接设备。

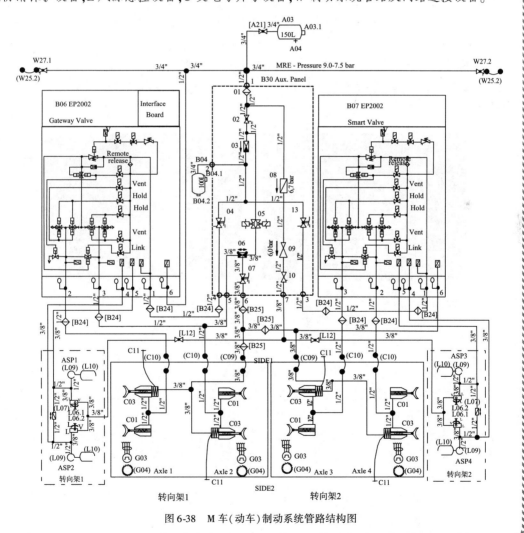

图 6-38 M 车(动车)制动系统管路结构图

沈阳地铁1号线列车采用了克诺尔公司研制的EP2002制动控制系统,每个转向架安装一个EP2002阀。制动控制系统由EP2002智能阀(S)和网关阀(G)组成(1号线车辆不设置RIO阀,其功能由网关阀包含并替代),每个"拖-动"单元上通过制动总线连接的两个网关阀和两个智能阀,组成一个分布式的制动控制网络。每个阀门都安装在受其控制的转向架附近。另外克诺尔提供的车轮防滑保护装置也集成在EP2002网关阀及智能阀内(B06,B07),包括4个速度传感器和相应的测速齿轮。每个网关阀为TMS系统提供接口。通过TMS系统形成VVVF系统接口。万一TMS不工作,网关阀还接受列车线信号以指示相应的操作模式和制动等级。每个网关阀向列车监控系统提供硬件指示。

为了满足冗余设计的需要,系统内所有的网关阀和智能阀均可互换。当系统启动后,系统通过网络配置顺序将两个车辆制动总线中的一个网关阀作为主网关阀。主网关阀向制动总线网络中的每个阀的制动和防滑器电子控制元件发送不同荷载情况下的常用制动力指令,该指令由TMS系统按照列车制动指令计算得出。主网关阀还承担混合制动的任务,并对制动模拟指令值进行计算和传输、接收和处理模拟电制动值。电制动的反馈数据通过TMS被传输和接收。除了接收和传输电制动参数外,主网关阀还可以通过TMS系统传输故障和状态参数,以便TMS识别出现故障的LRU(在线可更换单元)。

EP2002控制系统的检修除机械结构外,主要是针对管路及网络接口的连接、加固、更换及系统功能调试等方面,对于阀本身的故障一般采取整体更换,并返厂检修。

a)EP2002网关阀　　　　　　　　　　　　b)EP2002智能阀

图6-39　安装在车辆上的EP2002阀

## 开阔视野

中国铁道科学研究院集团有限公司机车车辆研究所是我国轨道交通车辆制动系统的主要研制生产单位之一。其所自主研制生产的车辆制动系统,目前在国内城轨、重载机车、高速列车和动车组(与外商合作)、铁路货车等轨道运输市场上的覆盖率,已经达到很高的比例。制动系统过去主要由国外企业垄断市场的局面已完全改变。

思考以下问题:

1."技术引进如果没有消化吸收和自主研发,必将导致长期的技术依赖。引进先进技术的同时,不能放弃自主研发和自创品牌的权利。否则,不但市场和利润都是人家的,技术上也将永远受制于人。"这段话的中心思想是什么？

2. 沈阳地铁成为第一家敢于使用国产制动系统和牵引网络系统的国内轨道交通建设运营方。沈阳地铁向当时的中国南车集团(中国南车与中国北车现已合并成为中国中车集团)定制的20列机车,每列6辆编组,共120辆,全部使用中国铁道科学研究院集团有限公司机车车辆所研制生产的制动系统。沈阳地铁在当时敢于成为第一个吃螃蟹的人,请你想一想这其中的原因有哪些？

3. 作为一名地铁行业的技术人员,你认为要完全"打破国外技术垄断,研发拥有绝对自主知识产权的技术"需要我们付出怎样的努力？

## 基础巩固

### 一、判断题

1. 制动是指人为地施加外力,使列车减速、停车、阻止其加速及保持静止的作用。（　　）
2. 对已经施行制动的列车减弱其制动作用(但仍处于制动状态)不属于缓解。（　　）
3. 在常用制动模式下,电制动和空气制动一般处于激活状态。（　　）
4. 紧急制动时考虑了脱弓、断钩、断电等故障情况,故只采用空气制动,且停车前可以缓解。（　　）
5. 闸瓦制动和盘形制动也可称为摩擦制动。（　　）
6. 电阻制动是承担电动机电流中不能再生的那部分制动电流。（　　）
7. PC7Y型制动器在制动时:向常用制动缸充气。在缓解时:常用制动缸排气。（　　）
8. 铸铁闸瓦分中磷铸铁闸瓦和高磷铸铁闸瓦两种,其综合性能一般优于合成闸瓦。（　　）
9. 打破国外技术垄断,研发拥有绝对自主知识产权的技术是技术人员的崇高追求。（　　）
10. 快速制动是为了使列车尽快停车而实施的制动,其制动力高于常用全制动,其特点是与常用制动相同,制动过程可以施行缓解。（　　）

### 二、填空题

1. 对城市轨道交通车辆而言,制动力是制动时由制动装置作用引起的钢轨施加于_____的与列车运行方向_____的力。
2. 动力制动是车辆在_____制动下的优先选择,仅带驱动单元的动车具有动力制动功能,动力制动包括_____制动和_____制动两种形式。
3. 车辆上使用的闸瓦可分为:铸铁闸瓦、_____闸瓦、_____闸瓦三种。
4. PC7YF型制动器的工作原理,在制动时:弹簧制动器制动缸_____;在缓解时:弹簧制动器制动缸_____。
5. WZK型盘形制动单元为_____控制,与安装在轮对上的_____共同作为摩擦制动副使用。

6. XFD-1H 型踏面制动单元为车辆提供_____制动；XFD-2HS 型带停放踏面制动单元为车辆提供常用制动和_____制动。

7. 基础制动装置的用途是把作用在制动缸活塞上的_____的推力，扩大适当倍数后，再平均传递到闸瓦或闸片上使闸瓦压紧_____或使闸片压紧_____，以达到制动的目的。

8. 城市轨道交通车辆采用的空气压缩机主要有：_____空气压缩机和_____空气压缩机两种。

## 三、简答题

1. 城市轨道交通车辆根据运行状况的不同，在发生制动作用时往往需要选择不同的制动模式。常用的几种制动模式有哪些？

2. 磁轨制动的优点是什么？

3. VV120 型活塞式空气压缩机组属于两级压缩，低压级有两个气缸，高压级只有一个气缸，三个气缸成 W 形布置。电机通过联轴节与压缩机曲轴相连接，通过曲轴的转动进而带动活塞连杆上下运动来实现空气的吸气、压缩、排气过程。请说明其整个工作的过程和原理。

4. 请简述再生制动和电阻制动的概念。

# 模块七 车顶设备

## 模块概述

城市轨道交通车辆车顶设备主要有空调机组和受电弓。空调是调节车辆内部(客室与驾驶室)空气环境的设备,可提高乘客乘坐的舒适度。车辆空调的基本功能是采用人为控制的方法在车辆内部的驾驶和乘客空间营造适应人体需求的空气环境,即冬暖夏凉的空气温度。另外,由于车辆内部是一个相对密闭的空间,为了保障内部空气的清新,车辆空调系统还必须具备"头凉足暖"的循环送风能力,保证车内空气与外部空气处于一种循环流通的状态,可将车内的污浊空气循环排出车外,同时又能将车外空气经过空气净化装置净化后送入车内。

城市轨道交通车辆受流装置有受电弓从接触网受流和集电靴从第三轨受流两种方式,其中受电弓从接触网受流的方式应用较多。受电弓的主要功能是从接触网上获取DC1500V电源供列车牵引系统和辅助供电系统使用。

那么城市轨道交通车辆空调系统和受电弓装置都由哪些部件组成?它们的结构和布局是什么样的?空调系统如何实现制冷制热功能?在列车上怎样操作和控制空调系统?受电弓升弓、降弓的动作过程和工作原理是怎样的?相信通过本模块的学习,就能解决这些问题了。

## 知识导图

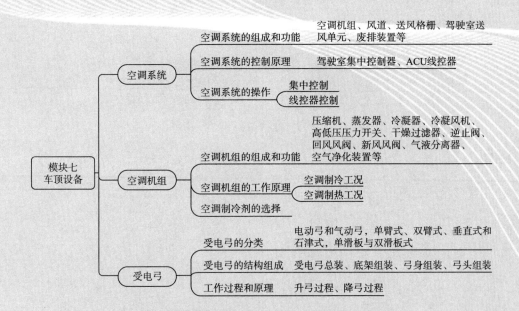

# 学习目标

## ➤ 知识目标
1. 了解城市轨道交通车辆空调系统组成以及空调机组的结构组成。
2. 理解城市轨道交通车辆空调系统的制冷制热原理。
3. 掌握城市轨道交通车辆空调系统的控制与操作。
4. 理解城市轨道交通车辆受电弓的结构、工作过程和原理。

## ➤ 能力目标
1. 能识别车辆空调系统的结构及相关设备。
2. 能对车辆空调系统进行控制与操作。
3. 能识别车辆受电弓各组成部件的名称和功能。

## ➤ 素质目标
1. 合理运用学习方法,养成实践探索、自主学习、终身学习的意识和能力。
2. 将"推动绿色发展"理念融入职业岗位工作和生活中。
3. 养成标准化作业习惯,具有"6S"标准、安全生产的意识和职业精神。

## 知识点一　空调系统的组成与工作原理

### 自主学习

3～5人一组,使用学校现有城市轨道交通车辆空调系统设备(硬件设备或虚拟仿真软件均可)或到校外地铁企业实训基地的车辆检修车间进行调研。利用虚拟仿真软件操作截屏的方式,或者在获取地铁企业观摩资格后,由教师和企业现场工作人员引导,分别登上车顶、进入车厢和驾驶室,对空调系统的主要装置空调机组、风道、送风格栅、驾驶室送风单元、废排装置等进行拍摄素材。通过查阅资料、咨询专家等途径了解相关装置的型号、特点和功能等基本信息,连同图片素材制作成PPT,并在教师安排下进行小组成果展示。

注意:在企业现场实拍获取素材的过程中,必须遵守相关规范,确保安全第一。

### 引领学习

#### 一、空调系统的组成

城市轨道交通车辆空调系统主要部件包括:空调机组、风道、送风格栅、驾驶室送风单元、废排装置等。

**1. 空调机组**

每辆车一般配置两台制冷量为几十千瓦的薄型顶置单元式空调机组(图7-1),用于客室的通风、制冷、除湿、除尘以及摄入新风。每台空调机组具有两个独立的制冷回路,使用全封闭变频卧式涡旋压缩机。空调系统采用小能耗通风风机,具有较高的效率。客室新风从设于空调机组上的新风口吸入,与来自客室的回风混合,经过滤、冷却,通过风道均匀地送至客室。

图7-1　城市轨道交通车辆空调机组

以地铁车辆中的 Tc 车为例,其车顶两台空调机组的布置方案如图 7-2 所示。

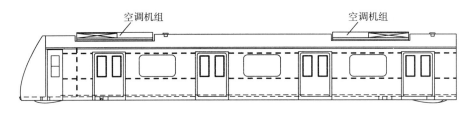

图 7-2　Tc 车空调机组布置图

**2. 风道**

风道(图 7-3)安装在车辆客室顶板上方的空间内,车体通长范围内均布置送风风道,以保证车内温度场、风速场分布的一致性。

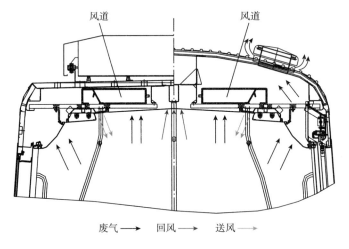

图 7-3　风道断面图

风道内部采用静压结构,分为主风道和静压箱两部分。空调机组送出的气流首先进入的是主风道,而后沿主风道与静压箱之间的条缝风口进入静压箱,在静压箱内再次混合,达到压力的平衡。达到压力平衡后的空气从送风口喷射出去,给客室均匀送风。在客室顶板中部,沿车长方向中轴线安装有辐流风机,可对送出的气流进行扰流,使得车内的气流分布更加均匀。

风道一般采用合金铝板表面覆盖保温材料。这种材料从整体重量、强度、隔热性、隔音性、安全性以及环保性等方面考虑,较其他材料有明显的优势。

(1) 送风

新鲜空气从空调机组的新风口吸入,与客室内回风在空调机组内部混合,经空调机组调节,通过送风风道送入客室内。

(2) 排风

车辆的废排装置设置在车体的两端,排风风量与新风风量基本保持一致,以维持客室内气压恒定。

（3）回风

客室内的回风口设置在空调机组下方的客室内顶板上，送风经过与客室内乘客及各种热源的热交换，除去排风，其余均集中由回风口吸入空调机组，与新鲜空气混合后，经空调机组调节，再送入客室内。

**3. 送风格栅**

如图7-4所示，送风格栅位于车辆客室内上顶板的两侧，一般采用铝型材。送风格栅断面结构有利于送风均匀。

图7-4 送风格栅

**4. 驾驶室送风单元**

为保证司机驾驶的舒适性，设有驾驶室增压单元（仅头车），将邻近客室空调机组处理后的空气送入驾驶室。驾驶室增压单元检查门上设有5个送风口，可以调节送风方向和送风风量，送风口的实物图片如图7-5所示。驾驶室增压单元风量设三档，可由司机根据需要手动调节，同时可通过调整风口百叶的方向及开度控制风量的大小。

**5. 废排装置**

为保证客室内换气，车顶设有通风器及风机组成的废排装置（图7-6），每节车顶安装4个。检修废排风机时，应先将上盖与支架连接螺钉拆下，将上盖拆下后，将风机安装螺钉拆下，将风机从车顶取出。

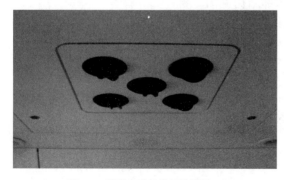

图7-5 驾驶室送风单元的送风口　　　　　　图7-6 废排装置

## 二、空调机组的结构与组成

### 1. 空调机组的特点

空调系统一般由空调机组、触摸屏控制器（ACU）组成，其中的空调机组主要有以下几个特点。

(1) 机电一体化

电源控制系统被集成到空调机组内部，组成机电一体化车辆空调机组。空调机组外部供电直接接入一组 AC380V 主电源和 DC110V 应急电源即可。空调机组的控制信号通过触摸屏控制器连接到车辆的控制总线，并直接纳入车辆的控制与诊断系统。

(2) 变频控制

空调机组采用变频控制，实现了空调系统的节能、降噪、精确控制、舒适，并大大减小了起动时对电源的冲击。

(3) 冷暖可调

集成热泵制热控制技术，可通过四通换向阀，轻松实现制热功能，彻底解决空调机组冬季制热问题。

(4) 使用与维护简单可靠

空调机组可设置自动控制，也可手动调控。空调机组设有故障自动监测系统，控制器通过与空调机组进行双向通信，显示机组的工作状态和故障信息等，使用与维护非常方便。

### 2. 空调机组的结构

空调机组分为室内部分和室外部分。室内部分由两个离心风机为车辆提供送风，通过回风口、两个新风口进行回风，回风口、新风口设置电动风阀，控制回风中的新风比例。回风口一侧设置电源接线插口、通信接线插口。电源接线插口直接接入主电源，为空调机组供电，通信接线插口与车辆内部的 ACU 控制器连接，进行双向通信。室外部分包括冷凝系统仓和压缩机系统仓。冷凝系统仓由冷凝器、风机组成风冷凝系统。压缩机系统仓内设置压缩机、气液分离器、四通阀等系统件。两仓室进行密封隔离后，有利于冷凝风循环、系统件的防水等。

车辆空调机组的外形与尺寸示例见图7-7，内部结构见图7-8。

空调机组的回风口在机组底部中间处，冷风口在机组底部两侧，新风口在机组左右侧板的中间部位，见图7-9。空调机组新风口处装有高效新风过滤网，车内回风口处装有高效回风过滤网，对车内循环风进行过滤。

### 3. 空调机组的组成

车辆空调机组各零部件组装在一个不锈钢板制成的箱体内，加盖板后形成一个单元式整体。空调机组的主要部件包括：压缩机、换热器、(蒸发器、冷凝器)、送风机、冷凝风机、节流装置、干燥过滤器、高低压压力开关、温度传感器、贮液器、机壳、新风和回风系统等。

空调机组的技术参数见表7-1。

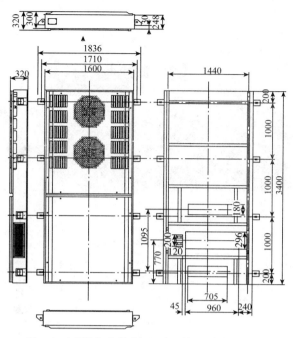

图 7-7 空调机组的外形与尺寸示例(尺寸单位:mm)

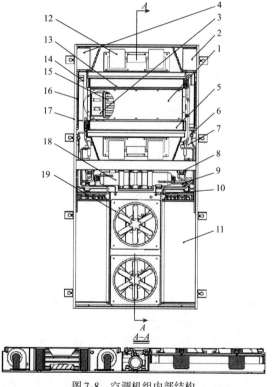

图 7-8 空调机组内部结构

1-变频控制盒;2-电器控制仓 1;3-电器连接器;4-电器控制仓 2;5-蒸发器;6-电子膨胀阀;7-四通换向阀;8-气液分离器;
9-高低压压力开关;10-充氟阀;11-冷凝器;12-送风机;13-蒸发器过滤网;14-电动新风阀;15-电动回风阀;
16-新风过滤网;17-新风格栅;18-变频压缩机;19-冷凝风机

图 7-9　起吊中的空调机组

空调机组的技术参数　　　　　　　　　表 7-1

| 参数 | 规格 |
| --- | --- |
| 型　式 | 顶置单元式、变频、冷暖型 |
| 制冷量 | 29kW |
| 制热量 | 32kW |
| 辅助电加热量 | 12kW |
| 电源主回路 | 3 相,380V ± 10% ,50Hz |
| 电源控制回路 | DC110V |
| 通风量 | 4000m$^3$/h |
| 新风量 | 1468m$^3$/h |
| 紧急通风风量 | 2540m$^3$/h |
| 制冷剂 | R407C |
| 冷凝器 | 铜管铝翅片 |
| 蒸发器 | 铜管铝翅片 |
| 机组质量 | 约 600kg |
| 构架材质 | SUS304 不锈钢 |
| 外形尺寸 | 3400 × 1600 × 300(mm)(不含安装座) |

(1) 压缩机

压缩机是将低温低压制冷剂压缩成高温高压气体,并输送到冷凝器。它是制冷剂循环动力的来源,被称为系统的"心脏"。比较先进的压缩机一般要求连续工作时间不少于 50000h。

图 7-10　空调压缩机

比如有的变频卧式涡旋压缩机(图 7-10),采用无极变频控制方式,零电流变频起动,低噪声、低振动、高可靠性,其工作寿命大于 50000h,期间无需大修。其在抗震动、抗冲击以及耐频繁起停等方面比传统压缩机具有很大的优势。压缩机电机及其控制系统设有过热、短路、过载、缺相及高低压压力等保护功能。

(2)换热器

①蒸发器

蒸发器采用铜管套亲水膜铝翅片结构。低温低压的气液混合制冷剂在蒸发器内蒸发。当车内循环空气和新鲜空气混合后,通过蒸发器进行热交换。这时,空气中的热量被蒸发器内的制冷剂吸收,温度降低。

②冷凝器

冷凝器(图7-11)与蒸发器在结构上相似,且具有足够的强度和刚度,冷凝器框架采用具有高强度和刚度的不锈钢材料,且冷凝器采用铜管套亲水膜铝翅片结构。高温高压的制冷剂气体通过冷凝器时,在外界空气的强制冷却下,变成常温(约50℃)高压的冷媒液体。

图7-11 冷凝器

(3)送风机

送风机(图7-12)采用直联多叶片离心风机,具有效率高、噪声小、运转平稳的特点。装车前通过空调机组与风道的配套试验确定送风机的风量、风压等参数,在保证风量的前提下尽可能降低噪声。紧急通风时,送风机可降频降压运行。

a)空调机舱(左右安装两组送风机)

b)送风机特写

图7-12 送风机

风机电机为三相异步电机,采用分档变频控制方式,设有高压保护、低压保护、温度保护,并自动控制保护的开、关。

(4)冷凝风机

冷凝风机(图7-13)为轴流式风机,采用防水结构以适应湿热环境下工作,防护等级为IP55,绝缘等级为F级。冷凝风机的作用是,强化制冷剂在冷凝器中的凝结放热过程。风机电机为三相异步电机,分档变频控制方式。设有高压保护、低压保护,并自动控制保护的开、关。

(5)节流装置

节流装置的作用是,将冷凝后的常温高压液体节流降压,变为低温低压的液体后送入蒸发器,实现制冷循环。系统节流部件选用电子膨胀阀(图7-14)。使用电子膨胀阀,可以满足适时优化系统冷媒流量、压力卸载等需要。

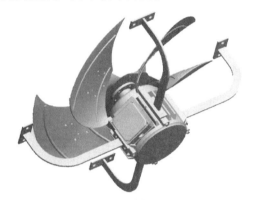

图7-13 冷凝风机　　　　　图7-14 电子膨胀阀

(6)干燥过滤器

系统中装有干燥过滤器(图7-15),用于过滤制冷系统中的残余杂质,并吸取制冷剂中的残留水分和酸,以防止金属表面锈蚀以及油和制冷剂分解,并可防止电机烧坏。同时,过滤杂质和微粒,可降低压缩机的磨损,延长压缩机使用寿命。

(7)高低压压力开关

系统中设置高低压压力开关(图7-16)的作用是,当制冷系统的排气压力过高或吸气压力过低时,使压缩机停止运转,以保护压缩机。根据压力动作值的不同,高低压压力开关的复位方式设有自动复位和手动复位两种。

图7-15 干燥过滤器　　　　图7-16 高低压压力开关

(8)温度传感器

空调机组内设回风温度传感器(图7-17)、送风温度传感器和新风温度传感器,分别检测空调机组的回风温度、送风温度及外部环境温度。

(9)贮液器

贮液器(图7-18)用于贮存来自冷凝器的高压液体制冷剂,以适应工况变化时制冷系统中所需制冷剂量的变化,并减少每年补充制冷剂次数。

图 7-17　温度传感器　　　　　　图 7-18　贮液器

在贮液器的中部设有一个可视液面的浮球,机组运行到稳定状态后,若制冷剂充足则视镜中的小球应上浮。

(10)机壳

空调机组的机壳(图 7-19)用 SUS304 不锈钢材料制成,机壳有足够的强度和刚度,使用寿命为 30 年。

图 7-19　空调机组的机壳

(11)新风和回风系统

空调机组的新风口设在空调机组两侧,新风口足够大,可在车辆载员较大时为乘客提供充足的新鲜空气。空调机组设有单独的新风腔,且每个新风入口均设有过滤器,可防止雨雪进入客室。在两个新风入口均采用了可调式电动调节阀,风阀控制系统可在接收到车辆荷载较小时,调小或关闭风阀开度,从而降低或关闭新风量。紧急通风时,空调机组的电动回风阀全部关闭,电动新风阀全部打开,保证单台空调机组能产生足够的新风量。根据实际需要,也可在车内回风口处或是空调机组内部设置回风过滤网,过滤车内的循环空气。

**课堂探究**

二维动画

空调机组的结构组成部件

观看动画视频,巩固对城市轨道交通车辆空调机组的各组成部件、位置分布、功能特点等相关知识点的理解和掌握。

### 三、空调机组的工作原理

空调机组制冷时,高温高压的制冷剂蒸气进入冷凝器,经外界空气的强制冷却,冷凝成常温高压的液体进入电子膨胀阀节流降压,变成低温低压的气液混合冷媒,然后进入蒸发器,吸收流过蒸发器的空气的热量,蒸发成低温低压的蒸气,蒸气经过气液分离器被压缩机吸入,完成一个制冷循环。压缩机不断工作,达到连续制冷的效果。

车内的循环空气及由新风口吸入的新鲜空气,由机组的通风机吸入,在蒸发器前混合,通过蒸发器得到冷却,并由机组底部出风口送入车顶通风道,通过送风格栅向车内吹出冷风。车内的空气通过蒸发器时,空气中的水分冷凝成水滴,被引到车外而起除湿作用。在制冷系统连续工作下车内温度逐渐降低,并由温度调节器自动调节车内空气温度在一定范围内。冷凝器的冷凝借助于轴流风机,从机组上方吸进外界环境空气,经过冷凝器后,向两侧排出。

空调机组制热时,压缩机排出过热气态冷媒,通过四通阀进入室内热交换器,在室内热交换器中利用室内侧风机降温,变成过冷液态冷媒流出(室内侧风机将通过室内侧换热器加热的循环风送到车内)。经过电子膨胀阀的节流,液态冷媒进入室外换热器中蒸发吸热,变成低温低压气态冷媒回到压缩机,完成制热过程。

空调机组制冷、制热的工作过程和原理(图7-20)总结概括如下。

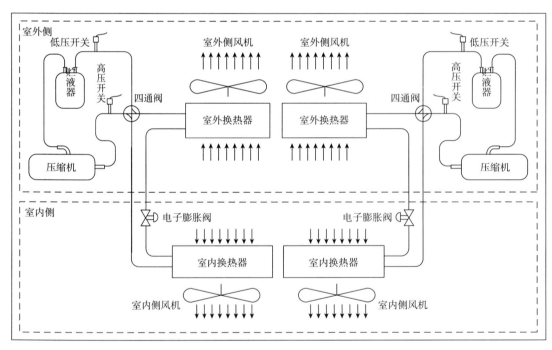

图7-20 空调机组工作过程和原理图

**1. 空调制冷**

(1)压缩机从气液分离器中吸入制冷剂蒸气,压缩制冷剂蒸气提高其压力和温度,并输送到室外换热器;

(2)在室外换热器中,高温高压的制冷剂被轴流风机吹出的空气冷却成液体;

(3)高压液态制冷剂经电子膨胀阀节流,降压在一定的流量下,进入室内换热器;

(4)在室内换热器中,低温低压的液态制冷剂吸收由送风机引入空气的热量而气化,同时空气完成冷却,由送风机送回车内形成制冷过程;

(5)气化的制冷剂蒸气又被压缩机吸入,周而复始循环不断地降低外部工质的温度,为空气处理提供了冷源。

## 2. 空调制热

(1)压缩机从气液分离器中吸入制冷剂蒸气,压缩制冷剂蒸气,提高其压力和温度;通过四通阀换向,高温高压的制冷剂输送到室内换热器;

(2)在室内换热器中,高温高压的制冷剂被送风机引入的空气冷却成液体,同时空气完成加热,由送风机送回车内形成制热过程;

(3)高压液态制冷剂经电子膨胀阀节流,降压在一定的流量下,进入室外换热器;

(4)在室内换热器中,低温低压的液态制冷剂吸收由轴流风机引入空气的热量而气化;

(5)气化的制冷剂蒸气又被压缩机吸入,周而复始循环不断地吸收外部空气的热量、压缩机运动发出的热量,为车内送风空气提供了热源。

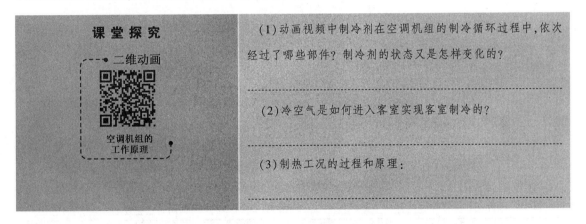

**课堂探究**

二维动画

空调机组的工作原理

(1)动画视频中制冷剂在空调机组的制冷循环过程中,依次经过了哪些部件?制冷剂的状态又是怎样变化的?

(2)冷空气是如何进入客室实现客室制冷的?

(3)制热工况的过程和原理:

---

**开阔视野**

空调制冷需要制冷剂的帮助才能实现。早期的空调制冷剂主要是氟利昂。这是一种会破坏大气臭氧层的化学物质。臭氧层的破坏会削弱地球抵御太阳辐射的能力,会对地表生态系统造成严重破坏。

目前,城市轨道交通车辆空调机组适用的制冷剂主要有 R407C 和 R134a 两种。涡旋式压缩机多采用 R407C 环保型制冷剂。与 R134a 制冷剂相比,R407C 的特点是,工作压力较高,密度较大,从而在产生相同制冷量的情况下,它所要求的设备尺寸会较小。同时,近年来 R407C 的使用更加广泛,从质量、噪声、能耗比等综合性能指标相对比来看,R407C 制冷剂都表现得更加优秀。

R407C 与 R134a 制冷剂的主要物理特性对比如表 7-2 所示。

R407C 与 R134a 的主要物理特性对比  表7-2

| 物理特性 | R407C | R134a |
|---|---|---|
| 组成(wt%) | R32/R125/R13 (23/25/52) | R134a(100) |
| 沸点(℃) | -43.6 | -26.5 |
| 蒸汽压力(25℃,MPa) | 1.09 | 0.485 |
| 饱和蒸汽密度(25℃,kg/m³) | 42.5 | 32.3 |
| 可燃性 | 不可燃 | 不可燃 |
| 臭氧层破坏指数(ODP) | 0 | 0 |
| 温室效应指数(GWP) | 0.05 | 1 |

你了解轨道交通行业有哪些技术和规范体现了"推动绿色发展"的理念吗?

## 知识点二　空调系统的控制与操作

### 自主学习

请使用学校现有城市轨道交通实训车辆(或空调系统实训设备)或选择到校外地铁企业城市轨道交通的车辆段/车场进行调研。在获取参观及实践操作许可后,由教师及企业现场技术人员引导,在空调系统实训设备或列车上按照表7-3中要求完成相应操作,并将操作步骤写在表格中。

城市轨道交通车辆空调系统的操作　表7-3

城市及线路/实训设备:＿＿＿＿＿＿＿＿　空调(实训)设备供应商:＿＿＿＿＿＿＿＿

| 集中控制器操作 | 简要写出操作方法 |
|---|---|
| 全列车进行制冷,温度调至18℃, 风速设置为弱风 | |
| A车设置自冷模式,温度调至20℃,强风 B车设置半冷模式,温度调至21℃,中风 C车设置自冷模式,温度调至21℃,弱风 | |
| 线控器控制单机操作 | 简要写出操作方法 |
| 将本节车上的空调设置为预冷模式, 温度24℃,弱风 | |

## 引领学习

空调控制系统设置于车辆电气控制柜中,每辆车采用一套控制系统。驾驶室设有集控开关,可对全列车空调进行集中控制。电气控制柜内设有线控器,可将本车空调机组设置为集控或本车控制。空调机组设自动位时可自动根据温度情况对空调系统做采暖、通风、制冷等工况转换,也可手动控制空调机组实现各工况。

### 一、空调系统的控制原理

空调机组外部由驾驶室集中控制器与触摸屏控制器(ACU 线控器)进行连接,并通过 ACU 控制空调机组运行;空调机组内部通过空调机组主控单元(MCU 主控板)进行控制。空调机组内外控制系统通过 RS485 总线进行连接,并进行双向通信。

空调机组内部自控系统采用网络单片机方式进行控制;空调机组内部的压缩机、送风机采用变频模式进行控制。空调机组内部的控制系统包括 MCU、MCU 与 ACU 的通信,MCU 对多个变频器的通信控制,MCU 对空调各系统部件的控制,MCU 对空调的各种电压、电流、传感器的采样分析等。

城市轨道交通车辆的每节车厢设一个 ACU 线控器,ACU 位于每节车厢端墙上的电气控制柜内,打开电气控制柜的柜门即可看到位于柜内中间部位的 ACU 线控器,如图 7-21 所示。ACU 线控器左右两端各设 2 束连接控制电缆,左端的 2 束电缆分别负责与本节车顶的两部空调机组相连;右端的 2 束电缆则分别负责将本车的两部空调机组通过列车总线与驾驶室集中控制器相连。ACU 将驾驶室集中控制器或 ACU 自身发出的控制命令传给 MCU,MCU 将空调机组的工作状态、故障信息传递给 ACU,ACU 将收到的信息进行显示并通过列车总线传给司机监控显示单元 TMS(TCMS),如图 7-22 所示。TMS(TCMS)位于驾驶室驾驶台上,它可以显示整个列车各工作部件的实时状态及运行参数,同时也可以通过触摸屏来设置和控制列车相应工作部件的运行,如图 7-23 所示。

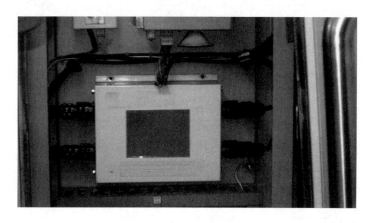

图 7-21　ACU 线控器

图 7-22　驾驶台上的 TMS(TCMS)显示单元

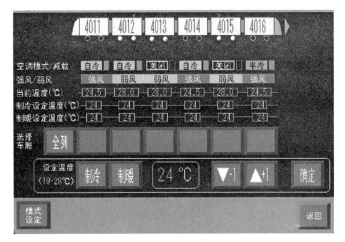

图 7-23　TMS(TCMS)屏上设置列车空调运行参数的界面

空调系统的控制原理框图如图 7-24 所示。

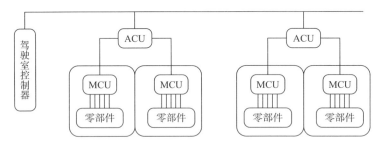

图 7-24　空调系统的控制原理框图

## 二、空调系统的操作

### 1. 空调机组的控制方式

按优先级先后顺序,空调机组的控制方式可分为集中控制、线控器控制。

①通过驾驶室集中控制器来控制整列车的空调运行称为集中控制方式;若 ACU 收到集中控制信号,空调机组进入集中控制状态。

②通过 ACU 控制单节车厢空调运行称为线控器控制方式;若 ACU 没有收到集中控制信号,空调机组进入线控器控制状态。

1)集中控制方式

(1)正常状态

当 ACU 收到集中控制信号时,空调机组进入集中控制状态,此时 ACU 向空调机组转发集中控制信号命令,并显示该车厢内空调机组的控制及运行信息。屏幕上部显示当前控制方式,中部显示空调机组运行状态,下部为"风压显示"按钮。

如图 7-25 所示为空调机组在集中控制方式"预冷"工作模式下运行的显示界面。

正常状态下集中控制方式的工作模式有:预冷、半冷、全冷、自动冷、预热、半暖、全暖、自动暖、通风、紧急通风。

显示界面中"风速"下方为集中控制的设定风速,分为"高风"、"低风"两档风速;"温度"下方显示集中控制的设定温度。

触摸"风压显示"按钮,进入风压显示界面。

(2)减载状态

集中控制方式下,ACU 收到减载运行信号后,向空调发送减载运行指令,屏幕界面"模式"下方显示"××减载",其他显示与集中控制正常状态相同。减载模式下空调机组低频运行制冷或制热,风速按减载前设置进行通风,风速可调。

图 7-26 所示为"集中控制"方式界面"预冷减载"模式状态。

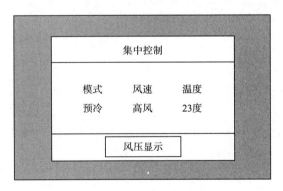

图 7-25 集中控制方式"预冷"

图 7-26 "预冷减载"模式状态

2)线控器控制方式

(1)主界面

当 ACU 没有收到集中控制信号且没有收到手动信号时,空调机组进入线控器控制状态,ACU 显示线控器控制主界面。触摸"用户控制"按钮,进入用户模式界面,实现对两台空调的同时控制。触摸"应急控制"按钮,进入应急控制界面,实现对两台空调的应急控制。触摸"风压显示"按钮,进入风压显示界面。

线控器控制方式主界面如图 7-27 所示。

## (2)用户控制界面

在主界面下触摸"用户控制"按钮,进入用户模式界面,如图7-28所示。

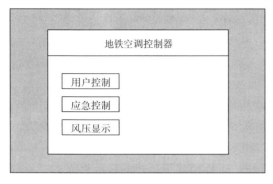

图7-27 线控器控制方式主界面　　　图7-28 用户模式界面

"工作模式"显示该空调的运行工作模式。触摸右侧的上下键可以修改工作模式,分别为预冷、半冷、全冷、自动冷、预热、半暖、全暖、自动暖、通风、紧急通风。各个工作模式下空调机组的运行状态,与集中控制方式的相应工作模式下空调机组的运行状态相同。

"温度设定"显示车厢内两台空调的用户设定温度,触摸上下键可以修改"温度设定"值,制冷设定范围为22～28℃,制热设定范围为12～18℃。

"风速控制"用于设定空调室内风机风速,触摸右侧上下键可以修改送风量,分别是"高风"、"低风"。

触摸"开机"按钮,空调机组按设定模式和工作温度开始工作,"工作状态"显示"运行"。

触摸"关机"按钮,空调机组停机,"工作状态"显示"停止"。

触摸"返回"按钮返回到主界面。当返回主界面后,若进入"应急控制"界面则停机,按"应急控制"界面的设置,重新运行。

## (3)应急控制

在线控器控制主界面触摸应急控制后显示应急控制界面,触摸右侧的"开""关"键可以分别控制空调"应急制冷""应急制热"运行模式的开、关,相应的运行模式在执行相应的开、关操作后显示,并且只能开一种运行模式。

触摸"返回"按钮返回到主界面。返回主界面后,若进入"用户控制"界面则停机,按"用户模式"界面的设置,重新运行。"应急控制"模式"制热"运行界面如图7-29所示。

图7-29 "应急控制"模式"制热"运行界面

## 2.空调机组运行模式

(1)预冷(预热)模式下,空调机组快速制冷(制热),新风全关,回风全开,供风全部为车内回风。

(2)半冷(半暖)模式下,空调机组低频制冷(制热),风速按设定运行,新风与回风混合供风。

(3)全冷(全暖)模式下,空调机组根据"设定温度"与"设定风速"自动进行制冷(制热),新风与回风混合供风。

(4)自动冷(自动暖)模式下,空调机组自动制冷(制热)运行,新风与回风混合供风。

(5)通风模式下,空调机组按设定风速运行,新风与回风混合供风。

(6)紧急通风模式下:如 AC380V 断电,空调机组以 DC110V 电源供电,风速强制低风供风,供风全部为新风;如 AC380V 通电,空调机组以 AC380V 电源供电,风速按设定风速供风,风速可调,新风与回风混合供风。

3. 风压显示

在集中控制方式界面、线控器控制方式的主界面下触摸"风压显示"按钮,屏幕进入风压显示界面,如图 7-30 所示。

"A 机"表示 A 空调机组,"B 机"表示 B 空调机组,"室内风压"后面为室内换热器内外侧的大气压力差,"室外风压"后面为室外换热器内外侧的大气压力差。

触摸"返回"键,返回原控制界面。

4. 故障显示

线控器正常使用的任何状态界面下,当空调机组出现故障时,屏幕上方控制方式内容的右侧立即显示"故障代码"提示。

"故障代码"由英文字母"A"或"B"加 2 位数阿拉伯数字表示,"A"代表 A 空调机组,"B"代表 B 空调机组,2 位数阿拉伯数字表示故障的详细内容,可通过空调说明书中的对应故障表进行故障内容查询。

故障解除时,"故障代码"显示消失。

例如:当集中控制时,A 空调机组出现"B 压机排气传感器短、断路"故障,同时 B 空调机组出现"B 室内换热器传感器短、断路"故障,会在屏幕的右上角上方出现故障代码"A 33",其下方出现故障代码"B 31",如图 7-31 所示。

图 7-30 风压显示界面

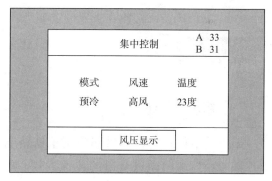

图 7-31 故障显示界面

## 知识点三 受 电 弓

**自主学习**

使用学校现有受电弓设备或到校外地铁企业的车辆检修车间参观调研,通过实践观察、查阅资料、咨询专家等途径了解受电弓的结构组成、功能特点、零部件位置,并按照表 7-4 中要求完成相应任务。针对各受电弓部件拍摄照片,连同相关知识点制作成 PPT,在教师安排下进行成果演示。

受电弓结构和功能调研任务工单　　　　　　　　　　表 7-4

城市及线路:＿＿＿＿＿＿＿＿＿＿＿＿＿　　　　　受电弓型号:＿＿＿＿＿＿＿＿＿＿＿＿＿

| 部件名称 | 位置及数量 | 功能特点 |
|---|---|---|
|  |  |  |
|  |  |  |
|  |  |  |
|  |  |  |
|  |  |  |
|  |  |  |
|  |  |  |

## 引领学习

### 一、受电弓概述

架空接触网供电技术最初应用于铁路电力机车,通过改型后应用于城市轨道交通车辆上。随着我国城市轨道交通的快速发展,国内受电弓制造商通过自主研发或技术引进,开发出一系列适用于我国城市轨道交通车辆的受电弓。例如,上海天海受电弓制造有限公司自主研发生产的多种型号的单臂受电弓产品广泛应用于我国城市轨道交通车辆上。该公司研制的自动降弓保护系统、故障恢复系统、升降弓显示系统、刚柔网线自动调压系统等装置,有效地提高了弓网系统的可靠性。北京赛德高科铁道电气科技有限责任公司、株洲九方电器设备有限公司分别从德国引进受电弓技术,并通过消化吸收再创新,实现了受电弓的自主研发与生产。

受电弓是车辆从架空接触网集取电流的装置。受电弓的驱动方式有电动和气动两种,结构形式有单臂式、双臂式两种。其中,单臂式受电弓应用最为广泛,其主要由底座、上部框架、下部框架、碳滑板、驱动装置、绝缘子等组成。另外，按照弓头滑板数量，受电弓又可分为单滑板与双滑板两种。现阶段城市轨道交通车辆主要使用气动、单臂、双滑板受电弓。虽然不同厂商生产的受电弓产品型号不同，但整体结构和工作原理差异不大，因此，本知识点将以一种典型的气动、单臂、双滑板城市轨道交通车辆受电弓为例，对受电弓的结构和工作原理进行详细讲解。

## 二、受电弓结构

QG-120(B)型受电弓为单臂、轻型的空气弹簧式受电弓，适用于时速在120km以下的轻轨、地铁车辆上使用。受电弓的动作通过安装在底架和下臂杆之间的一个大推力空气弹簧来实现。该受电弓结构简单，易于维修，在整个车辆速度范围内具有良好的空气动力学性能，包括在最大规定逆风时的空气动力学性能，能在各种轨道状态下保证与架空接触网线具有良好的接触状态和接触稳定性。受电弓设置有机械止挡，能够限制受电弓在无接触网区段上的垂直运动。

QG-120(B)型受电弓的所有调节零件均采用不锈钢制作。同型号的受电弓的安装尺寸和易损件都具有良好的互换性。空气弹簧前安装有ADD自动降弓系统，用于控制受电弓的升降弓动作，当滑板条磨耗到限或被接触网硬点撞击损坏时，受电弓能够以大于1m/s的速度快速降弓，以防止造成更大的设备损坏。

### 1. 受电弓总装

受电弓总装如图7-32、图7-33所示。

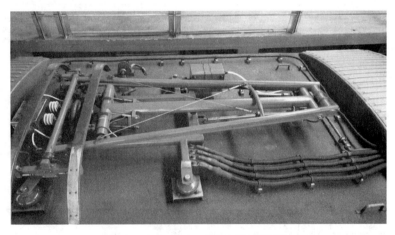

图7-32　QG-120(B)型受电弓（落弓后）

### 2. 底架组装

底架组装如图7-34所示。

### 3. 弓头组装

弓头组装如图7-35所示。

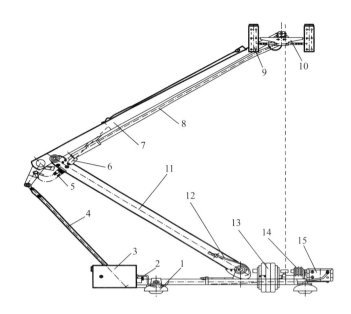

图 7-33 受电弓总装

1-绝缘子;2-球阀;3-控制箱;4-拉杆;5-软连线;6-阻尼器;7-上臂杆;8-平衡杆;9-碳滑条;10-横托架;
11-下臂杆;12-钢丝绳;13-气囊;14-绝缘子;15-ADD 控制箱

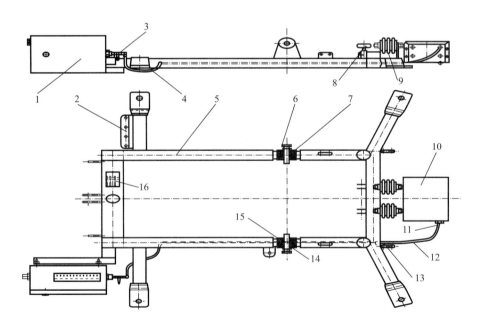

图 7-34 受电弓底架组装

1-控制箱;2-高压接线板;3-球阀;4-导气管;5-底架组焊;6、15-轴承;7、14-轴承轴;8-橡胶止挡;
9-绝缘子;10-ADD 控制箱;11、13-快拧接头;12-绝缘气管;16-铭牌

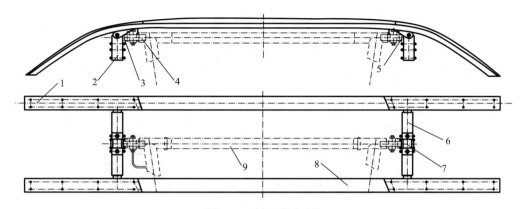

图 7-35 受电弓弓头组装

1-滑板条;2、6-横托架组装;3、5-滑条连接架;4、7-弓头支撑;8-滑板条;9-上臂杆

## 三、受电弓工作过程和原理

### 1. 升弓过程

首先要启动空气压缩机,当气压达到受电弓的额定工作气压时,按下升弓按钮,压缩空气经车内电磁阀、受电弓控制箱进入空气弹簧,空气弹簧膨胀推动钢丝绳带动下臂杆运动,下臂杆在拉杆的协助下托起上臂杆及弓头,弓头在平衡杆的作用下,在工作高度范围内始终保持水平状态,并按规定的时间平稳地升至网线高度,完成整个升弓过程。整个升弓过程受电弓的运动平稳,不对架空接触网线产生有害的冲击。

### 2. 降弓过程

按下降弓按钮,控制箱释放空气弹簧中的压缩空气,受电弓在重力作用和阻尼器的辅助作用下平稳地落到底架上的橡胶止挡上,完成整个降弓过程。整个降弓过程在规定的时间内完成,并且受电弓的运动平稳对底架和车顶无有害冲击。

压缩空气在空气弹簧内的充气及排气决定了受电弓的升与降。而受电弓的进排气由受电弓相关控制箱内的电磁阀和气动控制阀来控制,具体的控制原理如图 7-36、图 7-37 所示。

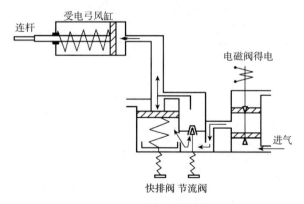

图 7-36 升弓过程气动控制原理

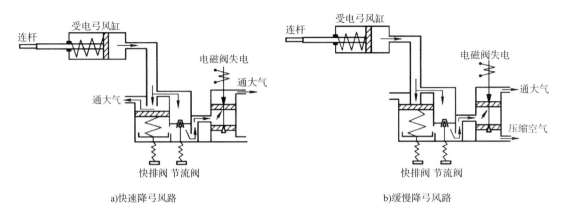

图 7-37 降弓过程气动控制原理

（1）升弓过程气动控制原理：首先升弓电磁阀得电动作，打开风源至受电弓风缸（空气弹簧）的通路，受电弓风缸充气，压缩连杆前进，带动钢丝转动，进而拉动下臂杆升起。升弓速度的快慢由进气速度决定，而进气速度又由节流阀开口的大小决定。

（2）降弓过程气动控制原理：电磁阀失电，进气阀口关闭。受电弓风缸（空气弹簧）内的压缩空气可通过快排阀快速排向大气，实现快速降弓，也可以通过节流阀，缓慢有序地排向大气，实现降弓速度的调整。

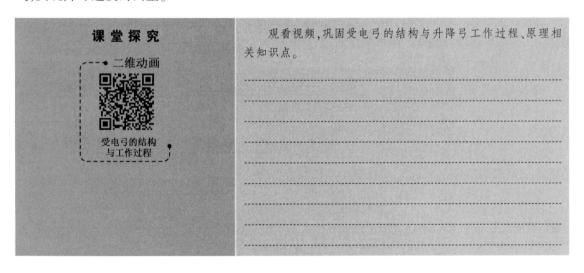

观看视频，巩固受电弓的结构与升降弓工作过程、原理相关知识点。

### 3. 受电弓脚踏泵

只有当受电弓的升弓气囊中得到足够高的压力空气时，气囊才能有力膨胀，通过钢丝绳等辅件推动受电弓升起。也就是说，受电弓能够升起的一个必要条件是列车主风缸有足够的气压输送给升弓气囊。

脚踏泵是用于受电弓紧急升弓的手动装置，当车辆总风压力不能够满足受电弓升弓要求时，可使用脚踏泵人工向受电弓供风，使受电弓升起，与网线接触，达到为车辆受流的目的。

**课堂探究**

二维动画

受电弓的人工升弓操作

观看动画视频,学习如何使用脚踏泵进行受电弓的人工升弓操作。

使用脚踏泵对受电弓进行人工升弓操作的步骤和方法:

_____

_____

_____

_____

_____

### 4. 受电弓技术参数

QG-120(B)型受电弓的基本结构参数和在各种工况下的技术参数要求详见表7-5。

**受电弓技术参数** 表7-5

| 参数 | 规格 |
| --- | --- |
| 额定电压 | DC1500V |
| 网线电压变化范围 | DC1000～2000V |
| 适用车速 | ≤120km/h |
| 最低工作位置(不包括绝缘子) | 80mm |
| 最高工作位置(包括绝缘子) | 2300mm |
| 最大升弓高度(包括绝缘子) | 2880mm±100mm |
| 折叠高度(包括绝缘子) | 300mm+10mm |
| 受电弓网线接触压力(额定静态压力) | 120±10N |
| 网线接触静态压力调整范围 | 100～140N |
| 升弓时间(弓头离开止挡到最大工作高度) | ≤10s |
| 降弓时间(最大工作高度到弓头落到止挡位置) | ≤10s |
| 受电弓总长度 | ≈2400mm |
| 受电弓总宽度 | 1550mm±10mm |
| 碳滑条工作部分长度 | 800mm×60mm×22mm |
| 弓头宽度 | 350mm |
| 碳滑条数量 | 2根 |
| 底脚安装尺寸 | (950mm±1mm)×(1100mm±1mm) |
| 受电弓额定工作气压 | 0.45MPa |
| 受电弓最小工作气压 | 0.35MPa |
| ADD系统降弓速度 | >1m/s |
| 受电弓总质量(不包括绝缘子) | ≈130kg±5kg |
| 绝缘子高度 | 80mm |
| 绝缘子数量 | 4个 |
| 紧急升弓泵额定电压 | DC110V |
| 紧急升弓泵外形尺寸 | 400mm×300mm×150mm |

> **开阔视野**
>
> 看动画视频学习受电弓的检修作业流程及工艺标准。
>
> 通过视频学习我们可以发现,在对受电弓进行检修作业之前,需要首先:
>
> (1) 确认电客车入库停好,挂禁止动车牌。
>
> (2) 确认库内接触网断电作业已按标准完成,禁止合闸牌及接地线安装到位。
>
> (3) 作业人员穿全套工作服、绝缘鞋、戴安全帽、系安全带。
>
>
>
> (4) 按照"6S"标准规范准备作业过程中需要的工器具和耗材。
>
> 在以上工作全部按规定完成后,才能开始具体的检修作业,且作业过程仍须严格遵照作业流程及工艺标准进行。
>
> 请思考在工业生产作业前和作业中执行"细致"准备和"严格"工作步骤的意义。

# 基础巩固

## 一、判断题

1. R407C 和 R134a 是相对环保的制冷剂,广泛应用于城市轨道交通车辆空调中。(　　)
2. 空调机组属于空调系统核心组成,但风道、送风格栅等不属于空调系统的组成部分。(　　)
3. 客室新风从设于空调机组上的新风口吸入,与来自客室的回风混合,经过滤、冷却,通过风道均匀地送至客室。(　　)
4. 空调机组的主要部件包括:压缩机、蒸发器、冷凝器、冷凝风机、高低压压力开关、干燥过滤器等。(　　)
5. 回风道是车厢与通风机之间用于传输再循环空气的通道。(　　)
6. 城市轨道交通车辆空调的冷凝风机通常使用轴流式风机。(　　)
7. 车辆的废排装置设置在车体的两端,排风风量与新风风量基本保持一致,以维持客室内气压的恒定。(　　)
8. 低温低压的液态制冷剂吸收由送风机引入空气的热量而汽化,汽化吸热,使空气完成冷却,由送风机送回车辆内形成制冷过程。(　　)
9. 受电弓升降时的速度是匀速的。(　　)
10. 受电弓的升降动作通过安装在底架和下臂杆之间的一个大推力空气弹簧来实现。(　　)

## 二、填空题

1. 每列车为 6 节编组,每车设置＿＿＿＿台客室空调机组和 1 台控制盘,每个车头设置＿＿＿＿个通风单元,另外还有车厢内的风道系统和废排装置等。
2. ＿＿＿＿位于车辆客室内部上顶板的两侧,一般采用铝型材,其断面结构有利于送风均匀。

3. 空调机组的控制方式按优先级先后顺序可分为_____控制和_____控制。

4. ACU 控制_____车厢内空调运行称为线控器控制方式;ACU 没有收到_____信号时,空调机组进入线控器控制状态。

5. _____是将低温低压制冷剂压缩成高温高压气体,并输送到_____,它是制冷剂循环动力的来源,被称为系统的"心脏"。

6. 冷凝风机的作用是强化制冷剂在冷凝器中的_____过程。

7. 车辆空调的制冷制热原理为:制冷剂汽化吸热,吸走周围空气热量而实现_____;制冷剂液化放热,将热量传给周围空气而实现_____。

8. 受电弓升降弓的速度特点为,降弓过程:速度上是先快降,后_____;升弓过程:速度上是先_____,后慢升。

9. 受电弓的驱动方式有电动和_____两种,结构形式有单臂式和_____两种。

10. 城市轨道交通车辆受流装置有_____从接触网受流和_____从第三轨受流两种方式,其中以前者的方式应用较多。

### 三、简答题

1. 简述空调的制冷工作原理。
2. 简述空调机组的主要部件。
3. 简述驾驶室送风单元的位置分布和功能。
4. 分别简述受电弓升弓、降弓的工作过程和原理。
5. 为什么在列车主风缸压力不足时,受电弓无法正常升起?

# 模块八　列车通信系统

## 模块概述

列车通信是依靠在整个列车上建立的多媒体信息处理和传播平台,通过通信网络和多媒体列车通信系统终端设备将音频、视频、信号等信息在控制中心(OCC)、车站、车辆段、列车、乘客、司机之间进行传递。

城市轨道交通列车司机岗位、站务员岗位、车辆检修员岗位的从业人员务必要了解列车通信系统相关设备的结构布局和功能,并具有对其进行简单调试和操作的能力。

那么城市轨道交通列车通信系统由哪些设备组成?这些设备的功能是什么?它们一般布置在列车的什么位置?如何对列车通信系统相关设备进行调试和操作?通过本模块的学习,就能解决这些问题了。

## 知识导图

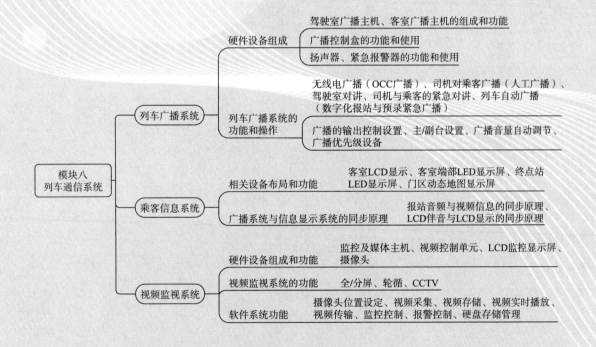

## 学习目标

> **知识目标**

1. 了解城市轨道交通列车通信系统的总体组成。
2. 掌握城市轨道交通列车广播系统的设备功能与操作。
3. 掌握城市轨道交通列车乘客信息系统的设备功能。
4. 掌握城市轨道交通列车视频监视系统的设备功能与操作。

> **能力目标**

1. 能识别列车通信系统相关设备并说出其功能特点。
2. 能准确在列车上找到列车通信系统相关设备的位置。
3. 具备列车通信系统相关设备的简单调试和操作能力。

> **素质目标**

1. 运用多种学习方法,养成实践探索、自主学习、终身学习的意识。
2. 树立刻苦练习专业技术、为人民服务的职业精神和科学严谨、技术创新、方法创新的创新意识。

# 知识点一　列车通信系统概述

## 自主学习

通过信息检索，收集相关文献期刊、书籍以及权威官方网站上的资料，学习了解城市轨道交通列车通信系统的国内外发展现状，选择你最感兴趣的 1~2 个点，制作展示 PPT，在教师安排下将你的学习成果通过 PPT 演讲分享给大家。

## 引领学习

### 一、列车通信系统发展历史

我国第一辆地铁电动列车是北京地铁 1 号线 DK1 型地铁列车。它由长春轨道客车厂在 1967 年生产，该车定员 184 人，自重 30.51t，构造速度 80km/h，编组为两辆一组。2015 年，北京地铁对 DK1 型地铁列车进行了为期一年的修复工程，基本使用原型号配件。在功能方面，按原规格恢复了 001、002 号车客室照明，具备车门开关功能、车门传动系统，其中也恢复了对客室的人工广播及录音广播功能。

首列地铁电动列车客室内的设施简单，没有门区动态地图、贯通道 LED 屏、客室 LCD 屏等电子设施，仅能通过人工或者录音为乘客提供线路信息。1990 年以后，我国地铁建设步伐加快，地铁电动列车的发展也随之科技化、人文化，尤其是列车通信系统更是体现了科技的发展。2000 年以后生产的地铁列车已经具备了媒体播放系统、监控系统、智能化广播系统，功能上能实现视频播放、动态电子地图、紧急报警、火灾联动等。

### 二、列车通信系统的功能

列车通信系统的主要功能是：播放列车到站动态音/视频信息，使乘客及时了解列车的运行情况、到站信息等，方便乘客换乘其他线路，减少乘客下错站的可能性。在发生灾害或其他紧急情况下，进行紧急广播，以指挥乘客疏散，调度工作人员抢险救灾，减少意外造成的损失。为了观察和记录车辆内部发生的各类大小事件，在车辆驾驶室和客室内顶棚上方还安装有监控摄像系统。同时，还可以通过通信终端设备向乘客播放文明宣传、新闻娱乐、赛事直播、公告提示、广告财经、天气预报等信息资讯。

### 三、列车通信系统的组成

列车通信系统主要由通信终端设备和通信控制网络两大部分组成。列车通信系统按照功能不同可以划分为四个子系统：列车广播系统、乘客信息显示系统（PIDS）、视频监视系统和列车信息收发系统。本模块将针对前三个子系统进行介绍。

列车通信终端设备主要有：广播控制盒、驾驶室广播主机、驾驶室扬声器、客室扬声器、动态地图、紧急报警器、客室广播机柜、客室 LED 屏、客室 LCD 屏、车头终点站 LED 屏、球形监控摄像头、驾驶室监控显示屏等。

### 四、行业发展趋势

随着时代的发展，城市轨道交通运营服务质量不断提升，城市轨道交通建设也逐步从科技城市轨道交通迈向了智慧城市轨道交通和人文城市轨道交通。列车通信作为直接面向乘客的系统，从乘客出行需求，与消防系统联动，实现列车无线联动网络，与故障、火警、乘客紧急报警、消防、监控、媒体信息等无线传输，逐步实现列车大数据的无线传输，为列车救援、火灾处理、故障处理提供直观现场情况，提高处理效率。

**课堂探究**

通过观看视频，整理和总结城市轨道交通车辆列车通信系统相关设备组成。

二维动画

列车通信系统相关设备

(1) 列车通信系统由四个子系统构成，分别是：_____、_____、_____ 和列车信息收发系统。

(2) 动画视频中展示的列车通信系统设备主要包括：_____

## ➡ 知识点二  列车广播系统

**自主学习**

使用学校现有城市轨道交通实训车辆（或列车广播系统实训设备）或选择到校外地铁企业实地参观调研，通过实践观察、查阅资料、咨询专家等途径了解列车广播系统的相关部件组成及其功能，以及其在列车上的位置，并完成表 8-1。

列车广播系统调研任务工单  表 8-1

城市及线路/实训设备：_____

| 部件名称 | 所在位置 | 功能 |
|---|---|---|
|  |  |  |
|  |  |  |
|  |  |  |
|  |  |  |
|  |  |  |

## 引领学习

### 一、列车广播系统的硬件设备组成

列车广播系统由驾驶室广播机柜、客室广播机柜、广播控制盒、扬声器、紧急报警器等硬件设备组成。系统通过贯穿所有驾驶室和客室的广播音频线、对讲音频线、RS485 通信线来完成广播音频信号、对讲音频信号、报警信号等信号传输，并在 LED 终端显示屏显示相应的乘客信息，在驾驶室实现报警与视频监控的联动。另外，驾驶室广播主机连接车载无线电台，可以实现 OCC 对列车驾驶室和客室的直接广播。

每节车配置紧急报警对讲装置，安装在车门附近，易于被乘客发现，在发生紧急情况时供乘客与司机对讲使用。LED 动态地图配合多模式报站广播提示列车到站信息。

#### 1. 驾驶室广播主机

驾驶室广播主机位于驾驶室广播机柜中，是广播系统的核心设备，由电源模块、驾驶室接口单元、重联控制模块、中央控制模块、音频处理模块、数字报站器模块等设备构成，如图 8-1 所示。其功能是：完成广播系统的通信控制、音频处理、音源选择，以及作为与车辆线及广播控制盒的接口，完成系统内部故障的检测及系统的自诊断。

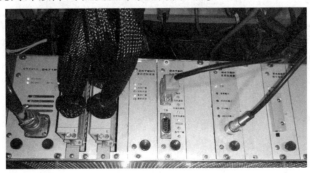

图 8-1  驾驶室广播主机

驾驶室广播主机中从左到右的设备顺序一般是：电源模块、驾驶室接口单元、重联控制模块、中央控制模块、音频处理模块、数字报站器模块。现将各模块说明如下：

(1) 电源模块

功能：将输入的 DC110V 电源变换为系统所需的 DC24V 及 DC5V 电源。

电源模块中(图 8-2)有两个 DC/DC 模块，第 1 个 DC/DC 模块将输入的 DC110V 电源变换为 DC24V 电源，第 2 个 DC/DC 模块将 DC24V 电源变换为 DC5V 电源。DC24V 及 DC5V 同时输出，供系统工作，如图 8-3 所示。

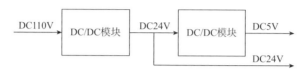

图 8-2　电源模块原理框图

(2) 驾驶室接口单元

功能：完成机柜内的信号与外部信号的转接，对各输入、输出信号进行相应的抗电磁干扰处理，以提高系统的电磁兼容(EMC)特性。

接口单元对外有两个 48 针哈丁(Harting)接口，两个接口之间有铝制挡板，挡板的作用一是为了设备美观，二是为了降低系统的高频辐射，三是在挡板上有相应的标记，标示出每个接口的编号。驾驶室接口单元包含两个线路板，命名为接口 A 及接口 B(图 8-4)。每个线路板通过 48 针欧品(OUPIN)插座与母板连接，通过 48 针哈丁插座与外部连接。

(3) 重联控制模块

功能：检测列车及重联广播、对讲信号的状态，并根据检测到的状态，控制广播及对讲信号的连接(图 8-5)。

图 8-3　电源模块

图 8-4　驾驶室接口单元

图 8-5　重联控制模块

当检测到本列车广播时,接通重联音频,并控制重联广播;当检测到重联广播时,接通本车广播音频,并控制本车广播。

当检测到本列车对讲时,接通重联音频,并控制重联对讲;当检测到重联对讲时,接通本车对讲音频,并控制本车对讲。

(4)中央控制模块

功能:控制与协调整个系统的正常运行(图 8-6)。该模块具有 RS485 异步通信接口,可实现与列车管理系统(TMS)单元的接口,负责整个乘客信息系统的管理;可根据系统行车信号、开关门信号实现自动广播功能;可控制客室中央控制器完成客室 LED 屏、动态地图显示预报站、到站信息;负责整列车不同设备间的通信管理和信息交互;可控制 LED 终点站屏显示终点站信息;可控制音频处理器实现乘客信息系统音频信号切换;可实现客室紧急报警控制,与媒体播放、OCC 系统和 CCTV 系统的数据交换和控制。

(5)音频处理模块

功能:主要完成 3 路输入音频到 1 路输出音频的选择控制,并具有音量调节功能(图 8-7)。

3 路输入音频分别对应于无线输入音频、MP3(DVA)输入音频、LCD 伴音输入音频。3 路输入音频均通过 1∶1 音频变压器,保持系统之间的相互隔离。

模块通过内部集成电器总线(IC 总线)连接中央控制器,接收中央控制器的控制信号,选通相应的音频输入并进行相应的音量调节。

(6)数字报站器模块

数字报站器模块(图 8-8)功能如下:

①该模块有语音合成模块,用于播放语音合成信息。

②语音合成信息存储在大容量闪存卡(CF 卡)中,存储格式为 MP3 格式。

图 8-6 中央控制模块

图 8-7 音频处理模块

图 8-8 数字报站器模块

③通过串口接收语音播放的控制信息,启动播放相应的语音段。
④提供播音状态输出信号,供外部设备检测当前的播音状态。

**2. 客室广播主机**

客室广播主机包括电源模块、客室接口单元、客室音频处理器模块、功率放大器模块、客室中央控制器模块等。

客室广播主机从左到右的设备顺序依次是:电源模块、客室接口单元、音频处理器、功率放大器、中央控制器,如图 8-9 所示。

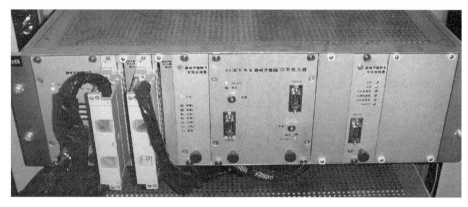

图 8-9　客室广播主机

(1)客室接口单元

功能:完成机柜内的信号与外部信号的转接,另外,还具有相应的 EMC 作用。

(2)客室音频处理器(对讲控制器)

功能:主要实现紧急报警器与司机控制盒之间对讲的选择及连接。一个客室音频处理器(对讲控制器)可接两个紧急报警器,并监测报警器的呼叫状态,当发现有报警时,将报警信息发送到(经本地控制单元转发)列车总线,同时接收(经本地控制单元转发)列车总线的控制信息,控制 3 个报警器的听讲状态。

(3)功率放大器

功能:接收广播音频,将广播音频进行功率放大,输出到扬声器。

(4)客室中央控制器

功能:从列车通信线上接收信息,进行分析判断,根据信息内容控制本车厢系统的运行。同时,将本车厢系统的状态信息转发到列车总线上。

**3. 广播控制盒**

广播控制盒为嵌入式结构形式,通过 4 个螺钉与驾驶台固定,如图 8-10 所示。

广播控制盒的面板上有带灯按键,用于进行广播、对讲等操作及显示。

图 8-10　广播控制盒

广播控制盒是广播系统与外界交互的人机界面,具有系统电源指示、设备主备状态显示、OCC 控制指示和重联信息指示等显示功能。可以通过按键设置列车运行的终点站、起始站及越站信息,并对广播具有消音、暂停、广播监听等控制功能,亦可通过广播控制盒上的主备按键切换当前设备的主备状态。

在广播控制盒上有监听按键,能随时监听客室广播的内容,且具有音量调节旋钮,能即时调整驾驶室监听扬声器的音量。

当另一驾驶室发出对讲请求时,广播控制盒进行声光报警,待司机应答后建立驾驶室对讲。

此外,广播控制盒可对客室的乘客紧急报警装置进行声光报警,并能指示当前报警的车厢号码,即时了解该客室发生的紧急情况,第一时间采取相应的措施。当发生乘客紧急报警时,报警的车厢号在列车的 DDU 单元上进行同步显示。

通过广播控制盒面板上的口播按钮,采用手持话筒,可实现驾驶室对客室的广播。

通过广播控制盒上的"↓↑"两个按键,可手动改变报站的顺序信息。当站名广播错失后,手动调整到下一站,保证下次报站的准确性。

### 4. 扬声器

扬声器用于向乘客广播相关信息。扬声器自带变压器,可平面嵌装于车厢内,能够保证在 AW2 荷载、80km/h 车速、隧道区段时声音清晰。扬声器如图 8-11 所示。

### 5. 紧急报警器

功能:用于在紧急时刻乘客向司机报警,乘客可通过紧急报警器与激活端司机对讲,驾驶室显示屏自动显示报警点所在客室视频画面,系统自动存储报警视频、通话内容、时间、地点等信息。一般每辆车的紧急报警器安装于客室内车门附近。

紧急报警器如图 8-12 所示,面板上各按键的功能如下:

图 8-11 扬声器

图 8-12 紧急报警器

听灯:红色,听状态指示灯;当紧急报警器处于听状态时亮。
讲灯:绿色,讲状态指示灯;当紧急报警器处于讲状态时亮。
占线灯:黄色,占线状态指示灯;当紧急报警器报警并且对讲总线被占用时亮。
复位按钮:用于在紧急报警器清除报警状态。

话筒：内藏话筒,报警时,乘客通过此话筒向司机讲话。

报警键：红色,按下时,向司机报警,按键所带的灯闪烁。

## 二、列车广播系统的功能和操作

### 1. 无线电广播（OCC 广播）

列车广播系统与无线电装置有 RS232 和音频接口,其中,RS232 可以接收无线电台的控制和实时文本信号,允许 OCC 无须司机操作就可向驾驶室或客室乘客进行广播。在正常状态下,系统的默认方式为可根据用户需要使用系统设置软件调整。司机也可手动控制实现 OCC 与司机的对讲和 OCC 向客室乘客进行广播。

### 2. 司机对乘客广播（人工广播）

在激活端,司机可以用麦克风对客室广播。在两列车互联时,在激活端驾驶室可以对所有客室广播。系统中预留了列车重联时的通信控制接口、列车音频总线接口及对讲音频总线接口。

按下广播按键,即可通过话筒对乘客广播,广播的声音可被客室及其他驾驶室听到,而广播驾驶室本身则静音。

广播过程中,广播提示灯处于点亮状态。

广播结束时,再按广播控制按键即可,这时广播提示灯熄灭。

### 3. 驾驶室对讲

可以在有蓄电池供电的情况下：系统提供驾驶室之间的通话功能,一列车两端的驾驶室可以通话。在两列车重联时,四个驾驶室之间也可以通话,驾驶室内部的通信为全双工,而且通话内容不会被客室听到。

（1）本机叫对方

按下"对讲"按键时,该键的指示灯闪烁,当对方确认接通后,指示灯处于常亮状态。对讲结束后,按起对讲按键,指示灯熄灭,通话结束。

（2）对方呼叫本机

当某驾驶室呼叫本机欲进行对讲时,对讲键指示灯闪烁,伴随有声音提示,提醒司机有对讲呼叫。

按下对讲按键,指示灯常亮,提示音停止,线路接通,可以开始对讲。

对讲结束后,按起对讲键,指示灯熄灭,结束对讲。

### 4. 司机与乘客的紧急对讲（乘客紧急报警）

报警器在未工作时处于被切断的状态,在工作时有三种状态,分别是呼叫、通话、挂起。

（1）常规报警操作流程

在客室出现紧急情况或突发事件时,乘客可以通过客室内紧急报警装置上的紧急按键向驾驶室报警。报警器进入呼叫状态并且面板上的"呼叫"指示灯开始闪烁。

当司机应答乘客报警后,乘客可以通过乘客紧急报警及对讲装置上的嵌入式电动(无噪声)声压型话筒和扬声器,通过列车对讲音频总线与激活端司机进行通话,驾驶室与报警装置之间的通话为半双工模式,报警器进入通话状态。此时"呼叫"指示灯熄灭,"讲"指示灯亮,表示乘客可以开始讲话。司机按下"口播对讲机"上的"通话"键,此时报警器处于"听"状态,"讲"指示灯灭,"听"指示灯亮。

当通话结束,所有指示灯熄灭,对讲音频总线切断,报警器返回到平常的切断状态。

(2) 多个报警器的选择

当有多个报警器同时报警时,司机可选择其中任何一个报警器进行应答,此时未被应答的报警器处于呼叫状态,"呼叫"指示灯一直闪烁,遇对讲线路占线时,该报警器自动进入排队状态,同时,报警器发出提示音"您好!司机正在通话中,请等待!"直到该报警器被应答,"呼叫"指示灯才熄灭。

这里要说的是,上面提到的提示音是预先录制在报警器的内置语音芯片上的,声音内容及语种可任意定制。

(3) 报警器的挂起

当司机需暂停与某个报警器的通话而去应答另外一个报警器时,可以通过广播控制盒上的操作键让该报警器进入挂起状态,处于挂起状态的报警器将一直等待通话线路的恢复,此期间,"等待"指示灯常亮。

**5. 列车自动广播(数字化报站与预录紧急广播)**

(1) 全自动播放站名

广播中央控制器(PISC)通过列车控制和管理系统(TCMS)发来的实时速度信息和控制信号或者来自车辆牵引系统的速度节点信号,结合开关门信号控制数字信息处理器进行全自动数字化语音报站。

乘客信息系统(PIS)主机确认后,默认为手动报站状态,按下自动/手动键时,该键灯亮,进入全自动报站模式。在此模式下,根据列车 2km/h 速度信号(即速度小于 2km/h 时,该速度信号有效)与关门信号组合逻辑来实现全自动报站,不须人工干预。

自动报站方式:

自动报站可采用 ATO(ATC)通信触发。PIS 的中央控制器接收到 ATO(ATC)发来的报站指令后触发数字报站器(DVA)开始播放自动报站音频信息。

自动报站也可以通过与 TCMS 通信实现。实现过程与 ATO 类似,但 PIS 与 TCMS 的通信形式更多样,包括通过 MVB 接口、CAN_OPEN 通信、RS485 通信等几种方式。

自动报站也可通过速度信号来实现。这种方式是最简单的实现方式,比如长春轻轨即采用此方式。

(2) 半自动播放站名

在全自动数字化语音报站的基础上,司机可通过改变广播控制盒的段码进行半自动报站。

(3) 人工播放站名

仅通过手动改变广播控制盒上的报站段码,结合广播控制盒上的段码和站名对照表,可进行人工报站。

在自动/手动键相对应的键灯熄灭时,表明此键处于手动广播模式。在此模式下,司机先通过广播控制盒前面板上的数字键选择要播报的到站段码,再按开始键即可进行报站广播。此时,广播中央控制器上 DIAS 灯亮,OUTPUT 灯闪亮,播音完毕后,系统自动结束数字式语音广播。

若司机需中途停止正在进行的数字式语音广播,可按停止键,结束播音。此时,广播中央控制器上 DIAS 灯灭。

(4)预录紧急广播

操作过程:

当司机按下广播控制盒上的紧急广播显示按键,可通过广播控制盒上的上/下按键选择更多的紧急广播项目。该紧急广播项目,对应于存储在 CF 卡中的紧急广播语音文件和紧急广播文本文件(例如:"紧急疏散乘客"对应 601_1.mp3),这种对应关系可以通过维护计算机方便地进行修改。

当司机通过按下广播控制盒上的上/下按键选择了某条紧急广播项目,再按播放按键,广播控制盒将通过列车广播控制总线,将该条紧急广播项目参数发送给激活端驾驶室主控设备的中央控制器单元和视频服务器,中央控制器将控制数字报站器打开相应的语音文件,解码后传输到列车广播音频总线,中央控制器通过列车广播控制总线向广播系统发出广播指令,完成紧急广播操作;视频服务器将从 CF 卡中读取相应的文本文件,然后通过 TCP/IP 网络将该文本信息传递到各客室内的网络通信接口模块,经过解码后,将显示信息传递到各 LCD 显示屏上,完成文本显示操作。

广播方式:

当进行预录紧急广播时,该广播语音将连续不断地循环广播下去;紧急文本显示也将循环显示不中断。广播系统也将屏蔽掉自动音量控制功能,以最大音量向客室广播。只有操作人员按下广播控制盒上的停止按键后,预录紧急广播才会中止广播,LCD 的文本显示也将停止。

(5)超时自动报站

列车离站后,PISC 启动内部定时器开始计数,30s 若仍未收到任何报站信息,PISC 则控制进行自动报站。

通过开关门信号做延迟实现自动报站。当 PIS 接收到开关门信号后(开门、关门信号都可以),启动计时器,当经过 $n$ 分钟后($n$ 可设置)启动自动预报站,并且向整个 PIS 系统发送预报站信息。

**6. 广播的输出控制设置**

(1)起始站设置

激活端司机可以通过广播控制盒进行起点站设置。设置步骤如下:

①按下开始键,进入起点站设置状态。

②按下 0~9 数字键,完成选择起始站代码。

③按回车键完成本次设置。

(2)终点站设置

激活端司机可以通过广播控制盒进行终点站设置。设置步骤如下:

①按下结束键,进入终点站设置状态。
②按下0~9数字键,完成选择终点站代码。
③按回车键完成本次设置。

(3)越站设置

激活端司机可以通过广播控制盒进行越站设置。设置步骤如下:
①按下越站键,进入越站设置状态,第一位 LED 闪。
②按下0~9数字键,完成选择一个越站代码。
③按回车键完成本次设置。

另外,按越站键还可以进行越站查询。具体步骤为:
①按下此键盘,首先进入越站设置状态,第一位 LED 闪。
②按下"↑"或"↓"键进入越站查询状态。可依次查询已设过的越站号。
如果没有越站设置,按越站键后,前两位则显示起始站号,第三位显示"1"。
③按回车键结束查询。

(4)上/下行设置

激活端司机按下广播控制盒的上/下行键可进行上/下行设置。在正常工作状态下,当键灯亮时,表明此键处于上行模式;当键灯灭时,表明此键处于下行模式。

(5)广播监听

通过系统功能控制键盘进行操作,可监听客室的广播信息并能调整音量大小;在主驾驶室可监听乘客紧急报警呼叫;可监听司机对讲呼叫。

7. 主/副台设置

在列车两端的驾驶室内安有两套完全相同的广播系统设备,两套设备互为热备份。

一般情况下,被激活的驾驶室所放的设备为主机,另一个驾驶室内的设备为备机。主机完成系统工作需要的全部功能。正常工作时,备机实时查询主机的工作状态,当主机应答故障或应答超时,原来的备机自动变成主机,完成原主机的全部工作。

司机也可通过按下广播控制盒上的主备切换键来人工进行主/副台设置。

8. 广播音量自动调节

广播系统具有噪声检测控制单元,通过客室内的噪声检测模块(集成于乘客紧急报警装置中)实时采样车厢内环境噪声,并根据环境噪声的大小自动调节广播的音量,保持广播的输出比环境噪声大10dB(A)(可调整);同时,各功率放大器有音量控制电路,在任何情况下扬声器的输出音量不会大于95dB(A)。

9. 广播优先级设置

列车广播控制系统可以实现广播播放优先级的设置,高优先级广播自动切断低优先级广播,默认状态下,优先级从高到低依次为:无线电广播(OCC 广播)、人工广播、数字报站广播、其他广播。

列车广播系统相关专业术语及英文简称见表8-2。

列车广播系统相关专业术语及英文简称　　　　　　表 8-2

| 术语 | 简称 | 术语 | 简称 |
|---|---|---|---|
| 列车广播 | PA | 功率放大器 | AMP |
| 运营控制中心 | OCC | 本地控制单元 | LCU |
| 列车控制网络 | TCN | 广播控制盒 | DACU |
| 麦克风 | MIC | 乘客信息系统 | PIS |
| 扬声器 | SP | 乘客信息显示系统 | PIDS |
| 列车信息控制系统 | TIMS | 列车管理系统 | TMS |
| 驾驶室 PIS 系统机柜接口板 | PIS I/O | 媒体播放系统 | LCD |
| 广播中央控制器 | PISC | 视频监视系统 | CCTV |
| 数字信息处理器 | DVA | 列车控制和管理系统 | TCMS |

**课堂探究**

二维动画

列车广播通信系统

观看动画视频,巩固对城市轨道交通列车广播通信系统相关知识的理解,重点掌握广播控制盒的结构与功能操作。

## 知识点三　乘客信息系统

### 自主学习

使用学校现有城市轨道交通实训车辆(或乘客信息系统实训设备)或选择到校外地铁企业参观调研,通过实践观察、查阅资料、咨询专家等途径了解乘客信息系统的相关部件组成及功能,以及其在列车上的位置,并完成表 8-3。

乘客信息系统调研任务工单　　　　　　表 8-3

城市及线路/实训设备：_____

| 部件名称 | 所在位置 | 功能 |
|---|---|---|
|  |  |  |
|  |  |  |
|  |  |  |
|  |  |  |

# 引领学习

乘客信息系统由列车前端终点站 LED 彩色显示器、客室内两端条形 LED 彩色显示器、客室内每个侧门上方 LED 动态地图、客室 LCD 图文显示器及相应的控制与通信设备组成。乘客信息系统给乘客提供高质量的视频信息和必要的出行信息。

如某地铁列车采用"＋Tc-Mp-M-T-Mp-Tc＋"6 节编组的形式,整个列车上所有乘客信息系统相关设备的配置分布如表 8-4 所示;系统拓扑图如图 8-13 所示。

列车多媒体播放系统配置清单　　　　表 8-4

| 序号 | 设备名称 | Tc | Mp | M | T | Mp | Tc | 总数量 |
|---|---|---|---|---|---|---|---|---|
| 1 | 驾驶室媒体主机 | 1 | 0 | 0 | 0 | 0 | 1 | 2 |
| 1.1 | 媒体服务器模块 | 1 | 0 | 0 | 0 | 0 | 1 | 2 |
| 1.2 | 以太网络交换机模块 | 1 | 0 | 0 | 0 | 0 | 1 | 2 |
| 2 | 客室媒体播放器 | 1 | 1 | 1 | 1 | 1 | 1 | 6 |
| 2.1 | 媒体播放器模块 | 1 | 1 | 1 | 1 | 1 | 1 | 6 |
| 2.2 | 视频分配器模块 | 2 | 2 | 2 | 2 | 2 | 2 | 12 |
| 2.3 | 以太网络交换机模块 | 1 | 1 | 1 | 1 | 1 | 1 | 6 |
| 3 | LCD 显示屏 | 6 | 8 | 8 | 8 | 8 | 6 | 44 |
| 4 | 客室端部 LED 显示屏 | 2 | 2 | 2 | 2 | 2 | 2 | 12 |
| 5 | 终点站 LED 显示屏 | 1 | 0 | 0 | 0 | 0 | 1 | 2 |
| 6 | 门区 LED 动态地图显示屏 | 8 | 8 | 8 | 8 | 8 | 8 | 48 |

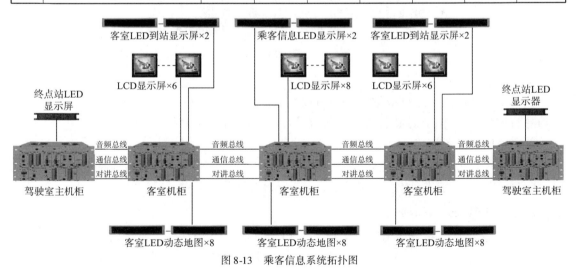

图 8-13　乘客信息系统拓扑图

## 一、乘客信息系统功能

### 1. 客室 LCD 显示

客室 LCD 显示系统主要由视频主机、MPEG-2 解码器、音、视频切换器、视频双绞线发送器、视频双绞线接收器、LCD 显示屏组成。能用中英文显示到站站名、预报下一站站名、运行线路图及相关的运营服务信息,并可进行多媒体信息显示,如广告片、动画等。Tc 车内安装 6 台、其他车均安装 8 台具有自动亮度调节的超薄 LCD 彩色显示器。

(1) 显示内容:到站信息(与数字广播报站同步);预报下一站信息;动态线路运行信息;列车相关运营信息;控制中心文本终端通过无线通信系统传送的文本信息;CF 卡预存储视频和中英文文字信息。

(2) 室内 LCD 显示屏接收并全屏显示媒体播放器视频信息(或地面传来的实时视频),包括实时新闻、广告信息等内容。客室 LCD 显示方案如下:

①LCD 视频信息普通显示模式。

列车在运行期间,如果没有报站信息或紧急广播播报,LCD 将以普通模式进行显示,上方显示广告信息、CF 卡预存储视频或实时新闻信息;下方显示列车运营信息,如图 8-14 所示。

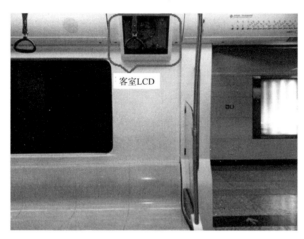

图 8-14　客室 LCD 普通显示

②报站显示模式。

当列车到站或离站进行报站广播时,LCD 将以报站显示模式进行显示,所有显示中的商务信息将被终止,左侧全屏显示报站信息,右侧显示预报站、终点站等基本信息。

③紧急广播显示模式。

当遇到紧急情况时,如发生火灾、严重故障等,司机可将预先录制好的信息进行播放。此时,LCD 将以紧急广播显示模式进行显示,全屏循环显示紧急广播文本。

**2. 客室端部 LED 显示屏**

客室端部 LED 显示屏选用直径 4.8~5mm 的高亮度二极管模块,显示列车位置、方向、下一车站和开门侧等信息,每节车 2 个。亮度要求室外清晰可见,室内亮度不刺眼,并且根据显示内容的需求组成不同字符的显示屏,LED 显示屏能用中英文显示到站站名、预报下一站站名、运行线路图及相关的运营服务信息。所有显示信息均可以从中央控制器下载,并且永久保存在主机板存储器里。可通过系统设置配套软件随时更换显示内容。

客室端部 LED 显示屏显示内容:能实时显示列车前方到站站名、当前时间等信息;插播广告和服务用语;可与列车广播系统同步显示广播信息,且中文、英文兼容显示。

显示方式:可根据需要选择移动、静止、展开、淡入、淡出等;显示内容可根据列车驶向变化而设定;显示内容变动时可通过通信接口更新及下载;到站显示能与数字报站广播同步。

客室端部 LED 显示屏如图 8-15 所示。

图 8-15　客室端部 LED 显示屏

### 3. 终点站 LED 显示屏

终点站 LED 显示屏设置在驾驶室前端外侧上方,可按列车运营要求预置终点站,并实时显示当前的终点站。

终点站 LED 显示屏装置的功能如下:

(1)可以显示列车终点站及运行方向;

(2)可按列车运营要求更新终点站或显示列车种类(普通、试验、调试、回库)等信息;

(3)文字显示可选静止、滚动、平移等多种效果;

(4)显示内容变动时可通过通信接口更新及下载。

### 4. 门区动态地图显示屏

门区动态地图从功能上分为两块:线路指示图和开门侧指示灯(图 8-16)。

(1)线路指示图

图 8-16　门区动态地图显示屏

线路指示图使用工业高亮双色 LED 排成阵列,设备表面增加贴模。通过不同的颜色和点亮方式,表示了当前线路、位置的状态,并且在贴模上增加换乘提示,显示和其他线路的换乘关系。

其使用方法如下:已经过的车站,其 LED 指示灯会亮红色;未到达的车站,其 LED 指示灯会亮绿色;正在停靠的车站,其 LED 指示灯红色闪烁;运行时的前方到站,其 LED 指示灯橙黄色闪烁。

(2)开门侧指示灯

当列车进站,"本侧开门"指示灯亮时,表示本侧门即将打开;当列车进站,"本侧开门"指示灯熄灭时,表示对面门即将打开。

## 二、广播系统与信息显示系统的同步原理

列车运行过程中,广播与信息显示的同步分为报站音频与车载显示设备(如客室 LED 屏、LCD 屏)视频信息的同步,以及 LCD 伴音与 LCD 显示的同步。

**1. 报站音频与视频信息的同步原理**

如图 8-17 所示,广播系统主机与客室的各类 LED 屏、LCD 屏均挂在同一条 CAN 通信总线上。当一个广播周期到来时,主机的广播中央控制器在列车的 CAN 通信总线上接收广播"报站"命令,列车线上的 LED 屏、LCD 屏和数字报站设备同时接收这条命令,并进行相应的报站。由于各个设备程序的大小对于"报站"命令的处理速度会有一定的差异,但这种差异时间控制在 2 微秒以内,而这种时间差异是肉眼识别不出来的,可忽略不计。基于上述原理,LED 和 LCD 的显示内容与广播系统实现了同步。

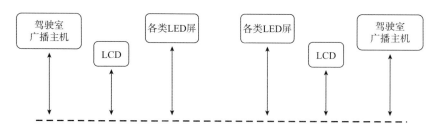

图 8-17 音频与视频同步原理

**2. LCD 伴音与 LCD 显示的同步原理**

列车媒体播放系统采用分散播放形式,但是其 LCD 伴音信号却从一个媒体播放器上输出。为了保证各个播放器同步播放,在传输播放视频流信息的同时亦对播放的时间参数进行了传输。这样,在相同信息播放初始,各个媒体播放器会根据时间列表对显示信息进行同步。此外,各个媒体播放器通过与 TIMS 的通信对本地的时间进行校对。这样就充分保证了各个车厢的 LCD 视频显示同步,LCD 伴音与 LCD 显示也就实现了同步。

> **开阔视野**
>
> 作为将来城市轨道交通行业专业技术人员的我们,除了要掌握扎实的专业知识和技能外,还必须要有科技创新,刻苦钻研新技术、新方法的精神。在工作过程中开展新技术、新方法的应用可以让我们更好服务于乘客,为乘客带来全新美好的乘车体验。
>
> 通过视频"首都智慧地铁,智能列车乘客服务系统",观看关于北京地铁智能列车乘客服务系统的介绍,感受新技术给人们带来的便利,以及国家大力发展城市轨道交通所带来的民生福祉。

二维动画
智能化列车乘客服务系统

## 知识点四　视频监视系统

### 自主学习

使用学校现有城市轨道交通实训车辆或选择到校外地铁企业参观调研,通过实践观察、查阅资料、咨询专家等途径了解视频监视系统的相关部件组成及功能,以及其在列车上的位置,并完成表8-5。

视频监视系统调研任务工单　　　　　　　　　　　　　　　　表8-5

城市及线路/实训设备:_____

| 部件名称 | 所在位置 | 功能 |
| --- | --- | --- |
|  |  |  |
|  |  |  |
|  |  |  |
|  |  |  |
|  |  |  |
|  |  |  |
|  |  |  |
|  |  |  |
|  |  |  |

## 引领学习

视频监视系统是城市轨道交通系统运营管理的配套设备,供控制中心调度管理人员、车站值班员、站台工作人员及司机实时监视车站内的运营情况和乘客的安全情况,及时记录发生突发事件的现场情况,以提高运行组织管理效率,保证列车运行安全。

以"+Tc-Mp-M-T-Mp-Tc+"6节编组列车为例,整个列车上所有视频监视系统相关设备的配置分布如表8-6所示;系统拓扑图如图8-18所示。

视频监视系统设备的配置分布　　　　　表8-6

| 序号 | 设备名称 | | Tc | Mp | M | T | Mp | Tc | 总数 |
|---|---|---|---|---|---|---|---|---|---|
| 1 | LCD监控显示器 | | 1 | 0 | 0 | 0 | 0 | 1 | 2 |
| 2 | 驾驶室媒体主机 | | 1 | 0 | 0 | 0 | 0 | 1 | 2 |
| 3 | 视频控制单元 | | 1 | 0 | 0 | 0 | 0 | 1 | 2 |
| 4 | 摄像头 | 驾驶室摄像头 | 1 | 0 | 0 | 0 | 0 | 1 | 2 |
|   |   | 客室摄像头 | 2 | 2 | 2 | 2 | 2 | 2 | 12 |

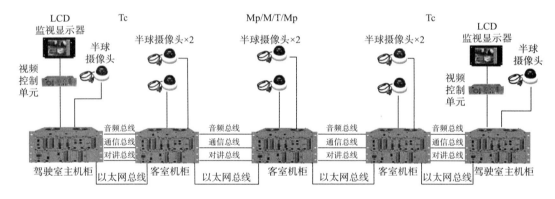

图8-18　视频监视系统拓扑图

## 一、视频监视系统的设备

### 1. 监控及媒体主机

此设备为驾驶室设备。通过客室网络摄像头将现场的实况模拟视频信号转变成数字信号,并以MPEG-4标准压缩后,自动将压缩数据发送给媒体主机。媒体主机收到监视装置的视频数据后,把视频数据记录在硬盘存储器上,同时进行解码处理,在驾驶室视频监视LCD上显示监视图像,如图8-19所示。

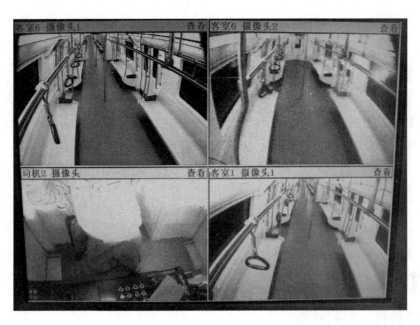

图 8-19 驾驶室 LCD 监控显示屏（四画面分屏显示）

监控及媒体主机为一个智能控制单元，它可以控制视频监控系统的所有操作。司机可通过视频监控系统控制器触摸屏来执行相关的操作。

**2. 视频控制单元**

驾驶室视频控制单元安装于驾驶室控制台上，与驾驶室广播控制盒相邻，其结构如图 8-20 所示。

（1）通过视频控制单元面板上的功能键"全/分屏"可改变 LCD 监视器的显示模式，对多个摄像头采集到的视频监控图像在同一屏幕内进行多画面显示，一般多选用四画面的分屏显示，如图 8-19 所示。

（2）通过功能键"新闻"等手动选择视频播放的信源输入。

①默认为播放实时新闻，如果未接收到实时新闻的无线信号，则播放其他视频信息。

②如果无媒体可播放，则播放视频服务器中的预存储媒体文件。

图 8-20 驾驶室视频控制单元

（3）通过其他功能键和方向键实现视频监控和媒体播放的控制，并可通过驾驶室视频控制单元面板上的按键选择查看状态信息。

**3. LCD 监控显示屏**

图 8-21 LCD 监控显示屏

每个驾驶室在驾驶台安装 1 台 LCD 监控显示屏。该 LCD 监控显示屏为 LCD 彩色图文显示屏。外壳为钢制金属烤漆，列车视频监控系统采用的 LCD 监控显示屏，具备抗干扰耐震动能力，内部做减震处理，外壳进行电泳处理。LCD 监控显示屏如图 8-21 所示。

### 4. 摄像头

摄像头在每个驾驶室内顶部设置 1 个,每节客室内顶部设置 2 个,如图 8-22 所示。

图 8-22　摄像头

## 二、视频监视系统的功能

下面简单介绍驾驶室视频控制单元面板上的主要控制按钮的功能。

### 1. 全/分屏

全/分屏按钮实现四画面显示和单画面全屏显示切换。系统上电后,监控显示屏默认显示为四画面形式,如果需要全屏显示某一路信号,按下"全/分屏"键即可,司机可以通过上下左右键选择需要全屏显示的摄像头画面。

### 2. 轮循

轮循按钮实现循环显示和查看显示切换。在默认状态下,驾驶室监视器(四画面/全屏)循环显示各路摄像头的监视内容,如果司机需停止循环模式而特定查看某一路时,通过上下左右选择后,按下此键即可,再次按下此键将恢复循环显示方式。

### 3. CCTV

CCTV 按钮实现监视系统功能。可实现对轮循间隔时间的设置,和对最近储存的摄像内容回放,CCTV 视频监视系统实时录制 14 路摄像头信息,并每隔 30min 打包生成一个文件,当司机按此键后,出现文件选择界面,包括车厢号等信息。司机可通过上下左右选择需要回放的监视内容,按确定键开始回放(回放长度最长为 30min/路)。

## 三、软件系统功能

视频监视系统软件部分功能包括以下 8 项。

### 1. 摄像头位置设定

摄像头位置设定是根据摄像头所在的不同位置进行编号设置的,以方便视频监视位置的确定。此功能由人工进行配置(修改),通过系统进行调用完成。

## 2. 视频采集

视频采集是系统通过视频编码器获取视频数据并进行解码的过程,系统一般采用硬件编码、软件解码。

## 3. 视频存储

视频存储是系统获取视频数据后进行实时存储的过程。存储方式根据系统设定的方式进行存储,有实时存储及筛选存储等方式。

实时存储方式为,将视频采集到的视频数据不做删减处理全部存储入硬盘。

筛选存储方式为,将视频采集到的视频数据按每秒预设的存储帧数进行筛选存储,当遇到报警时自动转为实时存储。

## 4. 视频实时播放

视频实时播放是将视频采集到的视频数据在驾驶室内的监控屏上进行分屏实时播放,实时播放界面数可根据设置进行自动适应划分界面显示。当遇到报警或司机选择显示特定客室视频数据时,可全屏显示指定摄像头获取的视频画面。

## 5. 视频传输

视频传输是当车载视频服务器接收到地面或控制命令后将实时视频数据或视频存储的视频文件传输到指定位置。

## 6. 监控控制

监控控制是指通过控制板的指令对视频服务器进行操作控制。

## 7. 报警控制

报警控制是根据预设的报警信号进行相应的响应,全屏播放指定的最近监控视频画面,并将报警前8s(可设置)的视频数据进行实时存储。

## 8. 硬盘存储管理

硬盘存储管理由视频监控程序完成,在进行视频文件存储前检查硬盘空间,当硬盘空间不足时,如设置为循环存储则自动删除最早一天的视频文件。

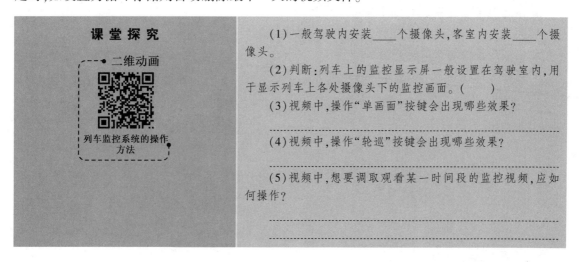

课堂探究

二维动画

列车监控系统的操作方法

(1)一般驾驶内安装____个摄像头,客室内安装____个摄像头。

(2)判断:列车上的监控显示屏一般设置在驾驶室内,用于显示列车上各处摄像头下的监控画面。(    )

(3)视频中,操作"单画面"按键会出现哪些效果?

(4)视频中,操作"轮巡"按键会出现哪些效果?

(5)视频中,想要调取观看某一时间段的监控视频,应如何操作?

# 基础巩固

## 一、判断题

1. 由控制中心通过列车无线电直接向乘客进行广播,广播不受司机干预,可通过驾驶室扬声器和客室扬声器向整列车进行广播。（　　）
2. 每节车厢设有 4 台 LCD 彩色图文显示屏,安装在客室窗户的左侧。（　　）
3. 在广播过程中,高优先级的广播可以打断低优先级的广播。（　　）

## 二、选择题

1. 我国第一辆地铁电动列车是北京地铁 1 号线 DK1 型地铁列车,它是(　　)年由长春轨道客车厂生产。
   A. 1968　　　　　　B. 1967　　　　　　C. 1970　　　　　　D. 1978
2. 地铁 B 型车上配备(　　)套 LED 动态地图,配合多模式报站广播提示到站信息。
   A. 8　　　　　　　B. 9　　　　　　　C. 10　　　　　　　D. 11
3. 以下选项(　　)不是终点站 LED 显示屏的功能。
   A. 可以显示列车终点站及运行方向
   B. 向乘客显示新闻媒体等信息
   C. 文字显示可选静止、滚动、平移等多种效果
   D. 显示内容变动时可通过通信接口更新及下载

## 三、简答题

1. 简述城市轨道交通列车通信系统的功能。
2. 简述乘客信息系统的主要设备组成及功能。
3. 简述列车广播系统的主要设备组成及功能。
4. 简述列车视频监视系统的设备组成及功能。
5. 简述广播控制盒的功能及操作。
6. 简述视频监视系统软件的功能。

# 参 考 文 献

[1] 邱志华,彭建武.城市轨道交通车辆构造[M].2版.北京:人民交通出版社股份有限公司,2021.

[2] 张程光.城市轨道交通车辆检修[M].沈阳:东北大学出版社,2022.

[3] 刘柱军.城市轨道交通车辆构造[M].北京:人民交通出版社股份有限公司,2013.

[4] 刘柱军,曾颖委.城市轨道交通车辆机械检修[M].2版.北京:人民交通出版社股份有限公司,2023.

[5] 连苏宁.城市轨道交通车辆构造[M].北京:机械工业出版社,2010.

[6] 史富强.城市轨道交通车辆构造[M].青岛:中国石油大学出版社,2016.

[7] 广州市地下铁道总公司.车辆检修工[M].北京:中国劳动社会保障出版社,2009.

[8] 阳东,卢桂云.城市轨道交通车辆检修[M].北京:机械工业出版社,2010.

[9] 张程光.沈阳地铁1号线车辆制动系统及其维修概论[J].设备管理与维修,2015(11):23.

[10] 李洪蔚.城市轨道交通车辆受电弓常见故障综述[J].铁道技术监督,2018(4):31-33.

[11] 唐飞龙.我国首列中国标准地铁列车下线[J].电力机车与城轨车辆,2021(9):118.